The Story of
Utopias

Lewis Mumford

乌托邦的故事

半部人类史

[美] 刘易斯·芒福德 著
梁本彬 王社国 译

北京大学出版社
PEKING UNIVERSITY PRESS

图书在版编目(CIP)数据

乌托邦的故事：半部人类史 /（美）刘易斯·芒福德（Lewis Mumford）著；梁本彬，王社国译.—北京：北京大学出版社，2019.7

（培文·历史）

ISBN 978-7-301-30523-2

Ⅰ.①乌… Ⅱ.①刘… ②梁… ③王… Ⅲ.①文化人类学—通俗读物 Ⅳ.① C912.4-49

中国版本图书馆 CIP 数据核字（2019）第 095955 号

书　　　名	乌托邦的故事：半部人类史
	WUTUOBANG DE GUSHI: BANBU RENLEISHI
著作责任者	[美] 刘易斯·芒福德（Lewis Mumford）著　梁本彬 王社国 译
责任编辑	徐文宁　于海冰
标准书号	ISBN 978-7-301-30523-2
出版发行	北京大学出版社
地　　　址	北京市海淀区成府路 205 号　100871
网　　　址	http://www.pup.cn　新浪微博：@北京大学出版社 @培文图书
电子信箱	pkupw@qq.com
电　　　话	邮购部 010-62752015　发行部 010-62750672
	编辑部 010-62750883
印　刷　者	天津联城印刷有限公司
经　销　者	新华书店
	660 毫米 ×960 毫米　16 开本　20 印张　220 千字
	2019 年 7 月第 1 版　2019 年 11 月第 2 次印刷
定　　　价	48.00 元

未经许可，不得以任何方式复制或抄袭本书之部分或全部内容。
版权所有，侵权必究
举报电话：010-62752024　电子信箱：fd@pup.pku.edu.cn
图书如有印装质量问题，请与出版部联系，电话：010-62756370

然而，我常常想，把人们最优秀的力量联合起来，会给他们带来世上最大的幸福，但他们却把这些力量分开、拆散，这是什么意思呢？

——《基督城》

目录

推荐序 003

第一章 001
  乌托邦意志如何使得人们生活在两个不同的世界中。我们又该如何重新解读乌托邦的故事——人类故事的另一半。

第二章 021
  希腊人如何在新世界生活，乌托邦又是如何看起来近在眼前。柏拉图在《理想国》中主要关心的是：如何将理想城市凝聚在一起。本章将对以上问题展开讨论。

第三章 049
  本章讨论介于柏拉图与托马斯·莫尔爵士之间的乌托邦，以及乌托邦是如何伴随着新大陆的发现而再次被发现的。

第四章 075
  本章探讨文艺复兴时期的新人文主义如何将我们带入基督城，我们又是如何看待人类历史上出现的第一个现代乌托邦。

第五章 099
  培根和康帕内拉都是著名的乌托邦主义者，但他们却也都不过是前人的传声筒而已。

第六章 109

18世纪发生了什么,使人类开始"疯狂地思考";这一时期的乌托邦思潮又是如何从工业化的土壤中涌现出来的。

第七章 131

为什么一些空想家认为,美好社会在根本上依靠的是对土地的正确分配和利用。这些"土地动物"(land-animals)所构想的又是什么样的社会。

第八章 149

本章讲述埃蒂耶纳·卡贝如何想象出一个叫伊加的拿破仑式的统治者,以及一个叫伊加利亚的新法国。卡贝的乌托邦与贝拉米在《回顾》一书中建立的乌托邦,向我们展示了:当工业组织被国有化后,机器带给我们的会是什么。

第九章 171

本章讲述威廉·莫里斯和威廉·赫德逊是如何革新乌托邦的经典传统的;最后,H. G. 威尔斯先生又是如何总结和阐释过去的乌托邦,并使它们与现在的世界发生联系的。

第十章 191

本章讨论庄园和焦煤镇是如何成为现代乌托邦的,以及它们又是如何以其自身形象塑造世界的。

第十一章 231

本章讨论我们如何看待各种有失偏颇的党派乌托邦。

第十二章 259

另一半世界将何去何从,理想之地(优托邦)将以何种方式降临;我们需要一些什么东西,才能在任何绿色宜人的土地上建造耶路撒冷。

参考书目 301

推荐序

这是一个阳光明媚的日子,我坐在一座山顶上。

在此之前,这座山已经在神话故事里存在了2000年。

现在,它是一座雄伟的小山,我可以感受到它那温暖的白色石蕊,而且只要我愿意,一伸手就可以摘下身边盛开的红色浆果。

100年后,它将不复存在。

这座山,的的确确是俏皮的天神扔到拉普兰[1]最中心位置的一大块纯铁。

你还记得北欧神话里的那则古老神话吗?在遥远的北方,有一座铁山,方圆100英里,高100英里。每隔1000年,就有一只小鸟飞来,把山顶削得尖尖的。当这座山消失的时候,永恒的一瞬就会成为过往。

我小时候就听过这个神话故事。

这个故事我一直记在心里。等到我的孩子开始学习历史的时候,我又给他们讲了这个故事。这个故事就像是史前版的安徒生童话,如梦境一般。

这个神话故事已经变成了现实,早已熟知的神山竟然在我认为最不可能找到的地方出现了。

为了让这种巧合的循环变得完美,人们就用一种鸟的名字给此山命了名。拉普人(Lapp)有着敏锐的听觉,他们根据鸟鸣声,把这种岩雷鸟叫作基律鸟(Kiru)。如今的基律纳瓦拉(Kirunavaara)山里,再也听不到"基律——基律"的啼鸣了。每天两次的大当量炸药爆炸,早已破坏了此处昔日的宁静。

小火车载满砾石驶进山谷,轰隆之声不绝于耳,整座山都为之震动不已。

这里的夜晚灯火通明,大型电动货船横渡多诺特拉斯科湖(Lake Tornotrask),将那些价值不菲的铁矿石运往山外。

两个月后,这些铁矿石经过熔铸,就会变成一件件现代商品,被冠以桥梁、房屋、汽车、轮船,以及其他上千种名称,承诺要将人类从繁重的劳动中解放出来。

这所谓的承诺最后究竟变成了什么呢?过去 8 年来的幸存者们,对此自然是再清楚不过了。

就连卑微的拉普人,也听说过这场规模空前的战争浩劫(一战)。令他们不解的是,在这片驯鹿成群的土地上,有上帝恩赐的高山与草

甸，有丰足的食物供人们安度冬夏，一切都这么美好，白人竟然还要自相残杀。

但是，拉普人看待自然的方式，并不是白人看待自然的方式。

拉普人思想单纯，天性无瑕，他们遵循的是5000年前乃至10000年前祖先们与大自然相处的方式。

而我们白人则在造机器，铺铁路，建工厂。我们无法摆脱这些钢铁仆从，因为它们是人类文明赖以存续的基础。对这些仆从我们可能心有怨恨，却无法让它们离我们而去。有朝一日，我们终将知道如何驾驭它们。到那时，柏拉图将会给我们提供一个修正后的理想国：所有的房子都是用蒸汽供暖，所有的盘子都是用电力来自动清洗。

我们目前所受的苦，不是因为机器过剩，而是因为机器太少。有了足够的钢铁仆从，更多的人才有时间坐在山顶，凝望蓝天，消磨宝贵时光，幻想美好未来。

在《旧约全书》里，这些人被称为先知。他们按照自己的喜好，把本应以正义和虔诚为基础的城市，建成了怪异之都。但是，他们中最伟大的犹太先知却是惨遭屠杀，先知受难日^[2]竟然成了罗马人的节日。希腊人将这些聪明人视为哲学家。他们给予哲学家们极大的自由，对哲学家们用以绘制理论道路的数学精准思维倾心不已：正是哲学家们绘制的理论道路，引导人类从混乱走向有序的社会状态。

中世纪的狭隘思想认为，只有天国（Kingdom of Heaven）才是体面的基督教式乌托邦唯一可能的标准。

这一未来的理想天国能够给人带来荣耀和满足，任何胆敢质疑这一天国之存在者都必遭毁灭。他们用石头和贵金属建造起理想的天国，但却忽略了其精神屋基。

所以，它也就免不了土崩瓦解的命运。

在16世纪和17世纪，对这个建立在中世纪教堂废墟之上、经过粉饰美化的天国之具体本质的不同理解，还引发了为数不少的残酷战争。

18世纪的"应许之地"[3]，其基础不过是由愚蠢和迷信构筑的糟糕堡垒罢了。1000年来，自私的教会为了寻求安全和庇护，刻意构筑了这座愚蠢和迷信的堡垒。

随之而来的是一场威力巨大的战斗，意欲摧毁声名狼藉的愚昧无知状态，创造一个理性均衡的时代。

不幸的是，一些激进分子做得有些过头了。

拿破仑是有史以来最现实的人，他把世界再次带回基于确凿事实的共同点上。

我们这一代人则得出了这一拿破仑式前提的逻辑结论。

看看欧洲地图，看看我们都做了些什么吧。唉！这个世界依旧需要乌托邦，就像儿童需要童话故事一样。只要我们有意识地为某个明确的目标而努力，我们去往哪里并不重要。乌托邦无论多么光怪陆离，都是遥远的未来那片未知海域里唯一可能的灯塔，是鼓励我们勇往直前的动力源泉。

有时也会有乌云遮住灯塔里的灯光,这时我们可能会暂时迷失方向。然后,随着灯塔里微弱的灯光再次冲破黑暗,我们就会鼓起勇气继续向前。

每当我们感觉人生枯燥乏味、了无意义(这正是一切存在的致命魔咒),只要想到如下情形,心里就会平添几多慰藉:虽然我们自己离家远航,葬身海底,但在100年后,我们的子孙将会循着我们的方向,抵达幸福的彼岸。

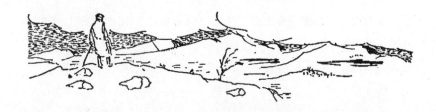

现在太阳已经开始落山了,一阵寒风从凯布讷山[4]吹来,在那里,尼尔斯[5]的大雁栖息在寂静无声的山谷里。很快山顶就会隐入薄雾,我必须在蒸汽挖掘机不停发出的噪音中找到回去的路,此时它们正在山脚下笨重地挖掘呢。

童话故事里的神山,将再次沦为铁矿公司攫取可观利润的投资对象。

但这并不重要。

此文是献给刘易斯·芒福德的,只要他能明白我的意思,我就心满意足了。

1922年9月14日

写于拉普兰市基律纳

亨德里克·威廉·房龙

注释：

[1] 拉普兰（Lapland），位于芬兰和挪威的北部，四分之三都在北极圈内。每年10月入冬，来年5月开春。这里几乎全是森林与河流，冬季白雪覆盖，就像世外仙境。在这里冬至极夜可以看到24小时不灭的星光，夏至极昼可以看到24小时不落的太阳。

[2] 指"耶稣受难日"；公元4世纪时罗马皇帝确立的一个基督教节日，时间在复活节的前一个星期五。

[3] "应许之地"（Promised Land），又译"希望之乡"，最初是指耶和华上帝应许给犹太人的"流奶与蜜之地"：迦南，后来引申指"遵守神的规则，通过考验后的奖赏"。

[4] 凯布讷山（Kebnekaise），瑞典最高峰，瑞典极北地区著名观光胜地。

[5] 尼尔斯，瑞典作家塞尔玛·拉格洛芙（Selma Lagerlöf）著名儿童小说《尼尔斯骑鹅历险记》的主人公。这里指的是书中第43章里面"重逢"一小节中"整个山谷寂静无声……大雁们还没有从睡梦中醒来"。

第一章

> 乌托邦意志[1]如何使得人们生活在两个不同的世界中。我们又该如何重新解读乌托邦的故事——人类故事的另一半。

第 一 章

一

长期以来,乌托邦都是虚构和不可能的代名词。为了反对现实世界,我们构建了乌托邦。事实上,我们能够忍受这个现实世界,也正是因为有了乌托邦:人们最终会生活在自己梦寐以求的都市和豪宅里。人类对自身环境做出的反应越多,并且按照人类模式对环境塑造越多,就越是生活在乌托邦中。只有当现实世界与乌托邦世界之间出现巨大冲突,我们才能意识到乌托邦意志在生活中所扮演的角色,才会把我们心中的乌托邦视为一种独立存在的现实。

在本书中,我们将会探讨乌托邦这一独立存在的现实——乌托邦本身就是一个自成一体的世界,它可以分成许多理想的联邦,所有的社会群体都聚集在让人自豪的城市里,勇敢地追求着美好的生活。

对理想联邦的这一讨论,可以从它们的写作时代背景中,看出它们的外形和正当性。柏拉图笔下的理想国,可以追溯到伯罗奔尼撒战争之后的社会分裂时期;其中讲出某些尖刻话语的勇气,可能正是源于柏拉图眼中看到的那些让人绝望的境况。同样是类似的无序和暴力时期,为托马斯·莫尔爵士[2]书写他那想象中的理想国度奠定了基础:《乌托邦》一书,是他寻求跨越中世纪的旧秩序与文艺复兴时期新利益和新制度之间的鸿沟,而搭建的一座桥梁。

在介绍乌托邦的历史和对乌托邦进行批评时,我们也许正被引导柏拉图和托马斯·莫尔前行的同样的兴趣所吸引,因为只有在暴风雨过后,我们才能寻见彩虹。我们陷入幻灭的深渊,这促使我们更彻底地去讨论至高之善、基本目标,以及在现代社会引导我们前行的"美好生活"(good life)这一概念。在因为禁酒令、罢工和"和平"会议[3]而不断出现的不温不火、半心半意的讨论中,让我们打破"莫谈根本"的禁令,好好讨论一下——乌托邦!

二

人类在行走时,总是脚踏大地,头顶青天。地球上发生的所有事物的历史:城市的历史、军队的历史、一切有形之物的历史,仅仅是人类故事的一半而已。

每个时代,人类戏剧上演的外景都极为相似。地貌变迁,气候变化,时有发生。曾经繁盛一时的中美洲玛雅文明的所在地,如今已经变成一片密林;但是,耶路撒冷周围的丘陵,还是大卫当年建城时所看见的丘陵。在漫漫历史长河中,荷兰的一座城池被淹没了,新泽西海岸兴起了一家房地产银行,这些与磨掉一片油漆、打碎一块石膏相比,并无本质区别。我们所说的物质世界不断变化,这是不言而喻的:树木被砍伐后,山林变成了荒地;沙漠经过灌溉耕犁,又变成了田园。然而,地理地貌的主要轮廓,基本上并未发生太大变化。如果我们能拿着现代地图在罗马时代到处旅行,肯定要比拿着托勒密[4]能给我们提供的最好地图去旅行要好得多。

如果人们所生活的世界真如自然地理学家所熟知的那样,我们就不会处在如此复杂的时代了。我们可以遵循诗人沃尔特·惠特曼[5]的建议[6],像动物一样生活,不再牢骚满腹,不再总是抱怨自身

第 一 章

的罪孽和不完美。

人类历史之所以充满了如此多的不确定性，同时又如此令人着迷，正是因为人类同时生活在两个世界：精神世界和物质世界；人类头脑中的精神世界已经发生了变革，这些变革以镭一样的威力和速度分解了物质[7]。我暂且将这种内心世界称为偶像（idolum）或理念世界（world of ideas）。这里的"理念"一词并不同于其一般意义。我用这个词来指代哲学家所说的主观世界[8]和神学家所说的灵界[9]；我的意思，是把所有的哲学、幻想、理性、预言、想象，以及人们塑造其行为的观点，都包含在内。例如，以科学真理为例，理念世界有时与人们所指的世界大致对应；但值得注意的是，理念世界有着独立于物质环境之外的自身轮廓。

物质世界是确定的、不可避免的，其界限狭窄而分明。有时，你在极其冲动的情况下，可能会远离陆地去海上泛舟，或是从一个温暖如春的地方跑到一个寒风刺骨的地方；但是，除非我们结束自己的生命，否则我们根本无法脱离物质环境。无论如何，你都得呼吸、进食、饮水；拒绝接受这些生存条件的人，将会受到老天无情的惩罚。物质环境是我们日常生活的基础，只有疯子才会拒绝它们。

但是，如果说物质环境是地球，那么理念世界也就相当于天堂。我们睡在早已不复存在的星光下[10]；我们行事所依据的理念，只要我们不再相信，就不会有任何现实意义可言。这一理念世界（这一偶像）使得［人们］联合起来，就像房子的一砖一瓦、脚下的一草一木一样牢固、真实、难以否认。认为世界是平的这一"信念"，曾比世界是圆的这一"事实"更加重要。这一信念让中世纪的水手们不敢远航，他们航行的距离还不及炮弹的射程。只要人们继续依据观念、理论或迷信行事，这三者便都是确凿的事实；之所以说它们都是确凿无疑的，是因为它们都是以图像／形象或声音的形式传递出来的。

三

理念世界有很多作用。其中两种作用对我们的乌托邦研究有重大影响。一方面，虚拟环境（pseudo-environment）或幻想是外在世界的替代品；当"残酷的事实"变得过于复杂而难以解决或无法面对时，幻想就是我们逃离现实的避难所。另一方面，正是通过这种幻想，我们才能将现实世界的事实汇集起来，经过分类和筛选，形成新的现实，再次投射到外在世界。理念世界的作用之一，就是逃避或补偿，旨在帮助人们尽快摆脱宿命中的困境或挫折。其另一作用，则是为我们将来的释放创造条件。我把与这两种作用相对应的两类乌托邦，分别称作"逃避式乌托邦"（utopias of escape）和"重建式乌托邦"（utopias of reconstruction）。逃避式乌托邦不对外在世界做任何改变；重建式乌托邦则试图改变外在世界，进而按照自己的方式与外在世界进行交流。前者好比我们建造的空中楼阁；后者则好比在咨询了测量师、建筑师和建筑工人后，为了满足我们的基本需求而一砖一瓦建造起来的房屋。

四

然而，我们又有什么必要讨论乌托邦和理念世界呢？我们为什么不满足于富足的物质环境，而偏偏要去思考那些超越了时间和空间的领域呢？摆在我们面前的选择，并非要么活在当下，要么就空想度日；因为人生来就是这样被构造的，只有刻意遵守规则（如印度教苦行僧或美国商人信奉的教义或原则），才能在其意识中抛弃现实或空想。对大多数人来说，真正的选择介于漫无目的的逃避和有目的的重建之间。无论作何选择，在这个充满挫折感的"真实"世界里，看来我们都必须在乌托邦中度过大部分的精神生活。

当然，空想也是有条件的。很显然，对某些人来说，他们并不需要自己的乌托邦，而某些社会似乎也根本就没有乌托邦的踪迹。赫尔曼·梅尔维尔[11]笔下马克萨斯岛上的野蛮人，看似就彻底适应了当地的环境，以至于除了敌对部落来袭（事实证明，这主要是一项体育运动，只会激起他们对随后盛宴的胃口），在这个太平洋南部岛上的生活所需，全靠他们抢夺得来的战利品。马克萨斯人不需要梦想更幸福的生活，他们只需伸手去抢就可以了。

也许在童年时期，生活也有同样的完整性。当然，也有一些成年人能在狭隘有限的环境中，充分认识到自身的局限性，坦然接受现实。只要能够生活在自己的天地里，这样的人就觉得自己不需要乌托邦。唯有来自外界世界的蓄意侵扰，才会产生这种需要（在他们心中燃起对乌托邦的渴望）。他们就像波斯诗人[海亚姆]寓言中的病人，他的唯一渴望就是能有所渴望。对于这类人，我们找不出特别的理由来羡慕。不敢冒险进入广阔大海的人得到的惩罚，就是他们永远体会不到危险的滋味。对于人生，他们充其量也就是一知半解。他们口中的好日子，事实上也好不到哪里去。无论我们如何完美地适应了不完整的人生，当我们只需稍加努力就能追求到完整的人生时，我们就不应该满足于当前的生活。

但是，我们完全无法适应的地区、社会秩序和人，实则少之又少。面对无尽的艰难困苦、狂风暴雨、人情冷暖、陈俗旧套，人能做出的反应大致有三种：他会逃避；他会泰然自若；他会进行还击。看看在战争（一战）中幸存下来的同时代人，他们大多数人显然正处于恐慌和绝望的第一阶段。在《自由人》(The Freeman)杂志上刊发的一篇关于消除虚无主义的有趣文章中，爱德华·布思(Edward Booth)将19世纪80年代后期出生的那一代人，描述为他们的意志完全瘫痪，或者说，"如果他们能有所为，就该移居欧洲或南太平洋群岛，或者躲到美国某个安静的角落——但事实是，他们中的大多数人仍被困在原地，过着活死人的生活。"

一般来说，逃避并不总是意味着身体上的逃避（拔腿就跑），"还击"也不一定就意味着"在现场"做一些实际的事情。这里我们不妨借用约翰·杜威[12]博士所举的一个例子来进行解释。假设有一个人想和朋友联络感情，却因两人天各一方而无法实现，在这种情况下，他可能会有两种反应。一种反应是，他可能会"想象"与朋友见面，并幻想出见面过程中的每一个细节：热情见面，妙语如珠，尽兴交谈。另一种反应则如杜威所言，为了加强与远方朋友的联系，他会想尽一切办法创造条件并最终发明出电话。那些所谓性格外向

第 一 章

的人（他们并不需要乌托邦），为了满足交际的欲望，他们会找身边人聊天（这就是我上面所说的能够做到"泰然自若"的人）。但是，很显然，这些外向的人，因其意志并不坚定（其目标变化无常），除了展现出他们的"善良本性"之外，不可能为社会美好生活做出任何贡献；在这类人手中，艺术与发明创造都很可能会消亡。

现在我们暂时抛开外向的人，来谈谈剩下两种人。我们发现，剩下这两种人都曾在乌托邦的历史上登台亮相。在开始探索往昔的理想国度之前，我们应该先来看看他们在日常生活中的样子。

或多或少，我们都曾见过逃避式乌托邦：逃避现实的空想一次次产生，又一次次破灭，如此这般，日复一日地不停上演。在一家机器不停地发出嘈杂声响的纸厂里，我看到一台机器上贴着一张电影女明星的画像。我们不难重建操作这台机器的工人的私人乌托邦，也不难描绘出能够帮助他逃离身边机器的轰鸣、震颤和肮脏的那个世界。能与一位美丽的女子长相厮守互相拥有——哪个男子不是从青春期开始，便产生了这样的空想？

对绝大多数的男男女女来说，这一小小的个人空想，正是他们仅有的永恒而暖心的兴趣；所有其他的空想，最终也必须能以这样亲密的方式加以转化。就算他们嘴上不承认，他们的行为也会暴露他们的内心。他们离开冷寂的办公楼和肮脏的工厂，每天夜里都涌进影院和剧场，以期在这些挤满了俊男美女、风情无限的地方，短暂地享受一下生活。难怪穆罕默德创立的伊斯兰教认为，空想先于一切。某种意义上，这种空想是一切乌托邦的基础；分析心理学家认为，这种男欢女爱的空想所承载的，是人对回到母亲子宫并在子宫内栖息的深层渴望。母亲的子宫，正是人世间任何机器和立法都无法复制的完美环境。

这种逃避式乌托邦最基本的特征，就是与柴米油盐的琐碎生活彻底决裂，拒绝受到真实生活中我们身边那些不完美之人的烦扰。为了使自己追求的乌托邦更趋完美，我们拒绝与肉铺粮店打交道，甘愿到南太平洋上过自给自足的生活。当然，在大多数情况下，只有懒汉才会做这样的美梦。如果这样的梦做了之后不想醒，我们就得创造圆梦的条件。但是，也有许多人懒得连梦都不做了。艺术和文学，正是源于对幸福和完美的幻想。这样的幻想之花，虽然偶尔也会绽放，却也无法忍受现实生活的风吹雨打。我们很难想象出一个能让人无须顾虑生活琐事的完美社会，能一次次地为我们抚平伤痛，升华欢乐。即使在威廉·莫里斯[13]描绘的惬意的田园生活中，女人也是三心二意，情人同样会失恋伤心。当"现实"世界变得难以面对，想要找回生活的平衡，也只能是从文学世界中寻求庇护，因为文学极好地回应了我们内心深处的兴趣和欲望。

然而，一旦风雨过后，继续躲在逃避式乌托邦中就会变得极端危险；它是一座迷人的孤岛，流连忘返之人将会失去处世的能力。一个女孩如果长时间感受过白马王子的款款深情，也就很难再对平凡男青年那笨拙的拥抱有什么感觉。这种穷酸小子，一边带着女孩看电影，一边在心里盘算：一旦度蜜月时间超过一周，他该拿什么去交房租。而且，逃避式乌托邦中的生活太过容易，也太过完美——在这样的生活中，没有什么事情能够磨砺我们的意志。人类深入丛林，追捕飞禽走兽，啃食草皮树根，乘风破浪，无视狂风暴雨，这一切绝不是为了逃避。现实生活中要吃的"粗粮"，比白日梦里的多得多，而且也只有这些"粗粮"，才能让我们变得更加健壮。

在我们的乌托邦旅程中，我们也会在这些逃避式乌托邦中停留片刻，但我们不会在那里停留太久。这样的乌托邦有很多，它们点缀着我们的想象世界，就像尤利西斯到访过的小岛点缀在爱琴海上一样。不过，这样的乌托邦属于纯文学范畴，而且就是在文学世界中，它们也只占极小的一部分。我们可以彻底放弃它们，放弃那些包含有母夜叉和女魔头之类的读物，改换成一本《安娜·卡列尼娜》[14]或《卡拉马佐夫兄弟》[15]就够了。

五

我们将会遇到的第二种乌托邦，就是重建式乌托邦。

分析心理学家认为，逃避式乌托邦代表的是一种非常原始的空想。在这样的空想中，我们听凭欲望的摆布，从不考虑任何现实条件的限制，而这些限制条件，如果我们回到现实并试图在实际事务中实现我们的愿望，则是我们必须要面对的。逃避式乌托邦是一系列模糊、杂乱、缺乏逻辑连贯性的图像，这些图像的颜色既会变浓也会变淡，它们既会让我们激动不已，也会让我们如履薄冰；对待这些图像，为了让我们的邻居高看我们一眼[16]，我们最好还是将它们装在我们称之为大脑的这个奇怪的记忆之盒里。

重建式乌托邦同样可能受到原始的欲望和愿望的影响，但是，这些欲望和愿望已经开始考虑到它们寻求实现的世界。顾名思义，重建式乌托邦就是一种对环境的重建。与现实世界相比，在想象中重建的环境（reconstituted environment）不但能更好地适应人的本性与需求，还能更好地适应人未来可能的发展。如果说逃避式乌托邦是让空想者缩回自我意识之中，那么，重建式乌托邦就是将空想者引向外部的现实世界。

我这里所说的重建的环境，并不局限于对物质世界的重建。除了物质层面的重建，还有对习惯、价值观、价值标准、人际关系的重建。几乎所有乌托邦都强调教养这一因素，因此重建可能还包括通过教育和生物选择等途径，对特定人群造成的生理和心理特征层面的变化。所有真正的乌托邦人都想创造的重建环境，既有物质世界，也有精神世界。正是基于这一点，乌托邦人将自己与实物发明家和实业家区分开来。实际上，从古人驯养动物、种植作物、疏浚河流、挖掘沟渠，到将太阳能应用于机器等现代行为，人类的每一次尝试都是在努力重建环境；在很多情况下，人类的优势都是很明显的。乌托邦人不会贬低给人类带来火种的普罗米修斯，也不会轻视捕获雷电的富兰克林。阿纳托尔·法朗士[17]曾说："如果没有其他时代的乌托邦，人类可能依然赤身裸体，悲惨地生活在洞穴中。最先在脑海中描绘出第一座人类城市的是乌托邦人……这些崇高的梦想逐步变成有益人类的现实世界。乌托邦是一切进步的本源，是进入未来社会的指南。"

然而，人类在物质方面的重建一直都很有限，主要触及的也只是事物的表面。其结果便是，人们虽然生活在现代的物质环境中，头脑中却是过去所有时代精神遗产的大杂烩：从原始的到处都是禁忌的野蛮人，到精力充沛的维多利亚时代的葛擂梗（Gradgrind）和庞得贝（Bounderby）[18]的门徒等。房龙曾简洁有力地写道："一个开着1921年新款劳斯莱斯汽车、心智却停留在16世纪的商人，依然不过是一个16世纪的商人。"这个问题从根本上来说还是人类的问题。人类越是完全控制自然界，就会越发迫切地追问自己：天底下到底是什么在推动、指引和掌控自然界的操控者呢？这一事关理想、目标和目的的问题，是乌托邦的根本问题，哪怕（前行）目标就像磁北极[19]一样变幻不定。

除了空想家的著作外，在我们穿越乌托邦的旅程中，还需格外注意一点：人类赖以生存的物质环境的重建和精神状态的重构，一直被分为两个不同部分。其中一部分属于现实主义者，另一部分则属于理想主义者。现实主义者的目标可以在当下实现，理想主义者的梦想则在很大程度上被推迟到了甜蜜的未来。无论是现实主义者还是理想主义者，他们都不愿承认自己处理的是同一个问题，不愿承认他们实际上是将同一个事物的不同方面，看成了彼此独立的两个事物。

正因如此，重建式乌托邦才得以胜出。它不仅从宏观上构想了整个世界，同时还从细节上考虑到了这个世界的各个部分。当然，在分析那些经典的乌托邦时，我们也不会对它们的弱点，及其有时会让人感到不安的特质视而不见。不过，当下重要的是，我们应该认识到它们的优点所在，而且在开始我们的乌托邦之旅时，不应对它们抱有任何轻蔑之态，许多受到麦考莱[20]言论影响的人，一听到

"乌托邦"一词就会对其心生不屑；麦考莱曾嘲笑乌托邦，说他宁要米德尔塞克斯镇上的一英亩地，也不接受乌托邦的一块封地。

六

最后，我们应该相信乌托邦的现实。我们所谓的人类历史上所发生的一切，除非留有建筑遗迹、书籍或其他证据，听起来都很遥远，而且多少都会带有一些神秘色彩，就像既是水手又是学者的拉斐尔·希斯拉德[21]向托马斯·莫尔爵士描述的乌托邦一样。实际上，人类历史的很大一部分甚至显得更不真实：伊加利亚人只存在于埃蒂耶纳·卡贝[22]的头脑中，而自由国公民（Freelanders）也只生活在奥地利经济学家西奥多·赫茨尔[23]的想象中，但他们却比生活在意大利的伊特鲁里亚人[24]对当代人的生活产生了更大的影响，尽管伊特鲁里亚人为现实世界中人，而伊加利亚人和自由国公民则为乌有乡人。

乌有乡（Nowhere）可能是一个虚构的国家，但是，来自乌有乡的消息却是真实的。需要再次强调的是，理念、信仰、幻想和预言的世界（我必须再次强调指出）同样是真实的，就像塞缪尔·约翰逊[25]为了证明物质的真实存在而一脚踢到的那块石头一样真实。[26]这里我可以举一个例子来说明，思想的东西是如何比物质的东西更加真实：一个完全尊重私有财产权的人，绝不会私自踏入他人领地半步；而一块写有"禁止入内"的警告牌，则未必挡得住有贼心的人。总而言之，我们不能忽视我们心中的乌托邦。乌托邦的存在方

第 一 章

式,就像指南针始终指示着南北一样;即使我们对其经典论断并不熟悉,但是,每每头脑中蹦出乌托邦的影子,我们还是至少要对它们有所了解。我们永远无法抵达指南针所指的南北两极,所以无疑我们永远都不会生活在乌托邦,但是,一旦离开这根小小的磁针,我们根本无法进行明智的旅行。说乌托邦只存在于纸上因而就应将其抛弃,这种想法未免有些荒谬。对此我们应该有如下回应才对:建筑师的房屋设计图虽也遭到类似的挖苦和嘲讽,但是,建好的房屋并不会因此而变差。

在出发探索那些理想的国度时,我们必须抛开它们在我们心中产生的距离感和严肃感,因为过往的一些杰出人物已经为我们描画好了它们。我们的理想无法与我们所处的现实世界截然分开,就像我们的祖母有时会把起居室与阴冷潮湿、经常发霉的客厅隔开一样;相反,我们梦寐以求的事情,则往往会有意无意地按照我们日常生活的模样,自然而然地出现在我们眼前。我们的乌托邦,就像孕育它们的这个世界一样温暖亲切、热情快乐、充满人性。此时我正站在一栋高级公寓的楼顶,我的视线越过曼哈顿的一排排屋顶,可以看到一座灰塔,它的金色尖顶在柔和的晨光中闪闪发光;刹那间,眼前风景中所有粗糙丑陋的线条都消失了。因此,在审视我们的乌托邦时,我们并不需要为了进入这些可以实现的理想世界而抛弃现实世界;毕竟,理想世界总是脱胎于现实世界。

最后一点,也可以说是一些期许与告诫。在穿越昔日乌托邦的旅程中,我们不会浅尝辄止,只满足于涉足从柏拉图到最近的现代空想作家所构想的乌托邦。如果说乌托邦的故事对人类的故事有任何启示,那就是:我们的乌托邦一直都是那么的脆弱而不足;如果说它们并未对人类历史进程施加足够多的实际影响,就像维奥莱特·佩吉特[27]在《无政府主义福音书》(*Gospels of Anarchy*)中所说的那样,那也仅仅是因为我们的乌托邦还不够好。我们在乌托邦中穿行,正是为了超越乌托邦。如果我们在跨入柏拉图理想国的大门时离开了历史领域,那么,我们这样做是为了更有效地重新进入尘土飞扬、交通错杂的现代社会。因此,我们在研究过经典的乌托邦之后,将会考察某些社会神话和党派乌托邦,过去几个世纪它们曾在西方世界发挥过重要作用。最后,我保证不会试图提出另一个乌托邦;对我来说,只要探究一下其他人可能创建的乌托邦的基础就足够了。

与此同时,我们的航船也将起航;在登上乌托邦的海岸之前,我们不会再次抛锚。

第 一 章

注释：

[1] 作者提出的"乌托邦意志"(will-to-Utopia)，类似尼采提出的"权力意志"(will-to-power)，指人内心深处有意识或无意识对乌托邦的梦想。

[2] 托马斯·莫尔爵士（Sir Thomas More，1478—1535），英国政治家、作家，欧洲空想社会主义学说创始人。代表作《乌托邦》。

[3] 本书出版于1922年，此处所说的"禁酒令"指1920年美国颁布的《禁酒法案》，"罢工"指1922年美国爆发的煤矿工人大罢工，"和平"会议则是指宣告一战结束的凡尔赛和谈。

[4] 托勒密（Ptolemy，约85—约165），古希腊天文学家、地理学家、数学家，古希腊天文学之集大成者，地心说的创立者。

[5] 沃尔特·惠特曼（Walt Whitman，1819—1892），美国著名诗人、人文主义者，创造了诗歌的自由体。代表作《草叶集》。

[6] 出自惠特曼《草叶集》：我想我能够转向和动物一起生活，它们是这样安详自足，我站着观察了它们很久很久。它们不为处境着急叫苦，它们不会夜里睡不着觉为自己的罪过哭泣落泪，它们不谈论对上帝的职责而叫我头疼，没有一个不知足，没有一个精神错乱的占有狂，没有一个向另一个下跪，也不向千年的祖宗下跪，整个地球上没有谁高高在上或郁郁寡欢。它们就这样表明了它们和我的关系，我接受了，它们带给我我自己的天性，它们用自己具有的天性明白地示意出来。我纳闷它们从哪里得到那些天性，难道老早以前我走过那条路，不经意丢了？

[7] 镭是一种放射性元素，在镭射线的照射下，水、氨、氯化氢能分解，氧气能转变成臭氧。镭的裂变速度在每一时刻与它存在的数量成正比。

[8] 主观世界（subjective world），与客观世界相对，指人的意识和观念世界。它不仅起于主体的心意以内，还表现为主体的心意状态；人的欲求、愿望、情感、意志、目的、观念、信念、思维等，全是其不同存在形式和表现。

[9] 灵界（spiritual world），精灵和天使的住所，也即每个人死后都会进入之地。

[10] 因为光线行走也需要时间，距离远，行走时间就会比较长，所以在当时星球

发出的光到达地球的漫长时间里，该星球已经不在了。

[11] 赫尔曼·梅尔维尔（Hermann Melville, 1819—1891），19世纪美国小说家、散文家和诗人。代表作《白鲸》。1841年他开始在捕鲸船上做水手，随后3年到过世界上很多地方，大大开阔了眼界。他曾流落到塔希提岛和马克萨斯岛上，在有食人风气的土著部落中生活过。

[12] 约翰·杜威（John Dewey, 1859—1952），美国著名哲学家和教育家，实用主义哲学的创始人之一，功能心理学的先驱，美国进步主义教育运动的代表；其著作涉及科学、艺术、宗教、伦理、政治、教育、社会学、历史学和经济学等诸多方面，使实用主义成为美国特有的文化现象。代表作《哲学之改造》《民主与教育》。

[13] 威廉·莫里斯（William Morris, 1834—1896），19世纪英国设计师、诗人、早期社会主义活动家。代表作《乌有乡消息》《地上乐园》。

[14] 这部小说是新旧交替时期紧张惶恐的俄国社会的写照。全书通过女主人公安娜追求爱情的悲剧，和列文在农村面临危机而进行的改革与探索这两条线索，描绘了俄国从莫斯科到外省乡村广阔而丰富多彩的图景，是一部社会百科全书式的作品。

[15] 本书通过一桩真实的弑父案，描写了老卡拉马佐夫同三个儿子即两代人之间的尖锐冲突。全书涉及宗教、社会、政治、道德、经济生活等多个方面，对分崩离析的社会中各种矛盾进行了尝试性的解答，透露出作者的精神自省意识与深刻的哲理思维。

[16] 该处直译为"尊重我们增加细木条或刨木头的能力"，系一句英语方言；用来将盖房顶的草固定在屋顶上的细木条，引申为"高看一眼"。

[17] 阿纳托尔·法朗士（Anatole France, 1844—1924），法国小说家和文学评论家，1921年诺贝尔文学奖获得者。代表作《企鹅岛》《诸神渴了》。

[18] 葛擂梗和庞得贝是狄更斯小说《艰难时世》的主人公。葛擂梗是国会议员、所谓的"教育家"，他以倡导了一套压制人性的教育方式而自鸣得意；富商庞德贝则以自我奋斗的成功者自居，他们有着共同的价值观——以功利主义作为生活原则，并且一起控制着小镇的经济体系与教育机构。

第 一 章

[19] 磁北极（The Magnetic North Pole），地磁的北极，位于北极点附近，其位置每天都在不断移动。原来每天以 20.5 米的速度向北移动，现在由于环境污染每天移动 21.3 米，估计到公元 2460 年，将会移到西伯利亚泰梅尔半岛。

[20] 托马斯·麦考莱（Thomas Macaulay，1800—1859），英国政治家和历史学家。代表作《英国史》。

[21] 拉斐尔·希斯拉德（Raphael Hythloday），《乌托邦》中虚构的一位航海家，托马斯·莫尔借他之口描述了自己理想中的最完美的社会制度。

[22] 埃蒂耶纳·卡贝（Étienne Cabet，1788—1856），又译艾蒂安·卡贝，19 世纪法国著名空想社会主义者，参加过烧炭党，经历过革命者的流亡生活。他在小说《伊加利亚旅行记》中提出"和平共产主义"思想，幻想以非暴力方式通过改良建立理想社会。

[23] 西奥多·赫茨尔（Theodor Herzl，1860—1904），奥匈帝国犹太裔经济学家、记者，锡安主义的创始人，19 世纪最后十年颇为活跃的曼彻斯特学派代表人物。1890 年出版《自由国》，因其小说主题与《回顾》相近，被称为"奥地利的贝拉米"。

[24] 伊特鲁里亚人（Etruscans），又译伊特拉斯坎人或埃特鲁斯坎人，古代意大利西北部伊特鲁里亚地区一个古老的民族，公元前 6 世纪时曾盛极一时，后来罗马崛起，其文化随之湮灭，鲜为后人所知。

[25] 塞缪尔·约翰逊（Samuel Johnson，1709—1784），常被称为约翰逊博士（Dr. Johnson），英国文学史上重要的诗人、散文家、传记家和健谈家，编纂的《词典》对英语发展有很大贡献。

[26] 《约翰逊传》："我们走出教堂，站着谈了一会儿贝克莱证明非物质存在的巧妙诡辩、宇宙中的一切都仅仅是理念［思想］。我观察到，虽然我们很满意他的学说是不正确的，但却无法反驳它。我永远不会忘记约翰逊的回答，他狠狠地踹了一块大石头一脚，'这就是我的反驳！'"

[27] 维奥莱特·佩吉特（Violet Paget，1856—1935），英国文艺批评家、美学家。著有《美与丑》《论美》等。她很早就立志不结婚，自由地发展其中性化气质，并用"弗农·李"这个男性化的笔名从事写作。

第二章

希腊人如何在新世界生活，乌托邦又是如何看起来近在眼前。柏拉图在《理想国》中主要关心的是：如何将理想城市凝聚在一起。本章将对以上问题展开讨论。

第 二 章

一

在伟大的罗马帝国和马其顿帝国开始将其营地遍布地中海世界的各个角落之前，有一段时间，在许多人心中，理想城市的愿景似乎是最重要的。就像广袤无垠、人烟稀少的美洲大陆使得18世纪的欧洲人希望能在那里建立新的文明，将旧世界的错误、恶习和迷信悉数抛弃，同样是人烟稀少的意大利西西里岛、爱琴海群岛和黑海的狭长海岸，也一定给了当时的人们翻开历史新篇章的希望。

公元前600年至公元前300年这一时期，正是希腊母城的建城时期。米利都城的繁生城市应该有300座左右，其中很多城市可能都不比米利都逊色。既然能够新建城市，自然就会有很多对城市进行改变和实验的机会；那些渴望社会秩序变得更加宽松的人，便会采取"自下而上"的方式，竭尽全力创造一个更好的开始。

在这几个世纪里，人们提出的城市规划和建设方案不计其数，不过，其中只有极少数被保存下来。亚里士多德在《政治学》中描绘了一个理想国度。这个国家的设计者是迦克敦的法里亚斯（Phaleas of Chalcedon）[1]，他和萧伯纳[2]一样，认为人人都应享有财产完全平等的权利；从亚里士多德那里，我们也了解到另一个乌托邦，描述这一乌托邦的人，是公元前5世纪古希腊伟大的建筑师、城市规划师和社会学家希波丹姆斯（Hippodamus）。希波丹姆斯是历史上最早对城市进行规划的人之一，他因设计了单一棋盘式的城市规划布局而闻名于世，这一模式如今在美国已是广为人知。在进行城市设计时，希波丹姆斯显然已经意识到，城市不仅仅是房屋、道路、市场和寺庙的简单聚集。在关注实体城市秩序的同时，他更关心的是社会秩序这一更为基本的问题。如果说它增加了我们在穿行乌托邦时的现实感，那么我必须承认，正是得益于希波丹姆斯的同行、耶路撒冷等许多城市的设计者格迪斯[3]的启发和榜样作用，本书才最终得以问世。在许多方面，格迪斯与亚里士多德或希波丹姆斯之间的距离，似乎都要远远小于他与赫伯特·斯宾塞[4]之间的距离。

当我们看着法里亚斯、希波丹姆斯和亚里士多德留给我们的乌托邦，并将这些理想城邦与柏拉图的理想国进行比较，我们不难发现，这些理想国度之间的差异可谓微不足道，而它们彼此之间的相似之处则极为明显。正是由于这一原因，我将把对希腊乌托邦的讨论，限定在柏拉图《理想国》中划出的范围之内，同时兼顾《法律篇》《政治家篇》和《克里提亚篇》中有关理想国的论述。

二

《理想国》创作于雅典与斯巴达之间爆发的伯罗奔尼撒战争时期。在类似战争中，爱国公民最终在战火中屈服，识时务的聪明人则早已与敌人交好。读者朋友如果不嫌麻烦，乐意研读一下普鲁塔克[5]对"来古格士之法"[6]的解读，以及阿尔弗雷德·齐默恩[7]对希腊联邦的宏伟描述，就能明白斯巴达和雅典是如何形成"理想国"雏形的——在柏拉图的心目中，理想国就是理想的斯巴达和雅典。

记住下面这一点是好的，柏拉图是在战败的阴影下进行写作：他所在的阿提卡大部分地区都毁于战火；他一定认为，如果一场伯罗奔尼撒战争就能将世界毁灭,那么,所有的改革和权宜之计都将是徒劳的。在柏拉图看来,一个国家好比一艘战船,若是设计有缺陷,经验再丰富的舵手都无法将其驶出风暴;如果这艘战船有永久沉没的危险,则唯有回坞再造方能安全出海。鉴于柏拉图的态度,我建议我们从最基本的内容开始讨论。

三

柏拉图在描写他心目中的理想社会时,如同一位受过训练的工人,是从描述其物质基础开始的。他没有把他的乌托邦放在神话中不受风霜雨雪侵扰的阿维利翁岛;他反复提及的是雅典的土地,以及诞生在这片土地上的经济生活。柏拉图的《理想国》是写给他同时代的人看的,因此他讲到的很多事情都可以像常识一样被人们接受,而我们作为年代久远的陌生人,想要更好地理解他所描绘的乌托邦式现实,就必须详加研究才行。请注意,在讨论理想国的物质层面时,我会借鉴亚里士多德和柏拉图的观点,也会参考齐默恩、梅耶斯[8]和默里[9]等现代希腊学者的观点。

今天我们在谈论美国时,首先想到的是其幅员辽阔,即使在晴朗的日子爬上8000米高的山峰极目远眺,在大多数情况下,我们也看不到它的所有边界。就连一些小国,如荷兰或比利时,也可能在数千英里外拥有属地[10];我们把这些遥远的海外属地和该国本土均视为这个国家的一部分。我们真的难以理解,住在鹿特丹的荷兰人何以控制了爪哇岛:他既不住在爪哇,也不熟悉岛上的居民,他的思想和习俗更是与岛上的居民大相径庭。即便他对爪哇感兴趣，他的兴趣点也只是糖、咖啡、税收或传教。就国家是由国民共同拥有的这一意义而言，他的国家并不是一个联邦。

相反，对柏拉图时代的希腊人来说，联邦就是他和他的同胞们积极分享的东西。它是一块明确的土地，随便爬上一座山顶都能看到它的边界；那些生活在边界之内的人，供奉相同的神灵，拥有共同的剧院和体育馆，以及许多共同的利益，这些利益都只有在一起工作、共同娱乐和共同思考的过程中才能得到满足。柏拉图很可能尚未构想出一个有着文明需求的社会，其中人口以每平方英里10人的密度分布；如果他到访过这样的社会，他一定会说当地人是野蛮人，因为这些人的生活方式，完全配不上他们作为公民应尽的义务和应有的美德。

从地理方面考虑，理想之国应该位于城市地区，四周有充裕的土地为居民提供所需的大部分食物，而且该城还应位于便于出海的位置。

让我们站在一座高山上，一起来看看这座城市吧；柏拉图可能就是在某个清晨爬到雅典卫城的最高处，俯视着这座仍在沉睡的城市，近处是绿色的田野和高地牧场，几英里外的海面上洒满阳光。

希腊是一个多山的地区，在从山顶到海岸这段不长的距离内，有着种类繁多的工农业形态，可以比得上从阿迪朗达克山沿哈得逊河谷向下直到纽约港之间的情形。无论柏拉图自己是否意识到，他的脑海中总有一片"理想"的土地来作为理想城市的基础，地理学家称之为"河谷地段"（valley section）。倘若柏拉图一开始就生活在新泽西这样的沿海平原地区，他可能就不会获得将各行各业都聚集在城市中的灵感。只有在希腊，才可能将各种职业聚集在如此狭窄的区域内：山谷的顶端是常绿的树木，樵夫就住在这里；沿着山谷向下是牧场里的牧人和羊群，山谷底部是农夫和他们的庄稼；山谷的尽头是河口，渔民在此推船出海，而商人则将其他地方的货物运进港口。

正是在这样的河谷地区，伟大的文明得到了滋养。尼罗河畔的亚历山大、台伯河畔的罗马、塞纳河畔的巴黎，皆是如此。有趣的是，我们在旅途上遇到的第一个伟大的乌托邦，也有"理想"的地域作为根基。

四

在理想国的经济基础中，我们没有找到柏拉图对劳工问题的论述。如今，劳工问题已是我们现代生活中的一个基本难题；表面上看，柏拉图似乎显得有点高深莫测，因为他直接跳过了这一问题。然而，当我们更深入地研究、看到在德国人所说的"晨光之地"（morning lands）上人们的生活方式时，我们就会发现，柏拉图之所以不提供劳工问题的解决方案，是因为他确实没有遇到这个问题。

当一个地区的植被没有遭到无情破坏，农牧民掌握了农牧业技术，气候条件适宜，不会出现极端天气，老城人口过剩时可以找到新的殖民地——只要不是有意为之，劳动力问题就不会出现。一个人可能会因为在战争中被俘而成为奴隶，但他不会因为饥饿的威胁而被迫成为操作机器的奴隶。只要人们愿意适应自然条件，生计问题就会得到解决；柏拉图笔下乌托邦的基础是简单的农业生活，早在柏拉图登上历史舞台之前，人们就已熟练地掌握了小麦、大麦、橄榄和葡萄等作物的种植技术。只要土壤没有因为洪水的冲刷而变得贫瘠，这个问题就不难解决；柏拉图的解决之道是，理想国得有足够种植粮食的土地，而且居民不能让自己的欲望超过自然许可的限度。

柏拉图用一些简单而巧妙的方式，描述了理想社会的基础。一些人认为柏拉图对美好生活的设想有些不人道，但是，当他们读到柏拉图对教育和统治阶级职责的讨论时，他们很可能就会转而认为，柏拉图所绘制的景象，正是为我们现代人准备的。

柏拉图笔下的理想社会源于人类的需要，因为我们都无法做到自给自足，都有很多需要；而也正是因为有了这些需要，才有了各行各业的从业人员来满足我们的需要。当所有这些施助者、合伙人和合作者都聚集在城市里，居民这一团体便被称为一个国家（城邦）[11]；国民为了彼此的利益而相互合作，互通有无：从牧民用奶酪换取大麦等简单的行为，到人们在城市里进行的复杂交换，不一而足。在柏拉图所描述的这一地区，将会出现什么样的生活方式呢？

> 他们要烧饭，酿酒，缝衣，制鞋。他们还要造屋，一般来说，夏天干活赤膊光脚，冬天穿很多衣服，着很厚的鞋子。他们用大麦片、小麦粉当粮食，煮粥，做成糕点，烙成薄饼，放在苇叶或者干净的叶子上。他们斜躺在铺着

第 二 章

紫杉和桃金娘叶子的小床上，跟儿女们欢宴畅饮，头戴花冠，高唱颂神的赞美诗。满门团聚，其乐融融，一家数口儿女不多，免受贫困与战争。[12]

苏格拉底在《理想国》的对话中，向他的听众描述了美好生活的基本物质要素。其中一位听众是格劳孔[13]，他请苏格拉底对此稍稍做了详细深入的讲解，因为苏格拉底描述的只是美好生活的基本要素。庞加莱[14]对列夫·托尔斯泰的哲学思想也提出了同样的反对意见[15]。苏格拉底回答说，美好的城邦拥有健康的体制，这是他刚刚讲过的；但他并不反对接受"发炎的体制"（inflamed constitution）。苏格拉底所谓"发炎的体制"是一种生活方式，现在所有的西欧人和美国人，无论其宗教信仰、经济地位或政治信条是什么，都对此坚信不疑。因此，虽然这与柏拉图的理想国相反，但我会继续向大家展示它，因为它能给我们自己的制度和习惯带来一些启示。

柏拉图是想借苏格拉底之口表示：需求增长和物质过剩会产生不义之国。需求增长必然导致国家边界扩大，因为原来的健康国家已经太小了。现在，这座城邦将会充斥大量超出自然需求的职业，将会产生大量的寄生虫和冗员。而我们这个原本足以维持原住居民生活的城邦，因为"我们想要有足够大的耕地和牧场，我们势必要从邻居那儿抢一块来；而邻居如果不以所得为满足，也无限制地追求财富的话，他们势必也要夺一块我们的土地。……下一步，我们就要走向战争了，否则你说怎么办？"[16]

对这一批评做一总结就是，柏拉图清楚地看到：一个理想的社会必须具有统一的生活标准；无限的财富积累或无穷的欲望，绝对不是理想的生活标准。必要的才是好的，但必要并不意味着拥有很多物品。

像亚里士多德一样，柏拉图想要的是一种既不贫穷又不奢华的生活方式；但凡读过一点古希腊历史的人都会明白，这种雅典人的美好生活理想，象征性地落在斯巴达和科林斯之间，斯巴达会使人联想到严酷的军事生活，科林斯则给人以柔和悦人的美感[17]。

我们是应该节制需求，还是应该扩大产出呢？柏拉图回答这个问题毫无难处。他认为，理性的人会节制自己的需求。如果人们希望像农民或哲学家一样生活，就不会像靠囤积小麦而暴富的投机商人一样肆意挥霍，也不会像攀上类似投机商人的低俗交际花那样挥金如土。柏拉图说，富有和贫穷是造成退化的两个原因：在贫穷或富有的影响下，工人和他的工作都可能会堕落，因为"富有滋生奢侈懒惰，贫穷使人吝啬恶毒；或贫或富，人们都会不满"。

柏拉图对统治阶级和普通公民也没有设定各自的生活标准。他会给每位公民所有必要的物资以维持生计，并准备从他们手中拿走一切不必要的东西。他意识到，占有物资并不是获得幸福的手段，而是弥补精神生活匮乏的一种方式。对柏拉图而言，幸福是一个人可以投入生活的东西，而不是从中掠夺的东西；它是舞者的快乐，而非暴食者的享受。在柏拉图所描绘的国度里，社会健康又节制，公民健硕而清醒；可以说，这个国家将会一直维持原有边界，不会扩张。生活在他的理想国，会有一种因为懒散和安适而产生的恐惧，因为这个社会不再有变动的可能。弥漫在柏拉图笔下美好生活画卷中的香气，并不是飘落在懒人沙发上的玫瑰花瓣和熏香发出的浓郁气味，而是清晨飘来的淡淡芳草香和脚下碎薄荷与马玉兰散发的芬芳。

五

柏拉图理想社会的规模有多大？公民的等级如何划分？他们之间的关系又是什么？前文中我们已经讨论了这块土地的布局，也探讨了理想国的物质基础，现在我们准备把注意力转移到该国的公民身上；这是因为，任何社会，无论它们是好是坏、是真实的还是虚构的，它们的出现与永存，都源于人口、职业和土地这三者之间的互动关系。

六

根据柏拉图对理想国环境的设定，我们不免会认为他不会对理想社会设定人口上限。但是，事实恰恰相反。柏拉图认为："国家大到还能保持统一——我认为这就是最佳限度，不能超过它。"现代政治科学家生活在有着数百万人口的民族国家中，主要从人口角度去衡量一个国家的伟大程度，所以在看到柏拉图将国家人口的极限设定在5040人时，他们便无情地嘲笑柏拉图，认为这个数字太过随意，任何一个演说家都可以随口说出。事实上，柏拉图对人口的限定并没有什么好笑的：他所指的5040人不是一群野蛮人，他是要让这些人为积极的公民政治体制打下根基；众所周知，社会人口增加必然导致公共资源减少。柏拉图无法预料到无线电话和日报的出现，更不可能去夸大这些工具对与我们最息息相关事物的影响。他在2000多年前为城市人口设定上限时，他所做的预测就像雷蒙德·昂温[18]先生等城市规划师所做的判断一样。

一国公民的形成，并非因为他们生活在相同的政治体制下，或者是居住在同一个国家内。他们之所以能够成为真正意义上的公民，是因为他们与受过相似教育的人有着同样的传统和生活方式。柏拉图主要关注的是，如何提供一些条件，使社会（大众）能团结一致，不受任何外力作用的影响——就像如今的民族国家正在遭受战争或战争威胁的影响。这一关注似乎存在于理想国的各个方面。满足城市物质需求的方法，似乎并不能解决柏拉图的问题。虽然在柏拉图生活的那个时代，希腊与整个地中海地区有着极为广泛的贸易往来，但是，他并没有错误地将商业统一视为国家的一统。因此，在他的构想中，农民和商人的工作都是次要的。所有公民个体和集体都能和谐共处的普遍社会条件，才是需要考虑的重点。从19世纪的乌托邦开始，就出现了有关公民和谐共处的呼声，这一点我们留到后面章节再讲；而也正因如此，我们才更有必要理解柏拉图的观点，并紧随他的思路走下去。

七

对柏拉图来说，一个美好的社会就像一副健全的体格，各项功能的协调运行是其力量和活力的前提条件。当然，一个美好的社会肯定不是那些只关心自身利益而忽视他人利益的个体成员的简单集合。柏拉图认为善良与幸福几乎没有任何界限，所以他相信顺应自然的生活方式就包含这两种品质；也就是说，善良和幸福存在于了解自己、找到自己的兴趣中，存在于完成自己力所能及的特定工作中。如果我们将柏拉图的话用现代政治术语来表述，那就是，美好社会的秘密就在于功能原理（principle of function）。

柏拉图认为，每一种职业都需要特定的先天禀赋和后天训练。如果我们想要穿上舒适的鞋子，那么制造鞋子的就必须是鞋匠，而不是织工；同样，每个人都有一些禀赋使然的职业能力，当他被雇用从事这一职业时，他便为自己找到了幸福，成为对社会有用之人。当每个人都能发挥自己的作用、所有必要的职业都能愉快地互相适应时，美好生活就一定会出现。国家就像人的身体一样。"健康是自然秩序的产物，政府就存在于身体各部分的协调之中，而疾病的产生则是因为偏离了自然秩序。"正义是国家的最高美德，也即在"人人有事做，事事有人做"（每个人都作为一个人干他自己分内的事而不干涉别人分内的事）的规则下，能够合理地分配工作与职责。

这样的社会可曾出现过？不要随口就给出否定的答案。柏拉图心目中的理想状态，在现代交响乐团的组织中就已经实现了。

柏拉图并非没有意识到，生活中还存在其他类型的幸福。然而，他明确指出，在创立理想国时，他并不想让某个人或某一群人比其他人更幸福，他渴望的是整个城邦都能处于最幸福的状态。"给农夫穿上昂贵的长袍，嘱咐他们只为了自己的快乐而耕作"，这样做并不难。柏拉图也可以借此来赋予每个人虚假的幸福感。但若果真如此，轻松惬意的日子就会转瞬即逝，随之而来的便是万物萧条。在这一方面，柏拉图是一个彻底的现实主义者：他并不是在找寻逃避现实的林荫大道；他已做好准备去面对崎岖不平的小道，这条路虽然蜿蜒陡峭，但却视野开阔；他并不认为生活会变得更糟，因为他发现，生活的主要乐趣，并非如伊壁鸠鲁学派[19]一直相信的那样来自脱离劳动；恰恰相反，生活的乐趣正是来自劳动。

八

柏拉图通过老办法来实现公民社会的职责分配，任何精通现代心理学的人都会认为这是一种"合理化"（rationalization）的安排。柏拉图尝试为他所支持的阶级划分提供坚实的基础，他把社会比作人，具有人的美德、智慧、勇敢、节制和正义。他把每一种美德都与社会中的一个特定阶级联系在一起。

智慧适合城市的统治者，因此出现了治国者阶级。

勇敢是城市守卫者的特征，因此出现了护卫者这一军人阶级。

节制或和谐是所有阶级都应具备的美德。

最后一种美德是正义。正义是前三种美德的根本原因和条件。"正义能够使节制、勇敢、智慧在这个城邦产生，并在它们产生之后一直保护着它们。……但是，如果有人要我们判断，这四种品质中我们国家有了哪一种最能使我们国家善，是统治者和被统治者的意见一致呢，还是法律所教给军人的关于什么该怕什么不该怕的信念在军人心中的保持呢，还是统治者的智慧和护卫呢，还是这个体现于儿童、妇女、奴隶、自由人、工匠、统治者、被统治者大家身上的品质，即每个人都作为一个人干他自己分内的事而不干涉别人分内的事呢？——这似乎是很难判断的。"[20] 尽管如此，柏拉图显然是把正义作为了理想国的基础。

我们不能误解柏拉图的阶级划分。亚里士多德用更简单的民主制度来批评柏拉图，但柏拉图并未试图建立一成不变的社会秩序。他的理想国奉行的是拿破仑的"唯才是举"[21]治国原则。柏拉图的论点背后隐含着一种信念，就是认为人在来到这个世界上时，其身心禀赋就已经注定了，当今的心理学研究似乎也证实了这一点。柏拉图确实推崇由最优秀的人组成的贵族政治或王政[22]，但是，他并不信任那些通过世袭财富和地位而承续下来的假贵族。在确定了城市要包含统治者、护卫者和劳动者这三个阶级之后，柏拉图面临的首要困难仍然有待解决：每个人如何发现达到自己阶级的途径，在什么条件下才能最好地履行自己的职责？

通过回答这些问题，我们探寻到了理想国最大胆也是最独特的构想。由于与许多既有制度相背离，这一构想所引发的反对和厌恶之声也最多，尤其是关于个人婚姻和个人财产制度的构想[23]。

柏拉图通过生育、教育和日常生活纪律这三种方法来延续他的理想体制。下面我们就来讨论这些方法对每个阶级的影响。

我们暂且先不考虑工匠和农夫阶级。目前还不是很清楚，柏拉图是否要把他的婚姻制度延伸到这个阶级的成员身上。但在教育方面，很显然，柏拉图认为衣钵相传的学徒制并没有什么可挑剔的，因此他没有任何理由去抛弃基本上已经非常令人满意的方法。事实上，我们只需一窥雅典的古迹、花瓶或高脚酒杯，就能明白他的教育方法是多么令人满意。这些职业可能出现的任何进步，都是柏拉图式正义原则带来的；柏拉图严格遵守自己订立的原则，从不插手别人的行业。

对生活在当今世界的我们来说，就像我之前所说，柏拉图的做法显得古怪而草率，因为在当今世界，工业事务和劳工运动一直都在受到指责。但是，柏拉图认为他的做法是正确的，他说："当鞋匠堕落变坏、做不了鞋却自称是鞋匠时，他不会给国家带来巨大的损害；但是，当法律和国家的守护者徒有其表，只是他们自己拥有富足幸福生活的特权时，你就会明白他们是如何彻底摧毁整个体制的了。"因此，柏拉图把他的攻击瞄向了最危险的地方：鞋匠往往知道如何做好自己的本分，但政治家却多半不知道他们必须留心哪些重要事务；即使可能会朦胧地想起来，他们也往往会将其疏忽——他们更乐意把精力放在打高尔夫上，或获得漂亮女人的芳心上。我们在柏拉图对国家的独特描述中已经看到，普通民众无疑会在希腊城邦拥有许多传统的欢乐和喜悦；虽然柏拉图没有明说，但是，普通民众无疑将被允许拥有供他们安居乐业的个人财产。柏拉图没有给普通民众做明确规定，这不免会让我们觉得，柏拉图愿意以常规方式让这些事情继续下去。

下一个阶级被称为护卫者。虽然他们与统治国家的治国者有着不同的特征，但是，柏拉图所指的治国者往往是包括护卫者在内的单一阶级；而且在柏拉图眼中，似乎护卫者只是治国者阶级的临时分支而已。《克里提亚篇》是柏拉图试图展示理想国效果的一篇对

第 二 章

话。在这篇对话中,护卫者们自己居住在一个单一的圈地内,饮食和寺庙都是共同的;由此我们可以推测,他们的生活方式与更高等级的治国者相似,只是在学识方面还达不到治国者的水平。毕竟,柏拉图笔下的这些战士,与现代国家的常规军或常备军并没有什么区别:他们在军营内有自己的生活,接受高强度的操练和训练,被教导要绝对服从政府。当我们审视护卫者和劳动者的本质时会发现,柏拉图的构想离现代社会的真实情况并不遥远,只是在规模上有所不同。除了在军营、体育馆和学院生活中允许男女平等这一事实之外,真正区别在于对公民的培养和选拔。最后,我们来讨论统治者,也就是治国者阶级。

治国者是如何取得自己的地位和权力的呢?柏拉图在回答这个问题时有些谨慎,他暗示道:"除非哲学家成为我们这些国家的国王,或者我们目前称之为国王或统治者的那些人物,能严肃认真地追求智慧,使政治权力与聪明才智合二为一。"关于这个问题,这里我们不予深究。治国者是如何出生,又是如何养育的呢?这才是我们讨论的重点。

为了国家的福祉,治国者有权宣扬"高贵的谎言"。其中一条高贵的谎言,会在年轻人接受的教育达到一定程度,此时治国者有可能确定他们的天资禀赋时告诉他们。

> 我们会在我们的故事中对他们说:你们虽然一土所生,彼此都是兄弟,但是老天铸造你们的时候,在有些人身上加入了黄金,这些人因而是最可宝贵的,是统治者。

在护卫者（军人）身上加入了白银。在农民以及其他技工身上加入了铁和铜。但是，又由于同属一类，虽则父子天赋相承，有时不免金父生银子，银父生金子，错综变化，不一而足。上天因此给统治者的命令最重要的就是，要他们做后代的好护卫者，要他们极端注意在后代灵魂深处所混合的究竟是哪一种金属。如果他们的孩子心灵里混入了一些废铜烂铁，他们绝对不能稍存姑息，应当把他们放到恰如其分的位置上去，安置于工人农民之间。假设农民工人的后辈中间发现其天赋中有金有银者，他们就要重视他，把他提升到护卫者中间去。[24]

作为这种功能自然选择原则的保障，柏拉图提出了共同婚姻制度。"这些治国者的妻子是共有的，他们的孩子也是共有的；父母不认识自己的孩子，孩子也不认识各自的父母。""新郎会把所有在婚礼之后10个月和7个月出生的男孩叫作儿子、女孩叫作女儿，孩子们则称他为父亲……而那些同时出生的孩子们则互称兄弟姐妹，且不通婚。"这个制度的特点之一是，鼓励最好的公民——最强健、最聪明、最俊美的男女——进行结合，繁衍后代。但是，柏拉图并未对此给出详细说明。治国者之间有完全的性选择自由；那些为国家做出最杰出贡献的人也能接触到大量女性；不过，除了鼓励治国者多生育子女以外，柏拉图显然没有考虑不同阶级之间交叉繁衍后代的可能性。

总之，人们可能会说柏拉图是在帮助治国者以恰当的方式延续他们自己，这也就说明繁衍问题是治国者主要关心的问题之一。柏拉图倡导的优生行为，是通过生物手段而非社会手段实现的。他认识到，优秀的父母可能会生育出糟糕的子女，而卑下的父母也有可能培养出优秀的后代；而当代一些优生学家则没能意识到这种情况。柏拉图还规定，尽管要鼓励治国者生育优秀的子女，但是，这些孩子也必须首先证明自己的优秀，然后才能被确认为治国者。至于底层阶级的子女，他们的社会需求和资源应该受到严格限制。在柏拉图生活的那个时代，孩子出生后因为所谓的"遗弃"而死亡的现象非常普遍，所以治国者得把有不良遗传的孩子抛弃这样的规定，显然并不会让他感到良心不安。就像庄稼地里的杂草会影响庄稼的生长一样，柏拉图也随时愿意清除理想国中的"杂草"，淘汰那些身心太过畸形而不能参与到美好生活中的人。如同健壮的雅典人一样，柏拉图这样做是为了驱疾治病，所以他无暇顾及那些身心残疾之人。

九

但是，如何培养治国者只是问题的一半。问题的另一半是教育和纪律，柏拉图在讨论教育和纪律问题时，并不像现代大学校长所做的那样，只是单纯讨论书本学习；他所说的教育和纪律，指的是塑造一个人的所有活动。他跟随年长的哲学家毕达哥拉斯的步伐，并先于伟大的组织者圣本笃[25]为治国者制定了生活规则。他相信，那些经常让其个人满足和"幸福"凌驾于公共利益之上的人，不会无私地工作，也不可能有开阔的思想和清晰的视野。

让我们来见识一下柏拉图深邃的洞察力吧。很明显，他并不鄙视现代心理学家所说的"正常生理需求"。对绝大多数人来说，幸福就是能够习得特定的行业或职业本领、完成日常本职工作、结婚生子；当一天的紧张情绪放松下来时，通过享用美食、品尝美酒、与爱人亲昵等简单的感官刺激来获得娱乐和享受。这种正常生理需求，与家庭和家庭有限的见识有关；在这一生活的本质中，交织着许多小小的忠诚、猜忌和利益问题。

每个家庭，每个小小的亲友圈，往往都是一个个微型的乌托邦；这些地方资源有限，成员有为了这一小群体利益而调整自身行为的意愿，有团结起来与外界对抗的习惯。但与常见的谚语相反，好往往是更好的敌人；由家庭组成的小乌托邦是社会的敌人，而且是主要的敌人，这是人尽皆知的一个事实。高尔斯华绥[26]在其剧本《斗争》中塑造了一位工会领袖的形象。因为家庭成员的不合理要求，这位工会领袖丧失了代表团体严格行事的能力。这样的例子数不胜数。为了获得为顾全大局而行事的自由，当事人必须断绝裙带关系，杜绝感情用事。耶稣命令他的追随者离开家人、抛弃世俗财物；柏拉图为了维护他的理想国，也制定了类似的规则。治国者要将管理科学应用于公共事务，就必须抛弃私人生活、私人义务和私人利益。

至于对治国者的教育，我在这里几乎没有足够的篇幅去详细解释；因为就像本杰明·乔伊特[27]指出的那样，《理想国》堪称一部教育专著，柏拉图在文中提出了相当详尽的教育计划。作为希腊教育的两个分支，音乐和体育在学生们很小的时候就被用来培养他们的身心，而且男女学生都要共同学习。在儿童早期阶段，教学通过游戏活动的形式进行,就像今天纽约的城市乡村学校[28]一样;只有在成年以后,学生们才能以更正式和系统的方式学习课程。在这一教育过程中,学生们的智力、耐力和毅力会一次又一次地受到考验;只有那些通过锻炼、精神得到净化、身体变得强壮之人,才能进入治国者阶级。

治国者的日常生活,遵循严格的军事管理体制。他们生活在普通营房里;为了避免因关心私事而忽视整个社会的利益,任何人都不许"拥有私人财产,除非特别有必要";柏拉图接着说,任何人都不得拥有非公有的住所或仓库;至于必需品,只有勇敢节制的战士在有其他公民的支持下才可以提出要求,作为他们保家护国的报酬。这些必需品,年终分配,既不能多余,亦不得短缺。他们应该像在营地一样,同吃同住。他们不得使用金银,因为他们所需要的一切黄金和白银都在他们的灵魂中。

当然,所有这些规定都是为了确保治国者能够做到公正无私。柏拉图相信,多数公民都不知道如何管理公共事务,因为在他看来,社会秩序的维持,需要一种普通人不太可能掌握的科学方法。从1000人的城市里,能否找出50个精通我们今天所说的社会学、能明智地处理公共事务的人呢?他认为没有这种可能性,因为几乎不会有这么多的一流能手。同时,如果政府被委托给几个人,他们就必须是真正大公无私之人。如果他们私下拥有土地、房产和金钱,他们就会变成地主和农场主而非治国者;他们就会从人民的盟友变成可恨的主人;这样一来,"他们仇恨人民,也被人民仇恨;他们算计人民,也被人民图谋推翻;他们对国内人民的惧怕,超过了对国外敌人的惧怕。结果就是,他们会和整个国家一起加速灭亡"。

治国者成年后的生活还有待观察。

年轻的时候,治国者还属于护卫者;因为任何行当的手艺都会使人变得扭曲片面,铁匠之神赫菲斯托斯[29]便是这样的例子,柏拉图不允许他们从事任何手艺工作,所以他们的身体优势也就要通过持续不断的体育锻炼和"军事"远征才能得到保持。我之所以把军事这个词加上引号,是因为护卫者的大部分时间并非用于打仗,而是用于备战;柏拉图显然认为战争是一种不必要的罪恶,因为战争起于不义之国。因此,他必须诉诸战时纪律,因为他从中发现了其教育价值。从35岁到50岁,这些未来的治国者们会承担实际工作,指挥军队,积累生活经验。50岁以后,合格的治国者将投身哲学:基于生活经验和深思熟虑,他们开始思考美好社会的本质;有时,治国者也会暂时放弃神圣的哲学,轮流执政并培养继任者。

十

治国者的职责是什么呢?柏拉图心目中的理想政治家,与恺撒大帝或西奥多·罗斯福总统又有何不同?

治国者的职责是创造自由。柏拉图认为,普通政治家关心的那些琐碎的法律、法规和改革,与统治者的基本职责没有任何关系。因此,柏拉图明确表示,要放弃通过制定法律来规范市场交易、行业事务、贪污贿赂和盗窃等问题;他明确指出,民众会在自愿的基础上,为不同的职业制定游戏规则;治国者无权干涉这些事情。国家若根基稳固，即使有轻微动荡，也会很快平息；而在任何其他国家，所有的修补和改革，都无力修正其肌里的缺陷。那些虚伪的政治家们尝试制定法律，"一心幻想通过改革来结束人类的不义和恶行"；但他们不知道的是，这不过是在砍九头蛇的脑袋。[30] 治国者真正关心的是国家的基本体制。他们通过生育、职业选拔和教育这三种手段来完善体制。"一旦共和国设定好了发展方向，就会欣然向前、盘旋上升。在优秀教育和教养得以保存的同时，会培育出优秀的人才；优秀的人才承担了同样的教育职责后，则会培养出更优秀的人；无论是人或是动物，繁衍生息，皆循此理。"理想国的一切活动，都是治国者的心灵之眼窥见了理想国度的真容之后效仿出来的。因此，社会逐渐成为一个鲜活的统一体，展现出蓬勃生机。

十一

当我们审视柏拉图笔下的理想国时，这个乌托邦缺了些什么呢？缺少与外界的联系？我们可能会认为与外界的联系是理所当然的。缺少柔软的床、奔放的女子、豪华的家具？这些都不是必需的。缺少精神和物质生活都得到满足的机会？不，精神和物质上的满足，理想国都能提供。

柏拉图所忽略的是诗人、戏剧家和画家。为了实现对治国者的高尚教育，与文学和音乐有关的主题和讨论都受到严格限制。柏拉图的构想之局限性，主要体现在以下方面：柏拉图不相信情感生活。他一面愿意充分尊重人类直白的感官享受，另一面却又如走钢丝的杂技演员害怕刮风一样，对此深感恐惧，因为感官享受威胁到了他的平衡。在一个重要的段落中，他把"爱"与疾病、醉酒归为一类，认为这些都是庸俗的不幸之物；他允许国民在例如跳舞或男欢女爱这样的行为中积极表达情感，却把没有真情投入的情感游戏视为放纵。因此，大量的音乐和戏剧性模仿都被禁止。现代读者可能会觉得这一规定有些奇怪，但它可能的确也有其存在的合理性：威廉·詹姆斯[31]曾说过，在音乐会或戏剧中，没有人应该被动地感受情感，而是都应积极抓住机会表达情感。无论如何，我们都该离开柏拉图以一颗自由的心灵揭示的这个问题了。顺便说一句，在威廉·莫里斯的乌托邦小说中，这种问题自然是不存在的，因为小说中的生活充满生气，根本就没有悲哀、多愁善感和病痛的容身之地。

十二

当我们离开这个坐落在群山中的柏拉图的小城时，当他那单调的说教声（他似乎就站在我们身边）逐渐从我们耳边消失时，我们最终带走了什么样的印象呢？

在田间，农民可能正在耕地以备秋播。在梯田上，一群男人、女人和孩子正在小心翼翼、一颗一颗地采摘橄榄。在雅典卫城最高处的体育馆里，男人们和年轻人正在锻炼；当他们练习投掷标枪时，阳光照在枪身上，反射的金光闪入我们的眼中。除了这些人们，在俯瞰城市的林荫道上，一位治国者正在来回踱步，与他的学生们进行着快速而认真的交谈。

第 二 章

　　这些工作，有的粗鄙，有的精细，一直以来都是人们必须从事的工作；在理想国，人们依然要做这些工作。那么，理想国到底有何不同呢？发生深刻变化的，不是人们所做的事情，而是人们在做这些事情时彼此之间的关系。在柏拉图所构想的理想社会中，既没有奴役和压迫，也没有贪婪和懒惰。作为整个社会的一员，每个人都会为了美好的生活而尽职尽责。他们严格地顺应自然；因为没人可以享有特权，所以每个人都能得到充分发展，享受公民身份所赋予的一切。当柏拉图反对人类盲目建立的社会体制和生活方式时，他已经洞悉了一切；他向着阳光，迎向光明。

注释:

[1] 法里亚斯是亚里士多德在《政治学》一书中提到的古希腊政治家，此人认为，平均分配城邦的土地和教育资源，能够消除民众之间的纷争。

[2] 萧伯纳（George Bernard Shaw，1856—1950），爱尔兰剧作家，1925年诺贝尔文学奖得主。代表作《圣女贞德》《伤心之家》《华伦夫人的职业》。

[3] 帕特里克·格迪斯（Patrick Geddes，1854—1932），苏格兰生物学家，人文主义规划大师，西方区域综合研究和区域规划的创始人。著有《城市发展》《进化中的城市》等。他也是乌托邦城市规划的代表者，但其乌托邦概念与众不同，前人的乌托邦概念一直是"乌有乡"，是一个理想的模型，是人类社会渴望到达但是不管怎么追求都无法实现的城市梦想，而他则将乌托邦的概念转化为优托邦，他认为优托邦城市规划是一种自然融合的城市，这种城市可以通过理想与现实之间不断辩证的过程来达到。

[4] 赫伯特·斯宾塞（Herbert Spencer，1820—1903），英国哲学家、社会学家、教育家。他被称为"社会达尔文主义之父"。代表作《社会静力学》《心理学原理》《教育论》。

[5] 普鲁塔克（Plutarch，46—120），罗马传记文学家。代表作《希腊罗马名人传》。

[6] 来古格士，斯巴达政治家和立法者，他对斯巴达进行了社会和军事改革，制定法令规章，改造了斯巴达的社会，奠定了希腊强权的基础。他的想法是国家如同个人，幸福主要来自德行的实践和成员的和谐，所以他诸般举措的目标，是要使他们保持自由的心灵、独立的自我和节制的行为。

[7] 阿尔弗雷德·齐默恩（Alfred Zimmern，1879—1957），欧洲早期理想主义的代表人物和国联的积极筹划者。1930年到1944年任牛津大学国际关系学教授。著有《希腊共同体》等。

[8] 梅耶斯爵士（Sir John Myres，1869—1954），英国考古学家，对柴尔德有重大影响，著有《希腊人的政治观念》等。

[9] 吉尔伯特·默里（Gilbert Murray，1866—1957），英国古典学者，公共知识分子，20世纪上半叶著名古希腊语言和文化学者。

第 二 章

[10] 20世纪初,荷兰拥有殖民地印度尼西亚,比利时拥有殖民地刚果。

[11] "由于需要许多东西,我们邀集许多人住在一起,作为伙伴和助手,这个公共住宅区,我们叫它城邦。"(《理想国》第二卷,郭斌和、张竹明译,商务印书馆1986年版)

[12] 《理想国》第二卷,译文略有改动。

[13] 格劳孔(Glaucon,约公元前445—前400),阿里斯顿之子,古雅典人,柏拉图的哥哥。格劳孔是《理想国》中与苏格拉底的主要对话者。

[14] 亨利·庞加莱(Henri Poincaré,1854—1912),又译彭加勒,法国著名数学家和物理学家,被公认为是19世纪后四分之一和20世纪初的领袖数学家。

[15] 庞加莱曾以犀利的语言抨击了托尔斯泰,后者声称"以科学的名义追求科学"是愚蠢的。"科学家并不是因为大自然有用才去研究它,他研究大自然是因为他感到乐趣,而他对大自然感到乐趣是因为它的美丽。"

[16] 《理想国》第二卷。

[17] 科林斯是希腊本土和伯罗奔尼撒半岛的连接点,同时又是穿过萨罗尼科斯和科林西亚湾通向伊奥尼亚海的航海要道。旧科林斯主要指希腊罗马时期的一个古希腊城邦,约在现在科林斯市的内陆8公里处。

[18] 雷蒙德·昂温(Raymond Unwin,1863—1940),英国著名工程师和城市规划家,其规划理念强调"绿化隔离带"和"开放空间"。

[19] 伊壁鸠鲁学派,古希腊哲学家伊壁鸠鲁创立的学派,该学派的主要宗旨就是要达到不受干扰的宁静状态并学会快乐。

[20] 《理想国》第四卷。

[21] 法文为 *La carriere ouverte aux talents*,又译"有才华者前途无量"。

[22] "如果是由统治者中的一个卓越的个人掌权便叫作王政,如果是由两个以上的统治者掌权便叫作贵族政治。"(《理想国》第四卷)

[23] 在理想国里,哲学家和军人都被取消了私有财产和个人家庭,实行共产、共妻、共子。

[24] 《理想国》第三卷,译文略有改动。

[25] 圣本笃(480—547),意大利天主教教士、圣徒,本笃会的创立者。他被誉

为西方修道院制度的创立者，是天主教会重要圣人之一。

[26] 约翰·高尔斯华绥（John Galsworthy，1867—1933），英国小说家和剧作家，1932年诺贝尔文学奖获得者。代表作《福尔赛世家》。

[27] 本杰明·乔伊特（Benjamin Jowett，1817—1893），英国学者、古典学家和神学家，以译介柏拉图作品而闻名于世。

[28] 城市乡村学校（City and Country School），位于纽约格林威治村，始建于1914年，当时的校名为"Play School"，是一所接收2—13岁儿童的独立性试验小学和幼儿园。

[29] 赫菲斯托斯（Hephaestus），古希腊神话中的火神、砌石之神、雕刻艺术之神和铁匠之神，天生瘸腿，但手臂和肩膀孔武有力。

[30] 九头蛇是希腊神话中的怪蛇，它有九个头，斩去一头又生出两头。柏拉图想用这一比喻来说的是，运用法律治理社会有其自身局限性。因为不断制定法律，忽略了促使法律良好运行的背后因素，最终结果就是社会不停地制定和修改法律，而人们也在不停地寻找规避法律的方法。这个比喻提醒人们不要夸大立法的作用。光有立法并不一定就能确保法律得到良好运行。

[31] 威廉·詹姆斯（William James，1842—1910），美国心理学之父，美国本土第一位哲学家和心理学家，实用主义的倡导者。代表作《心理学原理》《宗教经验之种种》。

第三章

本章讨论介于柏拉图与托马斯·莫尔爵士之间的乌托邦,以及乌托邦是如何伴随着新大陆的发现而再次被发现的。

第三章

一

柏拉图与托马斯·莫尔爵士之间，横亘着近2000年的时间间隔。在这段时间里，无论怎么看，乌托邦似乎都已从西方世界消失无踪。普鲁塔克的《来古格士传》，回顾了神话般的过去；西塞罗有关国家的著作[1]，显得微不足道；圣奥古斯丁的《上帝之城》，主要是因为对罗马旧秩序展开了新闻式抨击而名扬天下，这不禁使人想起当代讽刺批评家马克西米利安·哈登[2]。据我所知，除了以上著作，几乎没有其他任何作品提过乌托邦；即便偶有个别作品提及，也仅仅是用乌托邦来指代过去某个模糊的黄金时代，那时所有的人都心地善良，过着幸福的生活。

乌托邦虽然在文学作品中难觅踪迹，但却并没有从人们的头脑中消失；在基督诞生后的1500年间，乌托邦升入天空，被世人称作"天国"[3]。天国显然是逃避式乌托邦的一种。人们发现，整个世界充满罪恶和烦恼。除了忏悔罪孽、为来生寻找远离烦恼的避难所外，人们束手无策。因此，基督教的乌托邦总是一成不变：人们只要拿到一张赎罪券就可升入天国，但万万不可能再创造出一个新的天国，亦不可复刻一个天国出来。变革、斗争、野心和改良，这些都属于邪恶世界，而且都不会带给人类最终的满足。幸福不在功成名就，而在于我们入土前反观自己一生的信用是否良好——换句话说就是，幸福在于我们死后能够获得的补偿。这个帝国衰落、城市破败的世界，容不下暴力和世俗之外的任何东西。

虽然乌托邦从文学中消失了，但是，乌托邦意志却是依然存在；

修道院制度的兴起，以及从希尔德布兰德（Hildebrand）[4]开始，伟大的教皇试图在教会的庇护下建立"宇宙帝国"（Universal Empire）的尝试，都表明人们头脑中的想法，与现实情况及现存体制迫使他们去做的事情之间，总是存在巨大的冲突。关于这些带有偏见和制度性特征的乌托邦，我们讲到19世纪时再做讨论。教义中的天国，本身就是一种人们为了逃避现实而进行的空想，我们现在关注的是，当人们找到其他渠道和其他可能性时，他们也就不会再对天国坚信不疑。

从天国乌托邦到世俗乌托邦的转变，发生在社会的变革与动荡时期，这些变革与动荡则是中世纪衰落的特征。它的首次登场就是亨利八世时期的大法官托马斯·莫尔的《乌托邦》。

二

初读《乌托邦》的引言部分，读者朋友不免会有这样一种深刻印象：有某种力量正在把人们的思想从他们早已习惯的缓慢的日常生活中唤醒。在书中讲述乌托邦的拉斐尔·希斯拉德[5]，是一位精通希腊语的葡萄牙学者。他将家族财产留给亲属，自己则与亚美利哥·韦斯普奇[6]一起出海探险，寻找新大陆。这位拉斐尔·希斯拉德是一名皮肤被晒得黝黑的水手，在15世纪后半叶的布里斯托尔、加的斯或安特卫普，几乎每天都能遇到这样的人。他抛弃了被学者们锉骨啖肉的亚里士多德，学会了希腊语，掌握了可以追溯到柏拉图的新学问；他的脑子里满是一个奇怪异教徒的批评和建议。此外，他去过美洲或西印度群岛，他愿将世界另一端陌生国度里发生的事情讲给任何想听的人。正如斯特恩[7]在其小说中评价法国时说的那样,"他们做事(比我们)做得更好"。没有完美的体制——即便有,也只可能存在于世界的另一端。没有完全理性的生活方式——即便有,也只是在世界的另一端,富有哲思的人们才会过上理性的生活。希腊文学开启的是理念世界,罗盘带给人类的则是探索新大陆的勇气,我们可以想象一下,当理念世界与新大陆迎头撞到一起时,乌托邦这一美好生活的全新概念,也就成了一种令人心潮澎湃的可能。

三

在前往乌托邦之前,托马斯·莫尔已经将政治暴力和经济失调设为故事的背景,它们与我们现在的状况[8]极其相似。事实上,书中很多章节只需改个名字,然后将语言换成现代英语,就可用做时政周刊上的激进社论了。

让我们来讨论一下拉斐尔·希斯拉德这个人,他是一个离经叛道的知识分子。他知道,那时欧洲的生活对他已经失去了吸引力。富人大肆搜刮穷人的脂膏以自肥;农田被成片地圈禁起来(至少在英国是这样),变成大型牧羊场[9]。曾经在此耕种的农民被迫离开自己本就不多的土地,自谋生路。[10]从战场上退下来的士兵无事可做;习惯了靠富人救济度日的残疾老兵和其他残疾人越发贫困。[11]有的人生活奢靡挥霍无度,有的人则活得惨痛无比。穷苦的人只好乞讨;狂傲的人则选择了偷窃;雪上加霜的是,窃贼和乞丐都会遭到审判并被判处死刑,在众目睽睽之下,被成群绞死在集市上。[12]

就和今天一样，当时的人们也在抱怨立法不严或违法不究；每个人都顽固地拒绝透过拉斐尔·希斯拉德的眼睛去看这个问题，他们不明白的是，到处肆虐的抢劫与暴力不是糟糕时代的成因，而是糟糕时代的恶果。[13]

在这样的世界中，聪明人又能做些什么呢？

在《乌托邦》一书中，托马斯·莫尔的朋友彼得·贾尔斯[14]是拉斐尔的赞助人。令彼得·贾尔斯不解的是，为什么像拉斐尔这样的人才不去为国王效力？也就是说他怎么不去从政呢？拉斐尔回答说，他不希望遭到奴役，他不想从与自己性情相悖的事情上获得幸福，因为"几乎一切国王都乐于追求武功，而不肯从事光荣的和平活动。他们更关心的是想方设法夺取新的王国，而不是治理好已获得的王国"。跟这些君王谈乌托邦明智的政治制度，无异于对牛弹琴：他们即使无法驳斥你的观点，也会说旧方法对祖先有益，对他们也同样适用；然而，事实上，他们早已心甘情愿地放弃了从过去继承下来的真正美好的东西。[15]

关于明智之人会在国内问题上给予的帮助就讨论到此。而在国际事务方面，则是一场混乱的阴谋诡计与强取豪夺。当众多有影响力的人物都在建议如何备战和作战时，像拉斐尔这样的贫穷知识分子，根本没有机会站出来说，政府应该从国外撤回军队，改善国内状况，不要用苛捐杂税去压榨人民，而是要让人民受益。经年累月的战争早已腐蚀了君王的心智，他们颁行的法律遭到蔑视，抢劫和谋杀此起彼伏。

莫尔假借拉斐尔·希斯拉德之口，描绘了一幅他所看到的那个时代的生活画面；而在这幅画面中，我们隐约也看到了我们国家面貌的每一个特征。

这位默默无闻、迷失方向的知识分子，正是今天一些最高尚灵魂的象征。如果一个国家太过支离破碎，任何修修补补都无济于事，唯有自下而上的改革才能奏效。因此，拉斐尔坦承："我觉得，任何地方只要存在私有制，所有人都凭现金价值去衡量所有事物，那么，一个国家就难有正义和繁荣。难有正义，是因为一切最珍贵的东西落到了最坏的人手里；难有繁荣，则是因为极少数人瓜分了所有的财富（就连这少数人也未必生活充裕），其余的人则穷苦不堪。"简而言之，拉斐尔说，除了遵循乌托邦人的做法，别无任何补救措施。

因而，对新世界的探索将我们带入了一个新的思想世界；柏拉图试图植入世人心中、为世人所钟爱的理想社会的种子，在沉睡近2000年后，将会再次生根发芽。这将是一个怎样的国家呢？

四

从地理位置上来看，乌托邦岛只存在于莫尔的想象中。我们只知道，此岛最宽处为200英里，状如新月，有一个巨大的海湾作为入口，易守难攻。岛上有54座城市；最近的两座城市相距只有24英里，最远的也不过一天的路程。主城亚马乌罗提[16]差不多就位于全国的中心；每座城市都有方圆20英里的土地管辖权；因此，在这里我们再次发现，城市—地区（city-region）是政治生活的单位。

五

　　农业是乌托邦的经济基础，因而人人都会耕作。农场住宅遍布乡村各处，都配有充足的农具用于耕作。那些非常适应乡村生活的人，可以全年自由居住于此；其他人则轮流从城市到乡村参与农业劳动。每个农场的男女成员不少于 40 人。每个农场每年会有 20 个在农村住满两年的人回到城市，另有 20 个人从城市来到农村，接替返回城市的那些人的工作，"这些新来者从已在那儿住过一年因而较熟悉耕作的人那里接受训练。新来者本身次年又转而训练另一批人"。

　　乌托邦的农业经济极其发达，他们虽然熟知整个城市所需的食物量，但却要生产出超过他们需求的粮食，养殖超过需求量的牲畜，以供邻城的不时之需。家禽饲养业同样非常发达。乌托邦人"用巧妙的方法大规模养鸡。母鸡不用孵蛋。农业人员使大量的蛋保持一样的温度，从而成熟孵化"。也就是说，他们已经发明了孵化器！

　　到了收获时节，国家行政官员会通知地方官员完成收割工作所需的人员数量；地方官员则负责选派城市居民下乡劳动，收割工作往往很快就能完成。[17]

　　男人、女人和孩子都知道如何耕种，他们所掌握的知识，部分来自在校学习，部分来自社会实践[18]；除了务农，每个人都"还得自己各学一项专门手艺。这一般是毛织、麻纺、圬工、冶炼或木作"，这些职业都没有高低贵贱之分。（与柏拉图的理想国相比，这是一个巨大的进步，因为在理想国里，机械技艺[19]被认为是底层而卑贱的。）由于每户人家都沿袭他们祖上从事的职业，所以"子承父业是一般的情况……但是,如果任何人对家传以外的其他行业感到对他有吸引力,他可以寄养到操他所喜欢的那种行业的人家。""此外,如果某人精通一艺后,想另学一艺,可以得到同样的批准。他学得两门手艺后,可以任操一艺,除非本城市对其中之一有更大的需要。"[20]

行政官员的首要任务,也是几乎唯一的职责,就是保证所有人都有事可做。当然,这并不意味着乌托邦人就要"从早到晚忙个不停,累得如牛马一般",因为他们每天"只安排6小时劳动""睡眠时间占8小时","工作、睡眠及用餐时间当中的空隙,由每个人自行掌握"。他们能够减少必要的工作时间,但并不是通过我们所说的省力机器,而是通过让所有阶级均参与劳动的方式来实现——在莫尔生活的那个年代,王室、富人、肢体健全的乞丐等闲散人员往往是不劳动的。在这一劳动原则下,能够例外的只有行政官员和学者;行政官员并没有利用这项特权的习惯,而学者则通过证明自己的特殊能力来免除劳作[21]。"既然他们大家忙于有益的手工艺,而且从中取得较少的产品已经足够,所以他们在一切日用品充沛时,间或也会调出不计其数的公民,前去修理一切损坏了的公共道路。如果连这样的修理都不需要,他们往往就会公开宣告减少工作时数。政府并不强迫公民从事多余无益的劳动。乌托邦宪法规定:在公共需要不受损害的范围内,所有公民应该除了从事体力劳动,还有尽可能充裕的时间用于精神上的自由及开拓,他们认为这才是人生的快乐。"[22]

六

对乌托邦人日常生产和生活的讨论就先告一段落。下面我们来探讨乌托邦人的物资分配情况。

在乌托邦,城乡之间每月都有货物交换。货物交换的日子被定为节日;在这一天,乡村居民进城取回个人所需的、由城市居民制造的货物;行政官员则"负责管理货物的交换情况"。货物在城乡之间、各户之间直接交换的背后,肯定会有一些规定;遗憾的是,拉斐尔·希斯拉德并未对此展开讲述,因为他认为没有必要。需要补充说明的一点是,城市设有仓库,市场每天都会开市。[23]

与生产工作一样,物资分配也是以家庭为单位来进行;城市便是由家庭单位组成,而不是由众多孤立的个人组成。"每座城市分成四个大小一样的部分。每一区的中心是百货汇聚的市场。任何一户的制品都运到市场的指定建筑物中。各种货物在仓库中是按类存放。每户户主来到仓库觅取他自己及其家人所需物资,领回本户,不付现金,无任何补偿。有什么理由要拒绝给予所需要的物资呢?首先,一切货品供应充足。其次,无须担心有人所求超出自己所需。"[24]

用来解释这种直接交换方式并为之辩护的内容,书中还有很多。"当然,就一切生物而言,贪得无厌之心都来自唯恐供应缺乏,但就人而言则是出于自尊感,即认为显示一下占有的东西超过别人是值得引以为荣的。乌托邦人的生活习惯中丝毫没有这种坏风尚。市场的近旁是食品市场。运到这里的不但有各种蔬菜、水果、面包,还有鱼,以及可供食用的禽鸟及牲畜。全部血腥污秽都在城外专地经过流水冲洗掉。"[25]

除了地方行政官员负责每月分配货物之外，在亚马乌罗提一年召开一次的大理事会还要负责审查每个地区的生产情况，以余补乏，货物匮乏的地区会得到其他地区盈余的物资，"因此，整个乌托邦岛上的人们，一直都像一家人一样"。

总的来说，乌托邦岛的福利标准，与我们在《理想国》中发现的如出一辙。莫尔承认，自以为是、好出风头是人的天性，但他并未对此曲意迎合。乌托邦岛上的人们对贵金属不屑一顾："公共厅馆和私人住宅等地的粪桶溺盆之类的用具倒是由金银铸成。再则套在奴隶身上的链铐也是取材于金银"；珍珠会被送给孩子们当玩具，他们年纪尚小，珍珠会让他们感到骄傲和快乐。长大以后，他们则会像羞于再抱木偶玩具一样，羞于再使用珍珠。在乌托邦，花里胡哨的衣服和珠宝同样不受欢迎。在这个小岛上，伦敦邦德街和纽约第五大道[26]的店主定会伤心欲绝，因为这里没有谁会把钱或他人的劳动，耗费在除了供人炫耀之外一无是处的商品上。将莫尔笔下的乌托邦与圣约翰[27]眼中的天国[28]相比，世俗的乌托邦似乎显得相当赤裸而朴素。100年后，在宾夕法尼亚州的费城，我们可能会以为我们正在亚马乌罗提的街道上散步。

七

我在前文已经解释过，乡村是乌托邦人城市生活赖以存在的基础；乌托邦的城乡结合，正是克鲁泡特金[29]在《田野、工厂和工场》

一书中所追求的。让我们想象一下亚马乌罗提城的样子，看看城里人都是在什么样的环境下度日。哎，我们的乌托邦之城！它多多少少让我们想起了后来与其竞争的美国城市；因为拉斐尔告诉我们，任何人只要熟悉了其中一座城市，也就熟悉了岛上的全部城市。

亚马乌罗提坐落于一个不太陡的山坡上，几乎成正方形，宽2英里；流经该城的阿尼德罗河[30]发源于距城80英里的上游，流经该城后，一泄60英里，注入大海。整个城市都被高大厚实的城墙所环绕；城中街道布局合理，既适合马车行驶，又可避免风害；房屋分列街道两旁，整条街看上去浑然一体。（18世纪伟大的建筑师们在伦敦和爱丁堡建造的房屋也是这种情况，就像贝尔格雷夫广场[31]、波特兰广场[32]，以及由亚当兄弟设计的阿德尔菲公馆[33]向我们展示的那样。）街道宽约6.1米，房后是花园，每位市民都会参与花园的维护；各个街区的居民都争先恐后地打理花园，其热忱之高，甚至"整座城中没有什么事情能比打理花园更有益且令人欣慰的"。

除花园外，街道上每隔一定距离还建有宽敞的厅馆，每座厅馆都有各自的名字。每座厅馆内都住着当地的行政官员，负责管理居住在厅馆左右各15户、共计30户人家；因为每户人口在10至16人之间，所以该行政官员是管理着约400人的"社区领袖"，人们称之为"飞拉哈"[34]。

这些厅馆还供居民会面和就餐之用。"各厅馆的伙食经理按时到市场聚齐，根据自己掌管的开伙人数领取食品。""在每一个城的范围内，邻近城郊有四所公共医院，都是十分宽大，宛如四个小镇"，"病号管理员领到医生对病人所规定的食物后，将最精美的各种饭菜根据各厅馆人数平均分配","在规定的午餐及晚餐时间,听到铜喇叭号声,摄护格朗特辖下全部居民便前来厅馆聚齐,住院或在家生病者除外",就像现今牛津大学的在校生和教员在食堂用餐一般。"食物烹调以及全餐的安排由妇女单独担任,由各户妇女轮流。"每座厅馆内还设有公用托儿所和教堂,为在此劳作但又带着孩子的女性提供便利。

分发午餐时并不讲究仪式感,但在一天结束时,晚餐必有音乐相伴,四处焚香或喷洒香水,用餐的居民"不缺任何令人精神振奋的东西"。乌托邦没有明显的浪费,这可能会让邦德街和第五大道叹惋落泪;但至少是在晚餐时分,威廉·佩恩[35]也会深感不安。《乌托邦》中对晚餐的描述,似有一丝非凡俱乐部的感觉,而一点也没有那种兵营和救济院里的气味(稍后我们会在罗伯特·欧文[36]的公共大厅中嗅到这一气味)。如果我们仔细研究莫尔,我们就会发现:他并未漏掉不时会在我们头脑之中闪现的那个卑鄙而世俗的自我。

八

既然我们已经奠定了乌托邦的物质生活基础,那么接下来我们就该讨论乌托邦人日常生活中的种种局限了。我们先来看看乌托邦政府。

与其经济基础一样,家庭同样是乌托邦这个政治国家的基础。每年都会从30户家庭中选出一位称为"飞拉哈"的行政官员;在每10位飞拉哈及其所辖人口中,设置一名"首席飞拉哈"。全体飞拉哈共计200人，他们从四位候选人中选出一名总督。因为每座城分为四个区，每个区提名一位候选人，所以候选人总数是四人。总督为终身制，有奴役公民之嫌而被罢黜的总督除外。飞拉哈任期一年，不过他们经常获得连任。为了杜绝统治者阴谋破坏政府，任何重要事务都要经飞拉哈批准才能执行；飞拉哈先与所辖居民一起就待议事务进行内部沟通和讨论，然后上报元老院批准。

与中世纪的情况一样，这里的每户家庭都既是生产单位，也是生活单位；考虑到这一点，我们也就不难发现：乌托邦家庭正是在共同利益的基础上，实现了生产民主和政治民主的精明结合。

政府的大部分事务都与人民的经济生活息息相关。然而，乌托邦仍然存在一些其他方面的问题，它们是莫尔"理想联邦"（ideal commonwealth）概念上的一个污点。第一个问题是对旅行的规定，第二个问题是对犯罪的处罚，第三个问题则关乎战争。

有趣的是，莫尔特别想纠正自己国家的犯罪问题和战争问题，但是，他在乌托邦中针对这两个问题所制定的应对措施，却是远远不够理想，也不够人性。乔治·拉塞尔[37]曾说过，一个人讨厌什么，最终就会变成什么。我相信，拉斐尔在介绍乌托邦时提出的反对英格兰政府的一切内容，同样可以用来批判乌托邦这个被作为标准的国家。

如果家里没有什么特别的事情，任何人都可以出行，无论是走亲访友，还是四处旅行，但在出行前得先从总督那里拿到文件。出行人在外地若是逗留超过一天，就必须在当地完成他的本职工作；如果无故离开城市，或者是出行前未拿到总督的文件，将会被视为

第 三 章

逃犯并受到惩罚；如有再犯，直接贬为奴隶。乌托邦的监管严厉得令人难以置信，这就是最好的例证；对这样的规定[38]，我们很难做出解释；事实上，我也并不打算对此做出解释。

显然，如果大多数人仍然需要做宰牛杀羊这些肮脏的日常工作的话，莫尔就不可能构想出一个能让大多数人都满意的完美联邦；所以他想出了一个一箭双雕的办法：建立奴隶阶级，将那些犯下轻微罪行的人，直接贬为奴隶。他这样做，实际上是忽视了反对一切形式奴隶制的最终原因：奴隶制往往会腐化奴隶主。

既然我们谈到了莫尔设计的乌托邦联邦的缺陷，我们还会发现，战争并未在这里消失；所不同的是，那些不甚明智的人是通过单纯的武力来打败敌人，而乌托邦人则是通过策略、腐化敌人，以及我们现在所说的宣传等方式来赢得战争。如果说乌托邦的构想者预见到了现代发明，那么，他们在预见发动战争的方式的同时，也预见到了挫伤敌人士气的现代技术；这些乌托邦人，无论好坏，都算得上是与我们不相上下的同代中人！乌托邦人认为，凡是为了夺取领土、打击外商、保卫领土而发动的战争，都是正义的。他们付出巨大的努力，把"最优秀的公民留在国内供他们支配，把最糟糕的公民送上战场"。换句话说，乌托邦人将战争当成了清除社会不良分子的一种手段。

从谈论乌托邦居民生活中残余的不公正，转向谈论他们的婚姻和宗教，可以说是一种解脱。

在乌托邦人的婚姻中，存在一种奇怪的混合现象：一边是具有现代特征的、对性关系的个人理解，另一边则是对具有明显中世纪特征的、对某种形式规范的笃信。一方面，乌托邦人强调，在举行婚礼之前，要将赤身裸体的新郎新娘介绍给对方；一旦完婚，除非一方通奸或品性恶劣，否则不得离婚。不过，若是遇到夫妻性情不合，经过严格调查并得到元老院批准，双方也可自愿解除婚姻关系。另一方面，乌托邦又会严惩不贞之人。通奸者会被直接贬为奴隶，并且不再赋予他们再次结婚的权利。

在宗教方面，乌托邦人对所有宗教信仰都持包容态度，但也有一个例外：凡是对宗教进行激烈争辩，或者是企图使用温和劝说之外其他任何力量来使人皈依某种宗教的人，都将按"破坏公共和平罪"予以惩罚。

九

因为篇幅有限，我们无法对乌托邦人的生活细节展开描述。下面我们来讨论乌托邦人用以指导他们日常活动的理念世界。托马斯·莫尔本人对乌托邦社会基本价值观的阐述让人钦佩不已，因此在本章收尾部分，我们自然也就免不了大量引用他的原话。

"乌托邦人给至善下的定义是：符合于自然的生活。上帝创造人，正是为了使其这样地生活。乌托邦人说，一个人在追求什么和避免什么的问题上若是服从理性的吩咐，那就是遵循自然的指导。……理性劝告和敦促我们去过尽量免除忧虑和尽量充满快乐的生活；并且，从爱吾同胞这个理由出发，帮助其他所有的人也达到上面的目标。从无一个人是那么严峻的德行实践者又兼快乐厌绝者，

第 三 章

以至于强迫你工作、值夜、劳累，而不同时劝你尽力减轻别人的贫穷和困苦。他会以人道主义的名义，认为我们照顾到别人的康乐幸福，才是值得赞扬的——如果减轻别人的痛苦，使他们去掉生命中一切悲哀而恢复了享乐，这尤其是合乎人道主义的话（人道主义是人所最特有的德行）。既然如此，自然为什么不应该要求我们每个人也这样对待自己呢？或者，舒适的亦即快乐的生活是坏事，那么，你不但不该帮助任何人过这种生活，并且要尽量使人人摆脱这种被认为有害的生活。又或者，你不但可以而且应该为别人求得舒适的亦即快乐的生活，认为这种生活是好的，那么，你为什么不应该首先自己过这样的生活呢（你总不能厚于别人而薄于自己）？当自然吩咐你善待别人，它不是反而教你苛待自己。"[39]

"因此，乌托邦人在将'美德'定义为按照自然进行生活时，他们也认为，自然号召人人相互帮助以达到更愉快的生活。（它这样号召无疑有充分理由，因为没有一个人会比其他任何人都更幸运，成为得到自然照顾的唯一对象。自然对赋予同样形体的一切人们都是一视同仁。）所以，自然教你留意，不要在为自己谋利益的同时损害别人的利益。"[40]

"乌托邦人认为，不但私人之间订立的合同应该遵守，而且还应遵守关于生活物资亦即取得快乐的物质的分配上的公共法令，这种法令或是贤明国王公正地颁布的，或是免于暴政和欺骗的人民一致通过的。在这种法令不遭破坏的情况下照顾个人利益，才是明智的。此外，你的义务标志是关心公众的利益。为了自己得到快乐而使他人失去快乐，这当然有失公平。相反，取去自己的部分所有，将其转让给他人,这是具有人道主义和仁慈的意义的,由此而获得的回报的实惠是大于施给的实惠的。这从两方面取得酬报:对方回报的利益,以及自己意识到自己做了好事。当我们回忆起从我们这里得过好处的人对我们怀有友爱及善意,我们心头所产生的愉悦,远非我们放弃了的肉体愉悦所能比得上。"[41]

"因此,乌托邦人对这个问题经过认真考虑和权衡,主张我们的全部行为,甚至是包括道德行为在内,最后都是把快乐当作目标和幸福。所谓快乐,乌托邦人是指人们自然而然喜爱的身或心的活动及状态。他们把人们的自然爱好包括在内,这是对的。由于官能和正当理性所要达到的是任何天生愉快的事物——即任何事物,追求时未通过不正当手段,未丧失更为愉悦的事物,未招致痛苦的后果——因而他们认为,任何事物,如果虽然违反自然,人们却一致不切实际地设想,以为那是使他们感到甜美的(好像他们有权改变事物的性质,如同有权改变事物的名称一样),那么,这种事物不但不能导致幸福,甚至还会严重地阻碍幸福。其理由是,这种事物一经在某些人身上生根,就会在他们心头留下牢固的关于快乐的谬见,进而失去接受真正快乐的余地。"[42]

因此,乌托邦人将天然的快乐与那些隐藏着痛苦的快乐区分开来。对华丽服装的热爱,便被乌托邦人归为后者;着装华丽的人渴望别人对他屈膝叩首,这种乐趣同样属于后者。那些堆积而非利用财富者所得到的快乐,也属于后者;同样可以归入上面这类人的,还有捕猎之人,因为在乌托邦,捕猎工作交由屠夫完成,而屠夫则都是奴隶。

第 三 章

现在,"乌托邦人所承认的真正快乐分为各类,某些快乐是属于精神的,又一些是属于肉体的。属于精神的,他们认为有理智,以及从默察真理中所获得的喜悦。此外,还有对过去美满生活的惬意回忆,以及对未来幸福的期望。他们将身体的快乐分为两类。第一类是人能充分感觉到的鲜明的愉悦。有时,由于自然热而亏损了的某些器官得到恢复,就会让人心生愉悦。这些器官是通过饮食而回到原状的。有时,愉悦来自排泄掉体内过剩的东西。当我们或是拉屎,或是夫妇行房,或是搔痒抓痛,都会有这样的快感。然而,我们不时感到一种快乐,既不起于恢复身体某部的亏损,又不是来自任何苦痛的消除,而是由于有某种东西,它触动我们的官能,使其感到一种秘密的、非常动人的力量,吸引住它。这就是从音乐中产生的快乐。另一类身体的快乐,按照乌托邦人的意见,在于身体的安静与和谐。这其实是指,每个人享有免于疾病侵扰的健康。苦痛不入的健康本身即是快乐之源,虽然并无从外部所引起的快乐。比起饥渴者强烈的口腹之欲,这种快乐诚然不会那么明显地被感觉到,可是许多人都承认,健康才是最大的快乐。几乎所有乌托邦人都把健康看成最大的快乐,看成所有快乐的基础和根本。只要有健康,生活就会变得安静而舒适。相反,一旦失去健康,也就绝对谈不上有快乐的余地。……总而言之,乌托邦人特别不肯放过精神的快乐,以其为一切快乐中排在第一位的、最重要的。他们认为,主要的精神之乐来自德行的实践,以及高尚生活的自我意识。"[43]

十

　　这便是乌托邦人指引他们的社会秩序的目标。不言而喻，这些价值观根植于人的本性之中，并不靠任何外在制度来维护。乌托邦所有的社会制度，都旨在帮助每个人做到自律。当我们用这些简单的短语来描述这件事时，不免会觉得莫尔提出的构想似乎有些软弱无力，陈腐不堪。然而，在这背后却是隐藏着一个重要的观点：我们对美好生活的追求，不断地被我们为谋生而付出的努力所扭曲；在追名逐利的过程中，我们错失了作为完整的人而活着的机会。人们沦为他们的家具、他们的房产、他们的头衔、他们的职位的奴仆，因而他们也就失去了家具或财产会带给他们的那种直接的满足感。

　　耕种土地，而不是简单地逃避工作；工作是为了三餐所需，而非为了金钱；生活是为了思考、梦想和发明，而不是为了提高自己的名气；简而言之，就是把握真实生活，抛弃生活中的阴影——这就是乌托邦人生活方式的精髓。权钱名利都是虚幻之物，人不可能只靠那些虚幻的东西活着。在这个新世界的乌托邦里，每个人都有机会成为真正的人，因为乌托邦社会没有给任何人留下变成野兽的机会。在这里，人的主要目的就是充分成长，达到人类的最高境界。

第 三 章

注释：

[1] 此处指的是西塞罗有关国家的专门论述《论国家》(*De Re Publica*)，又译《论共和国》《论宪法》等。

[2] 马克西米利安·哈登（Maximilian Harden，1861—1927），本名菲利克斯·恩斯特·维特科夫斯基，一名有影响力的德国记者和编辑兼文化评论家。他出生在一个犹太商人之家，1878 年改信清教，1884 年开启记者生涯，1892 年创立期刊《未来》，成为威廉二世统治的激烈批评家。

[3] 耶稣的"天国"：王国的建立不应依赖外在的力量、社会团体或启示录者的梦想，而是应该由人类个体逐步圣洁化去实现。只要个体利益、目的和理想的实现与神的旨意相一致，人们就会拥有天国。当个体内在的神圣化得以实现，它就会成为外在的秩序。耶稣的天国是一个逐步建成的新生的社会，一个全球范围内的纯洁社会。它是一个人类社会和精神逐渐进步的过程，这一过程始于人们的内心和生活，直至上帝的精神渗入所有社会制度和生活关系中。实际上，它是一个所有人都享有平等权利和同等特权的共和国。对这个王国的治理靠的不是暴力或恐怖、诱惑或欲望，而是人们心中不灭的上帝精神，人们对至善的共同理解，以及对正义与真理的热爱；也就是说，这个王国里没有战争，没有压迫，没有持续不断的纠纷、仇恨和剥削。

[4] 教皇圣格列高利七世（Gregory Ⅶ，1020—1085）的俗名，克吕尼改革派教宗，历代教宗中最杰出的人物之一。为了让天主教会摆脱神圣罗马帝国的控制，他与神圣罗马帝国皇帝亨利四世进行了毕生的斗争。宇宙帝国，又称"五国联盟"（Pentarchy），是基督教史中的术语，指的是罗马帝国五大主教管辖区（罗马、君士坦丁堡、亚历山大、安提阿和耶路撒冷）的首领对基督教世界的普遍统治的构想。

[5] 拉斐尔·希斯拉德，《乌托邦》中的人名及地名多为杜撰，希斯拉德由希腊语构成，大意为"空谈的见闻家"。

[6] 亚美利哥·韦斯普奇（Americus Vesputius，1454—1512），意大利探险家、金融家、航海家和制图师。托马斯·莫尔将拉斐尔·希斯拉德的旅行与该探

险家的真实旅行联系在了一起。

[7] 劳伦斯·斯特恩（Laurence Sterne，1713—1768），18世纪英国小说大师，代表作《项狄传》。此处的引文出自《项狄传》第七卷。

[8] 作者这里所说的情况指的是20世纪20年代初。

[9] "'你们的羊，'我回答说，'一向是那么驯服，那么容易喂饱，据说现在变得很贪婪、很凶蛮，以至于吃人，并把你们的田地、家园和城市蹂躏成废墟'。"（《乌托邦》，戴镏龄译，商务印书馆1982年版）

[10] "因此，佃农从地上被撵走，为的是让为害本国的贪食无餍者，可以用一条栏栅把成千上万亩地圈上。有些佃农则是在欺诈和暴力手段之下被剥夺了自己的所有，或是受尽冤屈损害而不得不卖掉本人的一切。这些不幸的人在各种逼迫之下非离开家园不可——男人、女人、丈夫、妻子、孤儿、寡妇、携带儿童的父母，以及生活资料少而人口众多的全家，因为种田是需要许多人手的。"（《乌托邦》第一部）

[11] "我们且不提在对外和对内战争中变成残废回到家园的人，例如最近英国人和康瓦尔人作战以及不久前对法国作战，都有这种情况。这些英国人为他们的国和王效劳，竟弄得四肢不全。他们由于残废而无从干自己的行当，由于年纪不小又不能学新行当。"（《乌托邦》第一部）

[12] "他们到处被执行死刑。据他说，送上绞刑台的有时一次达二十人之多。"（《乌托邦》第一部）

[13] "与其对盗贼实行严厉的惩罚，倒不如对每个人提供一些好的条件，让他也可以谋生而不必冒生命危险去偷盗。"（《乌托邦》第一部）

[14] 彼得·贾尔斯（Peter Giles，1486—1533），佛兰德斯人文主义者和编著家。

[15] "这样的事是我们的祖先所喜欢的，但求我们有我们的祖先那样明智。然后，他们觉得这一妙论似乎结束了全部问题，就在自己的位置上坐下——当然意思是说，如果在任何一点上显得比我们的祖先更明智，那将会是危险的。然而，不管我们的祖先有什么好的见解，我们总是漠然不顾。"（《乌托邦》第一部）

[16] 亚马乌罗提（Amaurote），杜撰的希腊语词，意指"晦暗的"或"不清楚的"城，亦可能同时影射伦敦城。

第 三 章

[17] "将近收获时,农业飞拉哈通知城市官员应派遣下乡的人数。这批收割大军迅速按指定时间到达后,几乎在一个晴天就能飞快地全部收割完毕。"(《乌托邦》第一部)

[18] "乌托邦人不分男女都以务农为业。他们无不从小学农,部分是在学校接受理论,部分是到城市附近农庄上做实习旅行,有如文娱活动。"

[19] 机械技艺(mechanic arts)是中世纪职业分类中的一个概念,与"博雅艺术"相对。机械技艺包括纺织、农业、建筑、武术、买卖、炊事和铸造7大类。机械技艺在当时被认为是卑贱粗俗的工作。

[20] 《乌托邦》第二部(一)。

[21] "每一座城及其附近地区中凡年龄体力适合于劳动的男女都要参加劳动,准予豁免的不到五百人。其中各位摄护格朗特虽依法免除劳动,可是不肯利用这个特权,而是以身作则,更乐意去带动别人劳动。有些人经过教士的推荐以及摄护格朗特的秘密投票,也可以豁免,以便认真进行各科学术的研究。但是如果任何做学问的人辜负了寄托在他们身上的期望,就被调回去做工。相反,往往有这样的事,一个工人业余钻研学问,孜孜不倦,成绩显著,因而他可以摆脱自己的手艺,被指定做学问。"[《乌托邦》第二部(一)]

[22] 《乌托邦》第二部(一),译文略有改动。

[23] "他们对于本城及附近地区消费粮食的数量虽然心中十分有数,却生产出超过自己需要的谷物及牲畜。他们将剩余分给邻境居民。当他们需用农村无从觅得的物品时,就派人到城市取得全部供应,无须任何实物交换,城市官员发出这些供应时是毫无议价麻烦的。反正每月逢假的那一天,农村中许多人都会进城度假。"[《乌托邦》第二部(一)]

[24] 《乌托邦》第二部(一),译文略有改动。

[25] 《乌托邦》第二部(一),译文略有改动。

[26] 邦德街(Bond Street),第一大商业购物街,顶级奢侈品购物街,伦敦最酷购物街,以皮件和珠宝闻名。第五大道,地处美国纽约曼哈顿的中轴线,与47街交界,是美国最著名的高档商业街,属于全球十大租金最昂贵商业街之一。这两者都是极具代表性的奢侈品购物街。

[27] 圣约翰（St. John），在圣经中，圣约翰是耶稣基督的表兄，为耶稣基督施洗；他在约旦河中为人施洗礼，劝人悔改，预言上帝将要派重要的人物降生，为耶稣宣讲教义打下了基础。

[28] 《启示录》(21：10—21)："天使就带我到一座高大的山，将那由神那里从天而降的圣城耶路撒冷指示我，城中有神的荣耀，城的光辉如同极贵的宝石，好像碧玉，明如水晶。有高大的墙，有十二个门，门上有十二位天使，门上又写着以色列十二个支派的名字。东边有三门，北边有三门，南边有三门，西边有三门。城墙有十二根基，根基上有羔羊十二使徒的名字。对我说话的，拿着金苇子当尺，要量那城和城门、城墙。城是四方的，长宽一样。天使用苇子量那城，共有四千里，长、宽、高都是一样；又量了城墙，按着人的尺寸，就是天使的尺寸，共有一百四十四肘。墙是碧玉造的，城是精金的，如同明净的玻璃。城墙的根基是用各样宝石修饰的：第一根基是碧玉，第二是蓝宝石，第三是绿玛瑙，第四是绿宝石，第五是红玛瑙，第六是红宝石，第七是黄璧玺，第八是水苍玉，第九是红璧玺，第十是翡翠，第十一是紫玛瑙，第十二是紫晶。十二个门是十二颗珍珠，每门是一颗珍珠。城内的街道是精金，好像明透的玻璃。"

[29] 彼得·克鲁泡特金（Peter Kropotkin, 1842—1921），俄国地理学家、无政府主义运动的最高精神领袖和理论家，主张取消私人财产和不平等的收入，按需分配，脑力劳动和体力劳动相结合。代表作《田野、工厂和工场》。

[30] 阿尼德罗（Anyder），一个用希腊语成分杜撰而成的词语，意指"无水的"。"无水的"河即不存在的河。

[31] 贝尔格雷夫广场（Belgrave Square），又称"巨富广场"，位于伦敦中心地带，是最昂贵的地段之一，过去曾是英国富人专属居住区，如今则被大批海外富豪占据。

[32] 波特兰广场（Portland Square），位于英国布里斯托尔，始建于18世纪，是布里斯托尔最早的郊区之一。

[33] 阿德尔菲公馆（Adelphi Mansion），位于英国伦敦，Adelphi的希腊原文含义是"兄弟"，象征着这座建筑的和谐统一，同时也是因为它是由亚当兄弟

(Brothers Adam)在 18 世纪建造而成。

[34] 飞拉哈（Phylarch），在希腊语中意思是部落酋长。

[35] 威廉·佩恩（William Penn，1644—1718），北美殖民地时期一位重要政治家、社会活动家，宾夕法尼亚殖民地的开拓者。他在宾夕法尼亚推行民主、开放和宽容的殖民政策，成为北美大陆最特立独行的"另类"。在他的领导下，首府费城一度成为美国最大的城市。

[36] 罗伯特·欧文（Robert Owen，1771—1858），英国空想社会主义者，19 世纪初最有成就的实业家之一，1800—1828 年间在苏格兰自己的几个纺织厂内进行了空前的试验，同时也是一位慈善家，是历史上第一个创立学前教育机关（托儿所、幼儿园）的教育理论家和实践者。著有《新社会观》《论人类性格形成的原则》《新道德世界书》《罗伯特·欧文自传》等。

[37] 乔治·拉塞尔（George Russell，1853—1919），爱尔兰作家及画家，笔名为"AE"。他对神学有浓厚兴趣，很多诗作都带有神秘色彩，通常反映出他对神智学的兴趣。拉塞尔与叶芝及其他人一起领导了"爱尔兰的文艺复兴运动"，并参与创立了爱尔兰国家剧院。作为一个画家，他最有名的作品是多尼戈尔郡的风景画。

[38] "任何人擅自越过本城辖区，被捕经查明未持有总督的文件后，遭遇是很不光彩的；他作为逃亡者被押回，受到严重处罚。任何人轻率地重犯这个罪行将会被贬做奴隶。"

[39]—[43]《乌托邦》第二部（二），译文略有改动。

第四章

> 本章探讨文艺复兴时期的新人文主义如何将我们带入基督城，我们又是如何看待人类历史上出现的第一个现代乌托邦。

第 四 章

一

（自《乌托邦》问世之后）100 年过去了，下一个带领我们进入乌托邦的人是一位人文学者。根据那个时代的风俗，他也给自己起了一个拉丁化的名字：约翰·凡勒丁·安德里亚（Johann Valentin Andereae）。他是一位旅行家，一位社会改革家，尤其是一位传教士，因此，他对基督城[1]景象的描述，就如同黑暗中明灭不定的火光；同时，他还给我们以道德上的训诫，不厌其烦地讲述他对人生的看法，尤其是他对基督教概念（他的德国同胞经常对这一问题争论不休）的看法。有时候，眼看我们就要抓住他的理想国度的要义时，他却突然跑题，开始长篇大论地批判现实世界的邪恶，强调期待来生的必要性，这一点着实让人恼火——看来，新教与天主教一样，关注的也是另一个世界。为读者呈现基督城景象的安德里亚，更像一位人道主义者，而非路德教信徒。在描绘基督城的景象时，安德里亚见解深邃，观点全面，提议合理；他在书中提出的一些想法，比他所处的时代超前了 300 年，一次又一次地让人折服。

安德里亚的个人风格是无法磨灭的：他智慧超群，坦诚率直，我们在阅读《基督城》时能明显感觉到，与之后有关理想国度的无聊书籍相比，《基督城》带给我们一种截然不同的阅读体验。与安德里亚属于同一时期的空想主义作家还有培根[2]和康帕内拉[3]。不过，与安德里亚相比，这两位都只能算得上是二流作家。培根对着装细节的描述，矫揉造作到几欲令人作呕的地步，他注重形式和仪式，更是到了为之痴迷的程度；康帕内拉是一个孤独的修道士，他的《太阳城》读起来就像是柏拉图的《理想国》和蒙特祖玛宫廷的杂合物。培根在谈论科学时，他的言谈好似一位习惯了为假面舞剧制作道具的宫廷服装师；很难说新大西岛的科学家们所做的实验，以及他们做实验时所穿的服装，到底哪个更能吸引培根的兴趣。安德里亚没有自命不凡的毛病，也不会浅尝辄止。他紧盯事物的本质不放，他从不会把他追索的目光移开，除了虔诚地将目光转向天堂之外，毕竟他也是他所在那个时代的产物。

安德里亚背弃了这个熙熙攘攘、为生存而争斗的欧洲世界；他很熟悉欧洲，因为他曾在赫伦堡、柯尼希斯布伦、图宾根、海德堡、斯特拉斯堡、法兰克福、日内瓦、法伊欣根和卡尔夫等地居住和生活过；他还与国外的有识之士保持着联系，尤其是与居住在英格兰的塞缪尔·哈特利布[4]和夸美纽斯[5]联系甚密。就像基督城的总理一样，安德里亚同样渴望拥有"天空之下、俗世渣滓之上的居所"。他所乘坐的船只失事之后，他漂流到一座名为基督城的小岛上，他的理想就这么轻易地实现了。在接受了生活理念、道德观念、人品和文化程度等诸多方面的审查之后，他被当地社会接纳了。

二

这座小岛犹如整个世界的缩影。与柏拉图理想国的地形一样，基督城也是位于河谷地带，"岛上五谷丰登，牲畜繁衍，到处都是牧场，河流与溪涧蜿蜒其中，树木与葡萄园点缀其间，牲畜随处可见"[6]。

第 四 章

从外观上看，基督城与17世纪旅行书上那些图片中的城市并没多大区别；唯一不同的是，基督城内的建筑统一有序，是这些城市所不具有的特征。"城的形状是正方的，每边长210米，周围有4座塔楼和一堵城墙，防守严密。只要登高远眺，就可以把大地四方，尽收眼底。……城里的建筑物分布在两个地区，要是你把政府所在地和仓库也算在内的话，那就应该是四个；整个城市只有一条公共街道和一个商场，但却井井有条。"[7]城市中心设有一座直径30米的圆形教堂。城中所有建筑物皆为三层，建筑物都由公共走廊相连。为防火灾，建筑物都由赭色的石头建成，中间隔着一道防火墙。总之，"城里各处的东西都大同小异，既不算奢侈，也说不上不洁。整个城市都充满着新鲜的空气，并装有通风设备。这里住着大约400个公民，他们有着坚定的宗教信仰，日子过得平静而极有秩序。"[8]"整个城市划分为三个部分，一部分是食物供应基地，另一部分是健身锻炼场所，还有一部分是游览观光胜地。岛上其余的土地均供农业和手工业作坊使用。"[9]

三

我们先来回想一下，理想国的外部组织明显模拟了军事化的斯巴达城邦，军营和军人是整个国家的生活模式；乌托邦的基本组织单位则是农庄和家庭，农业条件下自然产生的家庭纪律，被运用在了城市的组织上。而在基督城，社会如何发展则由作坊和手工艺人决定；社会无论如何发展，始终都是"手工艺人的共和国，人人平等，渴望和平，蔑视财富"。如果说乌托邦展现的是家庭式共产主义，那么，基督城所展现的就是行业式共产主义。

从产业角度来看，基督城共分三个区域。第一个区域是农业区，它分为两个部分，一部分专营耕作，另一部分管理畜牧业。每个部分都有适合自己的建筑物，建筑物对面各有一座大塔楼与城市建筑物相连；塔楼下面有一条相当宽敞的、进入城里的拱形通道，另有一个小一点的门，通往各个单独的房屋。塔楼的圆屋顶下，是我们所说的行业会馆；该区域的居民经常按要求（参加圣餐）来此共同聚会，"举行宗教仪式和处理民间事务"。这些劳动者显然不同于理想国里被智慧的牧羊人引导着的羊群，他们是自治且能进行自我管理的社会成员。

第二部分包括磨坊、面包坊和肉店，以及所有通过机械而非火来生产的作坊。基督城非常欢迎有创造性的发明，该区域内有各种各样的作坊，其中就有造纸厂、制木厂和武器工具打磨厂。这里也有公共厨房和洗衣房；就像我们现在所看到的一样，这个理想城邦里居民的生活，与如今我们在纽约、伦敦和许多其他现代工业城市所经历的生活并无差别。

第三部分是冶金行业，以及玻璃、砖瓦和陶器这些需要连续烧火的行业。这里有必要指出的是，在规划基督城的行业分类时，这些17世纪的乌托邦主义者已经预料到，经过一个世纪的无序建设之后，什么是当今最佳的行业构成。划分城市区域，区分轻重工业，相近行业集群，农业供应紧邻城市——如今我们的花园城市的种种规划，都是对基督城的复制。

此外，基督城还有意识地将科学原理应用于工业生产；我们甚至可以说，这些工匠是相信效率工程（efficiency engineering）这门科学的，因为"你的确可以在这个地段看到自然界本身的试验。蕴藏在地壳下所有的东西，都受科学规律和科学手段的支配。这里没有人像驼畜干活那样被迫去做他们所不熟悉的工作，但他们在很久以前就受过训练，深谙科学工作的个中三昧，并对自然界的内部奥秘感到由衷的兴趣"，深知"除非你用实验来分析问题，用更加有力的工具来弥补知识的不足，否则你就是一个无用的人"[10]。对现实主义者而言，依靠有意识的科学研究来改进工业生产有可能算是一个新发现，但在基督城里，这早已不是什么新鲜事。

四

这个以手工艺人为基础的民主国家有何特征呢？安德里亚在充满激情的讲解中随口说出的一句话，便是这一问题的答案。

"只要适度，智慧和工作是可以相容的。"

由此可以断定，"这些行业的手工艺人，几乎都是受过完全教育的人。别地方的人认为，这些只是少数人所专有的特征（而且，假使你把缺乏经验的大草包也都看作是有学识，那么，这种特征在很多人身上早就已经具备了）；而这里的居民则申辩说，这是所有人都应该达到的目标。他们说，无论学问上的细节，或者工作上的难点，一个人只要具备了充分的条件，并不是不能掌握好这两方面的本领的"[11]。

"他们的工作，或者用他们更愿意听的一句话'手的使用'来说，是受一种规定方式指导的。所有制造出来的东西，都要送到有篷的公共货摊里去。工人们可以在这里从现有的储备中取到下一周工作所需要的东西。整个城市可以说是一个大工场，但是有各种各样的工艺。负责管理这些职务的人，都在墙角那边较小的楼房里安顿下来；他们预先就会知道该制造些什么，需要多大的数量和哪种样式，而且会将这些项目一一通知技工。要是货摊上的材料供应充足的话，那么，工人们就可以放手使用，以发挥他们创造发明的才能。这里，没有一个人有金钱，即使私人有钱，也没有什么用处；然而，这个共和国却拥有财富。这里的居民对此特别高兴，因为没有一个人会在占有财富的数量上超过别人。须知，他们的优势就在于他们有能力和才干，并给予道德和虔诚以最高尊重。他们每天工作时数并不多，但他们完成的工作却并不比其他地方的人少，因为这里所有人都把超过规定多休息和无所事事看作是不光彩的事情。"[12]

在专职工作之外，"这里也有公共的勤务，诸如守夜，警卫，收获谷子，酿造果酒，修筑道路，建造房屋，排泄路面的积水，这些工作都是全体公民所应负的责任；同时，也还有一些协助工厂做工的任务，根据不同性别和年龄轮流由所有的人来担负，不过都不是很经常，也不是长时间的。尽管负责处理这些勤务的人都是具有相当经验的人，然而，人们一旦受到召唤，没有一个人会拒绝替国家服务，并贡献出他的全部力量。要知道，我们在家里所做的事，就是他们在城市里所做的，他们以自己的城市为家，这是一点也不过分的。基于这样的理由，履行公众职务，只要它不是下流猥亵的，都将被认为是光荣的事情。于是，所有的工作，哪怕是令人非常厌烦的，都能在适当时间内完成，而且，没有多大困难，因为大量的工人都是心灵手巧，他们能够不费吹灰之力，就把最大宗的东西收集拢来和分配出去。"[13]

正如哲学家罗素[14]所说，在基督城，最重要的是创造的欲望，而非占有的欲望。劳动是生存的主要条件，基督城这一美好社会就做到了这一点。安德里亚说，这与有闲阶级的态度形成了鲜明对比；后者极端错误地理解了高雅的定义，"他们对于泥、水、石、煤和诸如此类的东西不屑一顾，而对于马、狗、妓女和类似的玩物，他们则认为把这些东西据为己有，供他们取乐，无疑是一种非常美妙的事情"[15]。

五

这种生活状态下的商业形式也非常简单。商业不是为了获得个人利益而存在。因此，没有人独立从事商业活动，因为这些事情都由"那些被专门指派的人"去负责；而且，从事商业活动的目的也不是为了赚钱，而是为了丰富当地社会的物资种类；所以，安德里亚再次强调指出："虽则在这个岛上，有极大的机会发展商业，可是当地的居民从个人的情况来说，是不从事这项活动的。这项工作留给经过挑选的人专门来做。于是，真正的交换价值也就体现出来了，其目的看来不完全在于营利，而是更多地在于增加物资的品种；其结果使得每一个地方的特产都能交流到这里来,可以说,世界上的全部优点我们这一个地方似乎都有了。"[16]

六

基督城的家庭结构非常符合由城市职业决定的行业要求;因为安德里亚生活在城市里,所以他既不鄙视城市生活给人带来的好处,也不避讳城市生活给人造成的不良后果。这些后果之一肯定是对家庭生活的限制,或者更确切来说就是,农场中家庭内部的大部分职责,都将在城市中得到执行。

男子24岁、女子18岁时,可以在基督教仪式和城里提供的便利的帮助下结婚;仪式结束后,要避免酗酒和暴饮暴食。在基督城,结婚并不是什么难事,居民们无须考虑嫁妆,也不用担心工作,更不会因为住房短缺而无处安身;最重要的是,不需要拿钱去讨好房东,因为所有房子都归基督城所有,分配后供个人使用。家具也随房子一起由政府提供。德与美是主导基督城中所有婚姻的唯一品质。在莫尔笔下,乌托邦中的小家庭被组合起来形成家长制大家庭,莫尔本人位于切尔西的家庭便是如此;在基督城,家庭由独立的夫妇组成,一家4口,最多不超过6口,包括一对成年男女,以及学龄前的孩子。

让我们去拜访基督城的一对年轻夫妇吧。我们穿过一条宽6米的街道,来到一片极其宽敞的屋前空地;面前的房屋长约12米,纵深在4.5米到7.5米之间。在我们今天拥挤的城市里,人们按照面积

第 四 章

一尺一寸地买房，买来的房子，屋前空地狭小，房子进深太大，结果屋内通风和采光条件极差；然而在基督城，就像在欧洲一些古老的城镇，建造房屋时会最大限度地考虑到通风和采光问题。如果我们去拜访时正好赶上下雨，也不必担心，因为人行步道上架有 1.5 米宽的遮雨棚，这些遮雨棚由 3.6 米高的柱子支撑着。

我们拜访的这对夫妇住在一套普通的房子里，卫浴、厨房、卧室各一间，一共 3 间。"塔楼里面正当中有一间小小的空房，开了一扇很宽敞的窗户，在那里，可以用滑车把木材和比较重的东西吊上去。"[17] 简单说来，这就是一台升降机。从屋子的后窗望出去，能看见主人精心打理的花园；如果屋子的主人乐意邀请我们品尝葡萄酒，他会让我们在他那小小的隐蔽的地下室里，从蜘蛛网状的储酒格中自行挑选；除了葡萄酒，这里还储藏有其他类似的东西。如果天气很冷，屋里会生起炉火；如果我们恰逢在夏季拜访，屋外则会撑起遮阳棚。

屋子的男主人可能会为堆在厨房一角的木头和刨花而道歉；之所以会有这些东西，是因为他从公共供给室借了一套工具，想用闲暇时间做几个木架。（他不是木匠，所以他在一年的其余时间里都不需要这些工具；其他人可以轮流借用这些工具。）在乌托邦里，让人感到震惊的一件事，就是居民的家庭缺少仆役；向基督城的这位女主人问起这件事时，她告诉我们，除了坐月子，没有人会服侍她。

"如果这样的话，需要你自己做的家务会不会太多呢？"我们问道。

"对任何受过大学教育的人来说，都不会太多，"她这样答道，

"你看，我们的家具很简单；桌上没有摆件也就不用擦洗，桌子没有抛光也就不用上油，地上不铺地毯也就不用打扫，像那种只为证明自己比邻居过得更好而弄来的显摆物件，我们一样也没有；所以，家务活不多不少，刚好够让人保持健康和好脾气。当然，任何时候烹饪都不讨人喜欢，洗碗就更让人讨厌了。但是，我丈夫会和我一起分担除缝纫和洗衣之外的所有家务，而且你会惊讶地发现，所有家务都可以很快做完。当一个人在辛苦劳作而另一个人却是安然自得时，家务活往往会让人心烦；但在基督城，夫妻双方一起分担家务，家务活自然就不会让人心烦了。如果你们留下来吃晚饭，就能明白一起分担家务是多么容易。由于你们没有带自己的口粮来，我丈夫会去公共厨房取一些熟肉，这样就够我们大家吃了。"

"谁也不必大惊小怪，认为这样的住宅未免太过狭窄，"安德里亚急忙插话，"这是因为，由于住家的人数不多，家具的需要量也就很小。别地方的居民在自己家里贮放着许多没有价值的东西和奢侈品，以及类似这样的家庭堆满不义之财，这些人家永远都不可能住得很宽敞。他们不但给别人加重负担，也为自己增添了累赘，他们的必需品没有人给予关注，更不用说他们的起居安乐了，反而很容易被一大堆令人讨厌的、可是又搬不动的东西弄得头昏脑涨。啊，只有那些在真正需要的范围内什么都有而又别无所求之人才是富有的，道理很简单，要想达到充裕的地步，只有这样才是可能的！因为在这个世界上，我见到的财富很多，我见到随之而来的不满也很多；只有在我们所说的'匮乏'这一种情况下，人们才会显得心满意足。"[18]

极而言之，你会发现梭罗[19]在瓦尔登湖畔已经亲身实践了这一哲学。我相信，当我们明白了何为富足、如何富足的时候，就已经能够在空想的国度中辨明自己的方向了。

七

假设我们探访的这对夫妻有孩子。这些孩子年幼时会在母亲的照料下逐渐长大。等到6岁以后，他们就会被交由社会照料；他们无论男女，在童年、少年和青年时期，都会继续上学。"这里所给予孩子的照顾，要比他们的父母更加亲密，更加细致，因为这里给他们请来了最正直的男女导师。何况孩子们的父母只要一有空，就可以随时去看望自己的孩子，即使不相识的也可以。这种做法对大家都有好处，并且已经形成了一种惯例，所以大家都把它看成是全体公民的责任，乐于承担。他们细心地注意到，要使食物可口并有益健康，要使睡椅和床铺保持干净、舒适，要使衣着和全身的服饰保持清洁、美观。学生还经常洗澡，使用亚麻的毛巾擦身。他们的头发也经常梳刷，以免脏东西结块成团。要是皮肤和身体染上了疾病，这些遇上了麻烦的人就会适时地得到照顾；而且，为着不使疾病蔓延，还会对他们实行检疫和隔离。"[20]

至于学习方面，除了大纲，学习计划几乎不需要审查。人们可以观察到："男青年要在上午学习几个课时，女青年则规定在下午学习，她们有女舍监和学问渊博的先生当导师。我不明白，为什么在别的地方，女性却被排除在有学识的行列之外，而她们生来在接受教育方面都是毫不逊色的。他们余下的时间都投入手工工艺训练，并学习持家艺术和家政学，这是鉴于每一个人的职务都是根据他的爱好来分配的。他们倘有闲暇，还可以随意在城里的空地上或者在旷野里做点高尚的体育活动。"[21]

然而，有两点值得我们注意。首先是学校作为一个微型共和国在运行。其次是导师的素质。这位狂热的人文主义者说道："他们的教育工作者并不是人类社会的渣滓，也不是那些在别的职业上没有本事的无能之辈，他们都是从全体公民中精心挑选出来的。这些人的身份在共和国里都是众所周知的，而且，他们经常都有机会跻身于国家最高的行列。"[22]

最后一句话再次将我带回现代世界。我看到这样优秀的人文主义理想已在另一个地方萌芽。这次是新罕布什尔州山区一所暑期学校，这里的孩子们在教室里实行自我管理，对学生唯一的惩罚就是让他们暂时退出其所在小组；最重要的是，每位导师之所以被选作导师，是因为他在所教授的课程中富有创造性：天才作曲家教授音乐，运动员教授体育，诗人教授文学。这使我想到了那些怀才不遇之人：他们只要提出请求，就有机会跟孩子们分享他们对艺术和科学的热爱之情，只要孩子们的监护人不至于对他们视而不见，或是出于担心而不让他们发挥作用。物理学家法拉第关于蜡烛燃烧这一物理现象的经典讲座[23]，以及拉斯金[24]在一所女子寄宿学校所做的有关文学的作用的讲座——类似教学案例可能会成倍增长。创造这种乌托邦式的学习方式并不难，因为早有诸多先例，我们需要做的就是将其加以推广。孩子们可能会像在新罕布什尔州的彼得伯勒学校

(Peterborough School)那样,在郁郁葱葱的夏日清晨,高高兴兴地去上学;人们不会再逃避学习,就如他们不会逃避生活一样。如果有人认为安德里亚对教学人员的规定行不通,我们可以请他去参观彼得伯勒学校,查阅该校的记录和取得的成就。

还需要记录进一步学习的各个阶段。中央城堡的大厅共有12个,除图书馆、兵器库、档案馆、印刷所和国库外,其他全部用于艺术和科学。

首先是物理实验室。"在这里,金属、矿石、植物的性质,甚至牲畜的生命都经过检查、精炼、繁殖和结合,使其能够为人类所利用,并有益于健康。在这里,天国和人间糅合在一起;深存在这个土地上神圣奥秘的事物都被发现了;在这里,人们学会控制火,利用空气分析水和化验泥土。"[25]

实验室旁边是药物供应店,药房的建设极为科学,供应着治疗身体疾病所需的药物;与药房毗连的是一个解剖室,借用安德里亚的描述:"他们还有一个地方提供给解剖使用。在那里,人们解剖动物,因为没有别的东西像生物躯体这样的工场几乎接近于奇迹。特别是人,他可以说是整个世界的微型样本和集中表现。一个人除非愿意自己变成野蛮人那样的无知,决不会否认弄清各种器官的位置和帮助延续生命力的价值。……基督城的居民利用躯体的各个部分,来教育他们的年轻人认识生命和各个器官的运转。"[26]

我们现在来到自然科学实验室(物理大楼)。实际上,这是一座自然历史博物馆。从一间乡间宅第的古玩室演变而来的大英博物馆[27],举世为之惊艳,但与这座空想中的博物馆相比却是晚了一个半世纪,而且也只能算得上是其不完整且不充分的复制品。正如安德里亚所说,"关于这座楼不可能描写得过于仔细"。我完全同意他的观点,因为他描绘的这座博物馆,纽约的美国博物馆和伦敦的南肯辛顿博物馆[28]只是在它们成立二十多年后才开始将其变为现实。

> 自然的历史都一一画在墙上,画得非常精致,可以一目了然。天空的万千气象,地上各个地区宜人的景色,不同种族的人们,动物的画像,生长发育的万物的形态,各种等级的石头和宝玉,这一切不但呈现在眼前,还标出了名字,甚至让人看了,就知道它们的种类和质量。在这里,你可以看到亲和的力量和对立的力量;你可以看到毒药和解药;你可以看到有的东西对人体的某些器官有益,有的则有害。我所提到的这些事情,除非你身历其境,亲眼看到,那是一点价值都没有的。要是我们对于那些里面保存着珍贵的、奇特的和不同凡响的自然界样品的箱子竟然只想马马虎虎地检查一下,那么,这样做将不会有好结果。事实上,假使有一个能够做示范表演的人和一份解说材料在身边,假使有某种足以引起记忆的东西,那么,认识这个世界上的东西岂不是就容易得多吗?因为总的来说,通过眼睛来接受教育比起通过耳朵来接受要容易些,而且,面对着优雅的东西比面对着低劣的东西,在情绪上也要愉快得多。有的人认为,只有在黑暗的岩洞里,并且带着一副愁眉苦脸,才有可能进行教育,这真是自欺欺

第 四 章

人。一个思想开阔的人,当他信赖他的导师指点的时候,他就会是再聪明也不过了。[29]

继续往前走,我们会看到一间数学实验室和一间数学仪器室。首先是"实验室内的天体图,与物理实验室的地球图一样出色……它所展示的是星罗密布的天空图和日月星辰的复制图"……还有"显示工具和机器的不同插图、小模型、几何图形;机械工艺所用的器具也都一一绘制出来,标清名字并附上了说明"。我不禁对这位优秀学者的生动想象力升起了钦佩之心:他的预测经过了深思熟虑,不是像培根那样采取模糊的象征形式,而是像建筑师或博物馆馆长那样思路清晰;他所构想的场馆,无论是南肯辛顿博物馆的物理科学和自然科学展厅,还是美国的史密森尼博物馆,都只能望其项背。如果我们的博物馆能从安德里亚头脑中的理念开始,而不是从收藏各种各样的垃圾开始(许多发展不太好的博物馆仍然如此),博物馆中对科学的展示将会比现在的展示效果更好。

安德里亚是不是在他的描述中漏掉了美术部分?绝对不是。

药店对面,有一间非常宽敞的供绘画艺术用的工作室,这里的人极其喜爱这门艺术。因为,这个城市除了到处都有图画装饰,用以表现人间的各个方面之外,还特别利用这种艺术来教育青年,使他们更加容易进行学习。于是,每一个房间都有适合于他们的图画,他们用当地所发生的事情教育青年。此外,名人的图片和雕像随处可见,他们英勇的气概和独创性的事业激励着青年人奋发有为，努力去仿效他们的美德，其价值是不容忽视的。不过，他们都受到认真的控制，要他们注意纯洁性。我想，他们这样做是因为世上的人行为放肆和作风不纯的缘故，它用低级下流的图画毒害天真无邪的人们的心灵。这种艺术的分歧，或者说它的同宗，可以分为建筑、配景、修路和筑垒的方法，甚至还包括机器草图和统计图表。……同时，形体美也大大地引起他们的喜悦，以致他们以全部的心灵去把握德行本身的内在美和基督徒生活优雅的举止。[30]

在艺术和科学的最高点，我们自然而然地在基督城里发现了大教堂。啊！安德里亚曾经在日内瓦生活过，他对日内瓦的法令法规赞赏有加；正因如此，基督城的构想中充满了加尔文[31]的身影，这里的信徒必须参加祷告。如果想了解这座周长95米、高21米的圆形大教堂有多大，就想想现代大都市的巨型电影院吧。这样的比较，就本质而言，并不是在亵渎神灵；我相信那些愿意透过表象看实质的人会毫不费力地发现，电影院这种亵渎神灵的机构与神学机构也是有共同点的（为了能让未来的历史学家明白，我必须马上加一句：我们这个时代的大都市，还没有强制人们进电影院的规定）。

大教堂有一半地方供聚会所用，另一半地方则留给分派圣餐和演奏圣乐所用。"教堂中还会演出宗教喜剧，每隔3个月举行一次。他们非常关心这件事情，目的是想让过去神圣美好的事物，深刻地长留在青少年的脑海中。"[32]

第 四 章

八

我们已经讨论了基督城的居民、工作和建筑,对其文化和艺术也做了简略的探讨。现在我们必须把注意力转向政治;需要注意的一点是,安德里亚对基督城的描述,一度转向了寓言层面,完全背离了他在对待科学和艺术时那种实事求是的态度。

基督城的基层组织是地方行业协会,它们在各自区域的塔楼内的公共大厅举行会议;通过召集会议,选出24位议员来代表整个城市;负责行政部门的,是由总理、法官和学习指导官组成的三人小组。从隐喻角度来说,他们三人分别代表良知、理解和真理。"每位领袖都履行自己的职责,但他们同样掌握了其他人所掌握的知识;有关国家安全的大事,都由他们集体协商。"

在书籍审查方面,基督城让我们想起了理想国;基督城没有律师,这又使我们想起了几乎其他所有的乌托邦式国家;对于犯罪,基督城有着自己独特的节制和仁慈,因为"总而言之,基督城的审判官特别注意这样的习惯法:他们对那些直接反对上帝的不端行为给以最严厉的处分,其次是伤害人的罪行,最轻的只涉及损害财产方面。可是世俗处理这类问题却是大异其趣,他们处罚一个小偷,比处罚一个亵渎神明的人或者一个奸夫要粗暴得多。由于基督城的公民们对于流血一向是怀有戒心的,所以他们很不同意把判处死刑作为一种惩罚形式;……毁灭一个人谁都会,可是,只有最有本事的人才能改造一个人。"[33]

对这样的政府该作何评价呢?让我们来看看安德里亚是怎么说

的吧,他到访过基督城最中心的圣坛,并观察过该国的活动中心。

在这里,宗教、正义和学识都有立足之地,这三者统治了这个城市……我常常想,把人们最优秀的力量联合起来,会给他们带来世上最大的幸福,但他们却把这些力量分开、拆散,这是什么意思呢?有那么一些人看来是信教的,但他们把所有人道的东西都扔掉了;有些人尽管毫无任何宗教信仰,却喜欢统治一切;学问成为吵吵闹闹的事情,一会儿吹捧这个,一会儿谄媚那个,然而赞美得最厉害的还是自己。于是,舌头除了激怒上帝,愚弄人们,毁坏自身之外,最终还能做些什么呢?所以,看来需要合作,也只有基督教才能使大家合作。因为基督教使上帝能够安抚众人,并且把人们都团结在一起,结果大家的思想是虔诚的,事业是高尚的,对真理是明确的,终于死得幸福,得到永生。[34]

有人可能会反对这样的观点,认为这完全是一种超自然的宗教信仰;但是,如果我们把它转译成不会引起过激神学反应的术语,道理同样也说得通。要有价值观意识、了解价值观所处的世界并能传播价值观——这便是安德里亚宗教、学识和正义思想的现代阐释。我们只需稍加查找,就可能会找到同样完整而宏伟的人文主义理念;但要说能找出比这更好的,我则表示怀疑。实际上,这位直言不讳的德国学者完全可与柏拉图比肩:他的基督城,就像人类最美好的本性一样,将会长存不息。

第四章

注释：

[1] 本书出自17世纪德国神学家、基督教修道院院长安德里亚（1586—1654）之手，与《乌托邦》《太阳城》一起并称西欧空想社会主义史上最早的三颗明珠。本书采用文学游记的体裁，描写南极一个岛上的理想国家——基督城。在这座面积不大、人口不多的城市中，由三人执政，实行生产资料公有制的社会制度，人人参加劳动，没有剥削和压迫，因而手工业和农业很发达，科技和文化很繁荣，人民不仅享有充裕的物质生活，还享有丰富的精神生活。

[2] 弗朗西斯·培根（Francis Bacon, 1561—1626），英国文艺复兴时期散文家、哲学家。他不但在文学、哲学上多有建树，在自然科学领域也取得重大成就。代表作《新工具》《新大西岛》（又译《新亚特兰蒂斯》）《随笔集》。

[3] 托马索·康帕内拉（Tommaso Campanella, 1568—1639），意大利文艺复兴后期空想共产主义者。代表作《太阳城》。

[4] 塞缪尔·哈特利布（Samuel Hartlib, 1600—1662），一位德国血统的学者和富有商人，在英国定居、结婚并去世。他是许多领域的积极推动者，对科学、医学、农业、政治和教育都深感兴趣。著有《麦克瑞尔国王的描述》，讲述了由培根的《新大西岛》所激发的实践学习中心。

[5] 约翰·阿莫斯·夸美纽斯（John Amos Comenius, 1592—1670），捷克哲学家、教育家和神学家，被视为现代教育之父。代表作《大教学论》《母育学校》《语言和科学入门》。

[6] 《基督城》（黄宗汉译，商务印书馆1991年版）"基督城概况"第二节。

[7] 《基督城》"基督城概况"第七节城市的格局。

[8] 《基督城》"基督城概况"第七节城市的格局，译文略有改动。

[9] 《基督城》"基督城概况"第七节城市的格局。

[10] 《基督城》"基督城概况"第十一节金属和矿物，译文略有改动。

[11] 《基督城》"基督城概况"第十三节技工，译文略有改动。

[12] 《基督城》"基督城概况"第十六节职业，译文略有改动。

[13] 《基督城》"基督城概况"第二十二节公共事务。

[14] 伯特兰·罗素（Bertrand Russell，1872—1970），英国哲学家、数学家、逻辑学家。代表作《幸福之路》《西方哲学史》《数学原理》。

[15] 《基督城》"基督城概况"第二十二节公共事务。

[16] 《基督城》"基督城概况"第十节肉店和供应站，译文略有改动。

[17] 《基督城》"基督城概况"第二十三节住宅。

[18] 《基督城》"基督城概况"第十二节寓所，译文略有改动。

[19] 亨利·梭罗（Henry Thoreau，1817—1862），美国作家、哲学家，超验主义代表人物。代表作《瓦尔登湖》《论公民的不服从义务》。

[20] 《基督城》"基督城概况"第五十三节学生，译文略有改动。

[21] 《基督城》"基督城概况"第五十四节教育的性质，译文略有改动。

[22] 《基督城》"基督城概况"第五十二节教师。

[23] 指1860年圣诞节那天，法拉第在皇家学会演讲厅为少年儿童举行的讲座，这一讲座一直持续了19年。法拉第关于蜡烛的系列讲座，后来编辑成书，取名《蜡烛的故事》，被译成世界各国文字。法拉第在书中殷切地说道：希望你们年青的一代，也能像蜡烛为人照明那样，有一分热，发一分光，忠诚而踏实地为人类伟大的事业贡献自身力量。这种蜡烛精神也正是法拉第一生的写照。

[24] 约翰·拉斯金（John Ruskin，1819—1900），英国作家、艺术家和艺术评论家，维多利亚时代艺术趣味的代言人，拉斐尔前派的一员。代表作《现代画家》《建筑学七灯》《建筑与绘画》。拉斯金认为，艺术应属于每一个人，而且被每一个人所需要。工人阶级要的不只是面包，还有美。

[25] 《基督城》"基督城概况"第四十四节实验室。

[26] 《基督城》"基督城概况"第四十六节解剖室。

[27] 大英博物馆（British Museum），又称不列颠博物馆，1753年成立，1759年1月15日起正式对公众开放，是世界上历史最悠久、规模最宏伟的综合性博物馆，和纽约的大都会艺术博物馆、巴黎的卢浮宫并称世界三大博物馆。

[28] 这里的两座博物馆分别指的是美国自然历史博物馆（American Museum of Natural History）和英国自然历史博物馆（Natural History Museum）。

第 四 章

[29]　《基督城》"基督城概况"第四十七节自然科学试验室。

[30]　《基督城》"基督城概况"第四十八节绘画和图片。

[31]　约翰·加尔文（John Calvin，1509—1564），法国著名宗教改革家、神学家，加尔文教派创始人，人称日内瓦的教皇。加尔文在主政日内瓦教会改革时，严格控制信众，要求信徒在周日必须参与祷告。

[32]　《基督城》"基督城概况"第八十二节大教堂。

[33]　《基督城》"基督城概况"第十九节处罚。

[34]　《基督城》"基督城概况"第二十六节社团。

第五章

培根和康帕内拉都是著名的乌托邦主义者,但他们却也都不过是前人的传声筒而已。

第 五 章

一

　　一位热那亚航海家在朝圣香客招待所管理员家里做客时,给这位管理员讲述了一个位于赤道地区、由太阳城统治的伟大国家。这个国家的地貌有些奇特:城区由七个同心圆分割开来,分别以七大行星的名字命名;四座城门通往城市的四个区域;小山顶上建有一座巨大的教堂;内外城墙的墙壁上满是法律条文、字母和自然现象的图片[1];三位统治者分别掌管着博爱、权力和智慧[2],还有技艺精湛的医生、占星家、星源学家、几何学家等学者;这样非凡的国家,海陆各地都不曾见过。不必惊讶,因为这座太阳城只存在于康帕内拉这位卡拉布里亚教士的奇思妙想中,他在安德里亚写作《基督城》之前就已经完成了《太阳城》的手稿。

　　我们在太阳城逗留的时间不会太长。在熟悉了城市的外貌和地形之后,我们就会发现,我们正在探索的并不是什么异域国度,而是一款拼图游戏,拼片就来自柏拉图或莫尔。太阳城实行完全的共产共妻制度,讲求两性平等,这与理想国的规定相一致;先长后幼的制度又与乌托邦相一致;通过示范的方式来讲授或展示科学知识,这一点又与基督城相一致。抛开其他乌托邦国家的成分之后,太阳城独有的构想也就所剩无几。

　　但是,书中有两个地方却是我们绝对不能忽略的。其一,《太阳城》认识到了发明创造在理想城邦中发挥的重要作用。太阳城的居民拥有风力货车,有"不需要桨手和风力,而是通过一种奇妙的机械装置来航行的船只"。太阳城清晰地预言了18世纪开始快速发展的工业革命。在航海家的故事接近尾声时,管理员感叹道:"噢,如果你知道我们的占星师对未来时代的看法,我们这个时代(100年内)所发生的重大事件,要比全世界过去4000年所发生的还多!"《太阳城》还预言了印刷和枪支这样绝妙的发明,以及磁石的运用……随着机械工艺的全面发展,太阳城居民的劳动也变得更有尊严,蓄养奴隶也不再是一种习惯。因为太阳城的全体公民都要参与劳动,所以每个公民每天的劳动时间不超过4个小时。"太阳城的人民都是富人,但同时又是穷人。之所以说他们都是富人,是因为大家公有一切;之所以说他们都是穷人,则是因为每个人都没有私有财产;他们使用一切财富,但又不为自己的财富所奴役。"

康帕内拉另一个十分敏锐的观点,是他对私有财产、个人家庭和国家三者之间关系的解释。他写道:

> 他们说,一切私有财产的获得与积累,都是因为每个人都有自己的家室妻儿。自私自利就是这样产生的。因为,当人们想使自己的孩子在富裕高贵的环境下成长、想把大量的财富留给后代时,就会出现两种情况:有的人因为害怕失去富人和权贵的权力而不顾一切地掠夺国家的财产;有的人因为囊中羞涩、既无权力又非显贵而变成吝啬鬼、叛徒和伪君子。但是,当我们不再自私自利时,心中存留的就只有对国家的爱。[3]

第 五 章

　　社会中的每个公民在关心自己小小的个人乌托邦时，如何才能做到避免忽视公共理想呢？

　　这是所有空想家都要面对的关键问题；康帕内拉的解决方案，忠实地照搬了柏拉图的思路。空想家们的个人生活经历，对他们所提供的解决方案必定会产生影响，从而沾染上他们的个人色彩；我们前面谈到的空想家，在这一点上的局限性极为明显。莫尔和安德里亚都是已婚男人，他们代表了个人家庭的利益。柏拉图和康帕内拉都是单身，因而他们建议人们应该像修道士或士兵那样生活。也许这两派之间并不像他们表面上看起来那样相隔遥远。爱德华·韦斯特马克[4]教授是一位优秀的人类学家，如果我们认同他的看法，我认为，我们就会坚信"婚姻是一种生物学机制"这一说法；起码，我们会认为，乱交是一种不寻常的交配形式。当我们对手工艺人和农民的共妻制度产生怀疑时，柏拉图可能已经认识到了这一点。因此，他试着提出了下面这种解决方案：对绝大多数人而言，夫妻间彼此忠贞的一夫一妻制就是正常的生活；对于那些活跃且富有创造力的人，则实行相对开放的婚配形式。画家梵高曾说过一句值得我们反复思考的话，他说：艺术家的性生活要么像僧侣一样，要么像士兵一样，否则他们在创作时就会分心。

　　不同乌托邦的形态取决于不同的空想家发现解决方案的能力，只要我们意识到这一点，我们就可以将这个问题抛在脑后了。

二

我在全书最后参考书目的序言中阐述了挑选参考书目的原则，根据这一原则，弗朗西斯·培根的《新大西岛》并不是严格意义上的乌托邦。这是一本未完成的著作，而且已完成的部分也算不上优秀。培根是一位自然科学哲学家，被誉为亚里士多德之后的真正哲学家，这未免有些言过其实；若不是因为他的名声，我们是断然不会讨论这本书的。

培根《新大西岛》中的大部分构想，安德里亚在《基督城》中都早有预见，并且预见得要更加详尽。我们发现，除去培根在书中的大量祷告和劝解，除去他对珠宝、天鹅绒、锦缎和礼服的冗长描述[5]，这座岛国的核心也就只有那个被称作"萨洛蒙之家"的学院，有时它也被称为"六日杰作学院"[6]；他把这座学院描述成有史以来地球上最高贵的建筑，是这座岛国的指路明灯[7]。

"萨洛蒙之家"的目的是"探讨事物的本原和它们运行的秘密，并扩大人类的知识领域，以使一切理想的实现成为可能"[8]。这座学院有着各种各样的物质资源。这里有开挖在山体两侧的实验室，有半英里高的天文塔[9]，有巨大的盐水湖和淡水湖（就像今天的海洋实验室），还有能够带动物体运转的装置[10]。除此之外，这里还有能够进行物理展示的宽敞房屋[11]，有尝试各种新奇疗法的疗养院，也有进行移植杂交实验的农业试验站。除了制药实验室、工业实验室外，还有许多专门用于声、光、香水和味觉等实验的实验室[12]。培根以大杂烩的形式对此进行呈现，却没有考虑到他所呈现的内容与

第 五 章

基础科学之间的关系，故也只能算得上是"萨洛蒙之家财富"的流水账。

学院会派遣 12 位教员出访异国，带回书籍和书摘，以及关于实验和发明的报告等。学院内还有 3 人负责摘抄书籍中记载的各种实验，3 人收集所有机械工艺实验和其他未纳入工艺范畴的各种实践，3 人尝试新的实验。另外，还有 3 人负责对实验进行分类；被称作"天才"或"造福者"的 3 人专门观察同伴所做的实验，并从中找寻方法，将这些实验运用到人类生活和人类知识上。3 人负责与全体科学工作者进行磋商，并规划新的调查渠道；被称为"自然解释者"的 3 人，则设法将特定的调查结果，上升为一般观察结果和普遍公理。[13]

培根在讲述以上内容时，和他讲述新大西岛的其他地方一样，显得非常幼稚，而且还有些语无伦次：他在描述"萨洛蒙之家"时，就像一个 6 岁学童在参观洛克菲勒基金会一般。不过，透过这些拙劣的解释，我们可以看到培根还是掌握了一些科学研究的基础知识，明白科学在"人类救赎"中可能发挥的作用。这一新大西岛不过是一种暗示；但对智者而言，单是一个字的暗示就足够了；只要环顾一下现今世界，我们就能明白这一点。至少从物质层面来讲，如今的优秀科研机构和科研基地所扮演的角色，与"六日杰作学院"非常相似。

康帕内拉梦想发明达·芬奇早有预言的强大机械，而培根则对科研机构进行了展望——通过这两位空想家，我们站在了工具乌托邦的入口；也就是说，在这里，一切能为美好生活做出实质贡献的事物都已极其完美。培根之前的乌托邦所关心的，是建立人类应该在生活中追求的目标。文艺复兴后期的乌托邦则认为，追求这些目标是理所应当的；这一时期的乌托邦所讨论的，是如何拓宽人类的活动范围。空想家们在乌托邦中所反映的只不过是他们所处时代的特征，而不是试图重塑他们所处的时代。由于我们全神贯注于器物上的改善，我们生活的西方世界便成了发明家的天堂。我们对科学知识和机械力量的使用，已经远远超出了培根和康帕内拉的想象。但是，柏拉图、莫尔和安德里亚试图解答的难解之谜，却是再一次摆在了我们面前：人类会利用他们掌握的知识和力量去做些什么呢？

在我们穿越接下来三个世纪的乌托邦时，这个问题将会越来越深入我们的内心。

第 五 章

注释:

[1] "在太阳城的 7 面墙上可以看到美好生活所需的各方面基础知识,这些画的表达方式使孩子们在学习时非但不感到费劲,反而像是在做游戏。在墙上可以看到数学图表和对它们所做的解释、地球的图形,以及关于各种问题的论述,如习俗、法律、各地居民的起源,还有矿物和金属、治疗疾病的药剂的图画和标本、对气象的描绘、人体各部位和地球上各种动植物的图解和论述、科学和法律上的发明家,以及在和平与战争中著名英雄的画像。"(《太阳城》,陈大维等译,商务印书馆 1990 年版)

[2] "太阳城居民的统治者是侯赫教士或形而上学家,他是一切世俗和宗教事务的领导人,最高的权威。他由三位具有同等权威的亲王——权力、智慧和博爱——辅佐,这三个人各司其专门的行政职责。这个形而上学家同这三位统治者一起掌管一切事物,甚至单靠他一个人什么事也做不成。所有的事务都由四人一起办理。但是不论什么事,只要形而上学家想怎么干,其余的人准会同意。"

[3] 译文略有改动。

[4] 爱德华·韦斯特马克(Edward Westermarck, 1862—1939),芬兰著名哲学家、人类学家和社会学家。代表作《人类婚姻史》。

[5] 参见《新大西岛》中译本(何新译,商务印书馆1959年版)第 27 页对一位元老入城仪式的描写,第 28 页对元老接见来访者的房间的描写。

[6] 萨洛蒙之家(Salomon's House),又译"所罗门之家""所罗门宫"。六日杰作学院(College of the Six Days' Works),又译"六日大学",这一名称源于"上帝六日内创造世界"的说法。

[7] "它是一个教团,一个公会,是世界上一个最崇高的组织,也是这个国家的指路明灯。"(《新大西岛》中译本第 17 页)

[8] 《新大西岛》中译本第 28 页。

[9] "我们有高塔,最高的达半英里,有一些建造在高山上,连山带塔最高的至少有三英里……用它们来观察气象,如风、雨、雪、雹和其他突变的气象。"(《新大西岛》中译本第 29 页)

[10] "我们还有机器馆,在那里我们为各式各样的机器装置做出各种各样的机器

和工具……有长期转动的机械。我们还制造机器人、机器兽、机器鸟、机器鱼、机器蛇,我们还有很多其他各种各样的机器,都制造得非常匀称、精美和细致。"(《新大西岛》中译本第 34—35 页)

[11] "我们还有宏伟宽敞的建筑,在那里进行气象研究和试验……我们也研究和试验万物在空气中的化生。"(《新大西岛》中译本第 30 页)

[12] "我们还有光学馆,在那里我们做各种颜色的光线和辐射的试验……我们还有音乐馆,在那里,我们做各种声音和发声的试验……我们还有香料室,和辨味的设施合并在一起。"(《新大西岛》中译本第 33—34 页)

[13] "我们有十二个人以其他国家的名义(因为我们自己的国家是不让人知道的)航行到外国去,收罗各地的书籍和论文,以及各种试验的模型。……我们还有三个人专门收集各种书籍中所记载的试验……我们有三个人收集所有关于机械工艺、高等学术的实验和不属于技艺范围的各种实际操作方法。……我们还有三个人从事于他们认为有用的新的实验……我们还有三个人把上述四种实验制成图表,以便于从中得出知识和定理。我们把他们叫做'编纂者'。我们有三个人专门观察他们同伴的实验,从其中抽出对于人类的生命和知识以及工作实际有用的东西,能清楚地说明事物的本原和预见将来的方法,并对万物的性质和构成做出顺利而可靠的发现。……在我们全体人员举行各种会议和讨论,研究了以前的工作和搜集了各种材料之后,其中有三个人从事于新的、更高级的、更深入自然奥秘的试验。……我们还另有三个人,专门执行计划中的试验,然后根据试验提出报告。……最后,我们有三个人把以前试验中的发现提高为更完全的经验、定理和格言。"(《新大西岛》中译本第 35—36 页)

第六章

18世纪发生了什么，使人类开始"疯狂地思考"；这一时期的乌托邦思潮又是如何从工业化的土壤中涌现出来的。

第 六 章

一

乌托邦传统在17世纪和19世纪之间出现了中断。过去人们离不开的乌托邦，在这一时期却是沦为无主之地，成了人们避之不及的所在；丹尼斯·维拉斯·达莱[1]、西蒙·布林顿（Simon Berington），以及这一时期其他传奇小说家的乌托邦作品，与《鲁滨逊漂流记》实属一类，与《理想国》相去甚远。

我们可以在拉·罗什[2]的《吉方特》（*Giphantia*）一书中，找到乌托邦作品出现中断的线索。这本书简要地描绘了人类的过去、现在与未来，重点探讨了"巴比伦"生活方式。《吉方特》的作者讲述了一则关于索菲亚的寓言故事，索菲亚是智慧的化身；她拒绝了挥霍者、商人、士兵和学者的求婚，最后接受了一位在乡村独居的胆小者，因为他能像有修养的绅士一样活着。这不禁让我们想起了蒙田[3]垂暮之年的生活方式，也使人想起了伏尔泰[4]；人们可以看到，鲁滨逊这一理想人物——一个颇有修养的鲁滨逊，常有书籍为伴，且无王庭打扰——对这一时期人们对生活的幻想产生了巨大的影响；卢梭阐述了艺术和科学带来的不良影响；夏多布里昂[5]在美国的荒野中寻找高贵的野蛮人，结果却发现这个人就在自己心中；正是这些人开创了18世纪的主流。在一个让人厌烦的什么都被"安排好"、虚假而造作的社会，来古格士和乌托巴斯[6]的制度，一定会像路易十四时期推行的各种制度一样让人压抑。因此，直到差不多两个世纪之后，才出现了新的乌托邦作品。

二

正如我已经指出的，托马斯·莫尔的《乌托邦》，以及之后文艺复兴时期作家的乌托邦作品，都源于下面这一矛盾冲突：一方面是海洋探险带来的无限可能；另一方面则是中世纪城镇经济崩溃后出现的惨淡境况。与柏拉图的《理想国》一样，这一时期的乌托邦也试图面对社会变迁带来的挑战。

在接下来的三个世纪里，探索和洗劫陌生国家这一探险行为，失去了它对人类想象力的控制，一种全新的活动成为人类关注的焦点。当然，对异域他国的征服和黄金的诱惑，并未随着这种新兴趣的出现而消失，但它们都不及另一种征服的吸引力强大，那就是人类寻求对大自然施加影响。在世界各地，尤其是在英国，那些没有受过专业训练但却有着"实际能力"的人，开始忙于改进完成日常劳动的机械设备。在一个乡村牧师的住宅，阿克莱特发明了水力纺纱机；苏格兰人麦克亚当[7]发明了一种铺设道路的新方法；从18世纪末到19世纪初期，从上百个这样的发明中诞生了一个全新的世界——煤炭能和水能替代了人力，机器制造的货物取代了手工制品。在100年内，现实世界和理念世界都发生了翻天覆地的变化。

在这个水流不息、煤炭熊熊燃烧、机器轰鸣不断的新世界里，乌托邦再一次诞生了。人们不难看出，为什么乌托邦思潮会起死回生，为什么大约三分之二的乌托邦作品都出现在19世纪。世界正在发生巨变；在酝酿社会秩序的巨大变革时，人们可能不再需要逃难到地球的另一端。政治上发生了变革，君主国家经受了共和思想

第 六 章

的磨砺；在工业革命之后，过去只能养活一个孩子的家庭，如今则能抚养两个孩子；社会也发生了变革，社会阶层发生变化，出现了"错位"，在过去注定是愚昧下等的人，也可以与那些通过遗产继承而获得财富和教养的特权阶层一样，在社会上占有一席之地。

与所有这些新的可能性形成对比的，是容易让一些人感到失望的现实：这些人是那些站在新秩序之外的人，或者是那些从性情上反感新秩序所带来的侮辱、压迫和丑恶的人。我并非要在这里讨论历史事实，但若读者不了解历史真相，我下面要讲到的乌托邦就会失去很大一部分意义。那些机器，它们的产量大得惊人，所有人都有衣可穿；那些新型耕作方法和农具，它们极大地提高了粮食产量，所有人都有粮可吃——这些原本可以为整个社会的美好生活提供物质保障的工具，对绝大多数既无资本又无土地的人来说，最后却变成了折磨他们的工具。

我不会过分批判工业时代早期，因为无论对其如何批判都不为过。大家不妨读一下罗伯特·欧文的《论人类性格形成的原则》[8]，了解一下开明雇主经营的模范工厂里的生产条件是什么样子的：那就是一副彻头彻尾的悲惨景象。一个人想要找到与工业时代早期相对应的年代，如果真能找到的话，他必须回到古代奴隶制最黑暗的时期，因为在皮鞭拷打下建造起来的金字塔，具有一定的威严和持久性，能够证明其存在的合理性；而在约克郡通过贫穷儿童残损的身体生产出来的商品，则与在生产这些商品的过程中失去的生命一样短暂。

那些处在新秩序内部的人们，则试图在世界上实现"黑铁时代"[9]的乌托邦。狄更斯在《艰难时世》中塑造的葛擂梗和庞得贝等人便是这样的人。当我们真正的乌托邦旅行结束之后，我们将会探讨另一种偶像崇拜，19 世纪所有的"务实之人"，包括马克思和麦考莱在内，都是以此为榜样。那些站出来反对新秩序的人，与其说他们反对的是新方法本身，不如说他们反对的是使用新方法的目的：他们发现，对大自然的有序征服，已经演变成为对大自然的疯狂掠夺，工业主义承诺的一切好处都在逐渐消失，而这一切都只是为了少数好斗的、不合群者的个人利益。由于 19 世纪涌现出大量的批评家、解释家和改革者，我们可以做一个小小的推测：我们这里所关注的那些人，与柏拉图、莫尔和安德里亚同属一类，因为他们试图将社会看作一个整体，试图保护一个基本上健全但表面上还不够完善的新秩序。然而，除了反抗工业主义的乌托邦作品，这些 19 世纪的乌托邦文章都有失偏颇，都在一边倒地支持工业主义；因为他们往往会像葛擂梗和庞得贝一样夸大工业秩序的重要性，忽视人类生活的完整性。这些支持工业主义的乌托邦作家所关心的，不再是价值观念，而是方法与手段；他们都成了工具主义者（instrumentalist）。我怀疑一个聪明的印度或中国农民，是否能从这些乌托邦作品中悟出一个想法，这一想法将会对其所经历的生活产生影响——当机械和政治组织的问题解决之后，人的重要性也将不复存在！

这种缺乏个性的症状之一，这种缺乏传统意义上的哲学的症状之一，就是我们可以把所有支持工业主义的乌托邦作品分成小组来探讨。这其中的第一组乌托邦主义作家，我姑且称之为协会主义者（Associationist）。

第 六 章

三

  在协会主义者中，最有影响力的空想家是傅立叶[10]。他是一位多产作家，但他的作品并不连贯。事实上，他并没有一部完整的乌托邦作品，他的乌托邦构想都只是些只言片语；但就他而论，我把他作为我选书标准的例外；因为在除此之外的其他任何方面，他都值得我们关注。傅立叶身材瘦小，是一个旅行推销员，他的个人财富在法国革命中受损[11]，他创立真正乌托邦的希望，也在1830年的"七月革命"中破灭。为了扩大自己的旅行轨迹、积累更多的社会知识，他多次改行；正因如此，他的作品有两个并行不悖的特征：一方面，他的作品中有大量的具体细节描述；另一方面，长期的独处生活则让他形成了放荡不羁的性格，因而他的作品中不免就会出现反复无常和固执己见的内容。接下来我们要讲述的是傅立叶思想的精华，至于其糟粕这里就不多说了。

  傅立叶与早期乌托邦主义者的大不相同之处在于，他首先关心的不是改变人性，而是想弄明白究竟什么是人性。他的乌托邦构想的基础，是理解人的实际身心构成；在他构想的制度中，允许人的原始本性自由地发挥作用。他认为，将社会凝聚在一起的动机是吸引力，使社会不断发展的动力则是"情欲"（passions）。在情欲思想（"情欲的引力定律"）的指导下，傅立叶列出了一系列的心理倾向，这与现代心理学家所说的本能大致相对应。

  他认为，这些情欲是"天生的"；他的乌托邦并不打算"对人的情欲进行任何改变……我们可以在不改变其本质的情况下，改变其方向"。就像布里斯班[12]在《傅立叶哲学导论》(Introduction to Fourier's philosophy)中所写的，社会制度离不开情欲力量，就像机械离不开物质力量一样。根据傅立叶的理论，一个好的社会能在复杂的社会活动和交往过程中，让情欲的作用得到充分发挥。[13]

与在理想国中一样，傅立叶乌托邦背后的理想也是和谐（建立和谐社会）；因为人有三重命，分别是"用来和谐物质世界的勤劳命；用来和谐情感和道德世界的社交命；发现宇宙秩序与和谐的法则的智慧命"。现代文明社会的缺点就在于它们不完整，不完整社会的运转就会造成社会的不和谐。傅立叶认为，为了克服这一点，人们必须团结起来，建立和谐的合作社；这些合作社将会充分发挥社会活动的作用；通过建立公共机构，合作社还能消除个人试图为自己做所有事情时产生的浪费，这些事情完全可以交由合作社来完成。

傅立叶为这种完美的合作社制定了详细的计划，绘制了详细的图表；不过，我们可以将他的总的计划简单概括如下。

首先，傅立叶的选址同样在是山谷地带。他的乌托邦的核心部分，是1500或1600位居民，一块至少一平方里格[14]的好地。傅立叶把自己的理想国命名为"法朗吉"（phalanx）[15]，由于这个具有实验性质的法朗吉必须自成一体，没有相邻法朗吉的支持，所以"吸引力"与"单调的劳动使激情消退"之间便会产生诸多差距。为了克服这一点，傅立叶坚持认为，必须将法朗吉安置在能够适应多种用途的土地上。"安特卫普、莱比锡和奥尔良这样的平坦地区，根本不适合用来建造法朗吉，因为这些地方的地形太过单一……因此，有必要挑选一块地形多样的地区，例如洛桑的周边区域；或者至少是一

第 六 章

片有溪流和森林的小山谷,例如布鲁塞尔山谷或哈雷山谷。"

根据土壤的性质和行业需求,这片土地上将会修建田地、果林和葡萄园等。傅立叶指出,通过专心投入到园艺和果树栽培上,集约式发展就能充分满足居民的需求。农业生产是法朗吉的主要经济工作,这也许是傅立叶与其后乌托邦主义者之间的最大区别。尽管如此,为了保证合作社的行业完整,农业之外的所有技艺都会在法伦斯泰尔[16]中进行。

合作社原则在法朗吉中央的巨大建筑物中得到了具体体现:"一座能满足所有职业需求的宫殿,作为社员的居所。宫殿设有三个厅堂,分别对应物质、社会和知识三个领域。"一侧是作坊和各行业大厅。另一侧有图书馆、科学收藏馆、数个博物馆和艺术家工作室,等等。宫殿的中心供社交之用,有数个宴会厅、一个接待大厅,以及数个宏伟的会客厅。宫殿的一端是"和谐殿"(Temple of the Material Harmonies),专门用于吟诵、音乐、诗歌、舞蹈、体操和绘画等活动。宫殿的另一端是"统一堂"(Temple of Unityism),用来举行适当的仪式,庆祝人类与天地万物的统一。宫殿顶端设有带电报和信号塔的天文台,用于联络其他法朗吉方阵。

法朗吉的居民都是合作社社员;但它遵循傅立叶的情欲理论,即他们既有私人利益,也有公共利益;只要不影响社会团结,这些私人利益就可以蓬勃发展。因此,他们以建立公共厨房的方式,避免了私人家务中固有的浪费现象。孩子们从小就在公共厨房接受烹饪培训,就像他们现在在一两所实验学校那里的情形一样;尽管如此,独自进餐和集体进餐都是可以的。同样,无论从事何种工作,法朗吉内的每个成员都能得到食物、衣物、住宿，乃至最低限度的娱乐保证；同时，私人财产也是允许存在的，每个成员从公共仓库中提取与其在合作社中所持股票数量成比例的股息。由于利润分享体系取代了单纯的工资制度，这种必须合乎资格的股息分红大大减少。这样一来，在追逐个人私利与维护公共利益之间就达到了平衡。

为了在生产商品时力求节省，大规模生产被引入任何可能的地方，同时也进行了最大限度的劳动分工。当然，傅立叶也考虑到了这可能会让工作变得单调乏味；他认为，工作的单调性可以通过不时改变工作任务和职业来加以改善。在进行商业交换时，法朗吉是一个整体；它构成一个巨大的自治组织，在没有任何中间商的情况下，与相似的合作社交易过剩商品。这种交易方式，可能与现在的批发合作社[17]类似。

通过废除个人家庭，法朗吉为妇女提供了一种新的自由；傅立叶认为，一旦女性能够自由选择配偶，一夫一妻这种互为对方所有的制度就不可能维持下去。所以，法朗吉的女性居民在智识上并非一无所知；由于她们不再负责个人家庭的家务，因而她们也就能够参与管理整个社会。在这种情况下，是否还有必要增加公共托儿所、公共学校、儿童非正式教育，以及伴随这一解放（妇女解放）而来的许多其他事情呢？

也许，这个乌托邦最显著的特征之一，就是它早在威廉·詹姆斯教授发明"战争的道德等价物"（moral equivalent of war）[18]这一表述之前，便在使用"战争的道德等价物"了。尽管所谓的"文明社会"在集结破坏性军队，但集合生产性军队仍是法朗吉的重要功能之一。傅立叶在一篇佳作中描绘了这样一幅画面：青年男女组成的工业军队（industrial army）朝气蓬勃，"这些军队非但不会打一仗毁30城，反而是要为30条河流搭建桥梁，要在30座荒山种满树木，要挖30条沟渠以供灌溉，要排干30片沼泽"。傅立叶认为，正是因为缺乏这样的工业军队，"文明社会"才无法造就任何伟大的东西。

四

当我们像拼图一样把傅立叶有关乌托邦的只言片语拼合到一起，我们会惊奇地发现，他毫不畏惧地直面人性的多样性和不平等。傅立叶并不是在建立一个供人们看齐的标准，也没有因为人们无法达到标准而认为他们不适合居住在乌托邦；相反，他为乌托邦设立的基础，就是人类社会所能展现的最大能力。面对人性，傅立叶只能妥协：他试图设计这样一个社会，既能为公民的不同冲动提供合理的宣泄渠道，又能防止这些冲动满城宣泄，从而破坏整个社会。在他对这一目标的陈述中，有很多弱点和荒谬之处；我承认，很难对这位可怜的小个子做出严肃评价；但是，只有深刻地理解了傅立叶的思想，我们才能发现那些值得我们学习的东西。

直到去世，傅立叶也没能说服任何人出资去试验他的合作社，但他的努力还是产生了实际影响。美国的布鲁克农场实验[19]，便是一次试图建立空想主义共产村庄的笨拙尝试，不过，这场实验并未重视傅立叶提出的必备条件；法国吉斯的戈丹[20]创立伟大的钢铁工厂"法米里斯泰尔"（familistere）的灵感，同样来自于傅立叶。但不管怎样我都相信，傅立叶仍然是19世纪初叶工业蛮荒时代的第一位拓荒者；正是因为有了他，不毛之地才得以重归文明。

五

人们经常把罗伯特·欧文这个名字与乌托邦主义联系到一起；但是，他的作品更多属于"真实"世界，而非乌托邦幻想；之所以用最少的篇幅提到他，是因为他对模范工业城市的构想，给人更多的是一种贫民聚居区的感觉，而非具有生产性的人类社会。我们承认他心地善良，有组织能力和道德热情；毫无疑问，即使在神情紧张、语气激动之时，他也仍不失为一个高尚之人。他撰写的关于爱情和婚姻的一系列文章，都颇显同情心而又不悖常识；但遗憾的是，和他那些广为人知的、新的道德世界的建设计划相比，这些作品却是鲜为人知。如果我在这里勾画的寥寥数笔，能够弥补世人对欧文的忽视，我对他便已经是做到了极大的公平了；作为英美两国公共生活中的活跃人物，他成为社会历史学家的研究对象也在情理之中。像对待欧文一样，我也只能把约翰·拉斯金一笔带过。他在19世纪最后25年间，为一个名叫"圣乔治行会"[21]的乌托邦拟定了计划。这一行会的目的，是在混浊的工业主义海洋中，建立一座拥有诚实劳动和良好教育的小岛；但它并未把整个社会都包括在内，说它是乌托邦，只是在我们说奥奈达公社[22]是乌托邦这一意义上而言。"圣乔治行会"计划虽然不乏耐人寻味的建议，但这一计划本身却是与《新大西岛》一样，也是不够完整。

第 六 章

六

在19世纪中叶被忽视的乌托邦中,就有詹姆斯·白金汉[23]所构想的乌托邦。

英国个人主义的肥沃土壤,造就了一批墨守成规的经世之人,他们一直被英国人的常识所忽视,但白金汉却不是这样的人。像欧文一样,白金汉也非常熟悉工商业的内情:他四处游历,以业余的教条主义和精神记述了很多事情,这种教条主义和精神表明,他也许就是约翰·拉斯金的市侩翻版。如果过去的乌托邦表达的是士兵、农民和手工艺人的理想,那么,白金汉构想的乌托邦就代表了资产阶级的理想。白金汉心目中的维多利亚(Victoria)是焦煤镇[24]的理想面貌,关于焦煤镇,我们会在后续章节详加论述。

说到19世纪的个人主义,我们这里只是泛泛而论,但事实上,19世纪正是合作社的繁荣时期。这一时期,股份公司和慈善团体的范围急剧扩大。狄更斯就曾在其作品中讽刺了以"为了促进一切"(for the advancement of everything)为口号的泥雾学会(Mudfog Association)[25]。与这一虚构的学会同时出现的,还有100个不同的协会,有的在工业体系中发挥着某种特殊作用,有的则是为了在社会中实现某种特定目的。白金汉向我们展现了他那个时代的情景,这也是一种批评:

> 我们国家的政府,通过了改善城市排水系统、给水系统和通风系统的法案……此后,也出现了各种各样的协

会：有的贵族协会或其他阶级协会，负责为劳动阶级建造示范住宿房屋；有的协会致力于改善穷人的住房条件；有的协会向无法为自己购买便利设施的家庭提供洗浴服务和浴室；还有的协会为工人阶级在郊区建立村社，至少让工人们在夜晚能够远离拥挤的厂区和污浊的环境。此外，我们还有禁酒协会、书文协会、国内布道会、从良妓女收容院、失业水手之家、贫民庇护所，并配有食物救济站和能够缓一时之急的其他设施……

这一切到底意味着什么呢？还是让白金汉自己来回答吧：

> 它们（19世纪中期出现众多的协会）只是治标的药物，而无法治愈病根。要想治本，必须将这些用意良好但却是努力方向各异、只具有局部治疗效果的协会联合起来，将它们的手段、影响和事例联合起来，以建立一个统一的"模范社会"（Model Society），这个"模范社会"包括模范农场、模范牧场、模范矿场、模范工厂、模范城镇、模范学校、模范作坊、模范厨房、模范图书馆，以及各种休闲、娱乐和教育场所，它们要从属于一个统一的、崭新的协会——模范城镇协会。

不必深究何为"模范牧场"，我们也会承认，白金汉的提议，其背后观点还是有一定的道理。他所在的那个时代正处于工业社会的

第 六 章

早期，事实上可以说是处于一种混乱状态。为了筛选出必要的组织并为之打下坚实基础，在一片新土地上重新开始并将社会的发展作为整体来规划，实为明智之举。诚然，白金汉的这一提议，既没有像傅立叶那样对现实社会秩序的绝妙直觉，也没有像拉斯金那样对美好生活的构成进行批判追问。白金汉认为，他所处时代的价值观无可厚非。他所追求的，就是彻底而有序地实现这些价值观。以下便是他提议的主要内容。

成立一家有限责任的模范城市协会，建设名为"维多利亚"的新城，对"布局、规划、排水、通风、建筑、供水、照明，以及其他各种美化设施和便捷设施"进行升级改造。该城占地规模约为一平方英里，居民人数不超过一万人。城镇边缘建有适当种类的制造业和手工业，城市周围是一万英亩农田。所有土地、房屋、工厂和材料都归集体所有，而非任何个人的财产；为了全体的利益，这些财产依据所有人持有的股份按比例分配。除了真正的持股人，任何人不得成为该集体的成员或在该地居住。真正的股东至少应持股20英镑，服从一系列严苛的法律。这些法律允许宗教崇拜自由，禁止雇用童工，禁止酗酒、吸毒甚至吸烟。

除了这些规定之外，还有公共的洗衣店、厨房、餐厅和托儿所；就像在海军和陆军部队中一样，居民可以在家中或医院接受免费医疗咨询。教育也由整个社会承担。司法由能干的仲裁人依据成文法执行，无须缴纳费用，也不会像普通法律程序那样出现延迟和不确定等问题。所有成员都应签署声明，接受仲裁，并承诺放弃针对该集体成员的其他诉讼。

关于所有这些事务，特别是城镇建设方式，都制定有相当详细的计划；计划中明确了房屋的大小和风格，还规定了房屋的使用情况：每位工人至少占用一间独立的房间，每一对没有孩子的已婚夫妇占用两个房间，每个有孩子的家庭至少占用3个房间。我把所有这些细节都直白地写了出来，因为这项计划本身就是直截了当，并没有多少优美的文字润饰。白金汉构想的社会，并不是基于对人类制度的彻底批判；对他而言，这个社会存在的目的，无疑是那些麦考莱主义者和马蒂诺主义者们认为好的和适当的目的。白金汉的乌托邦构想之所以吸引人，是因为其中的计划和说明都非常清晰明了，并且附有图纸；这无疑是将社会问题纳入社会工程的首次尝试，只要以这一构想为蓝图，工程师或建筑师就可以开工建设。

白金汉认为，一旦有了成功的模范城市，英格兰其他地方可能很快就会挤满过剩的人口，届时旧的黑色工业中心也将被淘汰。白金汉并没有被美好的设想冲昏头脑。他的乌托邦自然也有它的局限性，但也正是因为它的局限性才获得了成功。1848年，这种乌托邦还只存在于幻想中；1898年，埃比尼泽·霍华德[26]出版了《明天：一条通往真正改革的和平道路》，全书内容不多，但却极具说服力，他在书中重建并进一步阐述了这种乌托邦。霍华德所倡导的计划，直接导致出现了一个繁荣的花园城市莱奇沃思（Letchworth）；这座城市又衍生出另一座花园城市韦林（Wellwyn）；与此同时，这些花园城市又作为范例，为欧美各地的众多花园村庄和花园郊区奠定了基础。

得益于这位维多利亚时代中期的理论家，我们的前科学思维方

第 六 章

法（pre-scientific method of thinking）才得以发生转变，变成一种以牺牲艺术想象力为代价、只把握事实的思维方法；在这一转变中，我们既有所得，亦有所失。白金汉所得的，是将他的提议限制在立即可行的范围内；白金汉所失的，是他没有足够的想象力，去批评那些为当时实践所认可的方式、手段和目的。如果说乌托邦世界始于柏拉图对"有机社会"（organic community）的伟大构想，那么，即使白金汉这位正义之士的构想近乎完美，乌托邦也不可能止步于他所发明的这具社会空壳。然而，肤浅的空想家和空壳制造者们却依然是整个19世纪的主流，而且我们必须继续对他们展开研究。

注释：

[1] 丹尼斯·维拉斯·达莱（Denis Vairasse d'Allais，约 1630—约 1700），法国 17 世纪空想社会主义者和作家。代表作《塞瓦兰人的历史》（两卷）。

[2] 拉·罗什（la Roche，1729—1774），"摄影"这一观念的创始人。

[3] 蒙田（Montaigne，1533—1592），法国人文主义思想家、作家、怀疑论者。代表作《随笔录》。37 岁时，蒙田继承了父亲在乡下的田产，之后便一头扎进藏书室，过起了隐居生活。

[4] 伏尔泰在 1758 年买下了法国和瑞士交界的一处房产，潜心撰文，声援启蒙运动。

[5] 夏多布里昂（Chateaubriand，1768—1848），法国作家、政治家、外交家、法兰西学院院士。代表作《阿拉达》《墓畔回忆录》。

[6] 乌托巴斯（Utopus），乌托邦国王。

[7] 约翰·麦克亚当（John MacAdam，1756—1836），苏格兰工程师，1815 年首先采用碎石铺筑路面，后来这种道路便被称为"麦克亚当"道路。

[8] 《论人类性格形成的原则》（Essay on the Formation of Character），欧文从亲身实践中总结出一套学前教育理论，并把它反映在这本书里。他认为，形成人的性格有两种因素，"天赋的能力"和"出生后就对这些能力发生影响的环境"。人的品质、人的感情、信念和行为，始终都是上述两种因素之一的产物，或是两者的共同产物。

[9] 黑铁时代（Iron Age），又作"颓废时代"，是希腊罗马神话中继黄金时代、白银时代、青铜时代和英雄时代之后人类最糟糕的时代。

[10] 夏尔·傅立叶（Charles Fourier，1772—1837），法国哲学家、思想家、经济学家、空想社会主义者。出身于商人家庭的他，早年当过学徒，从事过各种商业活动，对资本主义经济制度有深刻认识，他批评当时资本主义社会的丑恶现象，希望建立一种以法伦斯泰尔为基层组织的社会主义社会，在这里个人利益和集体利益是一致的。著有《关于四种运动和普遍命运的理论》《宇宙统一论》《经济的和协作的新世界》等。

第 六 章

[11] 父亲去世后他继承了约10万法郎的遗产,他把这笔钱投入一家外贸公司,但在1793年里昂被围时破了产。在大革命的恐怖时期,他的大捆大捆的棉花被用作街垒,他的粮食被用作军粮。后来他还坐了牢。

[12] 阿尔伯特·布里斯班(Albert Brisbane, 1809—1890),美国乌托邦社会主义者,傅立叶理论在美国的主要普及者。代表作《人类的社会命运》。

[13] 他认为,没有有害的情欲和冲动;社会上的苦难和纷争出自约束和阻碍人类固有的情欲、冲动和本能;倘若听其自然,它们就会为社会的和谐与幸福做出贡献;不应遏制情欲,而是要增加情欲的强度,并通过使情欲经常处于高涨的状态来对个人的情欲加以控制。人们由于其欲望受到所谓文明的束缚,才干了坏事和有害的事。文明必须与情欲相适应,因为情欲是不可更改的、经常起作用的因素,而社会形式则是可变的、转瞬即逝的。他相信,听任人类情欲自由发展,便可成功地为全人类解决最大的幸福问题。

[14] 里格(League)是一种长度名称,是陆地及海洋的古老测量单位,1里格等于3.18海里,但在海洋中通常取3海里(1海里=1.852公里),相当于5.556公里。在陆地上时,一里格通常被认为是3英里,即4.827公里。

[15] phalanx一词来源于希腊语,意为"密集重装的军事方阵"。

[16] 法伦斯泰尔(phalangstery,法文为Phalanstère),是傅立叶所提出的理想社会的基层单位法朗吉(Phalanx,法文为Phalange)的大厦。大厦计划容纳1600到2000人。大厦的中央部分是食堂、图书馆、教堂等公共机关。一侧是工场,另一侧是集会用的大厅和法朗吉全体成员的宿舍。他们在这座建筑物中一起过着集体生活。

[17] 批发合作社(Co-operative Wholesale Society, CWS),1844年后英国消费者合作社迅速发展,到1851年已有130个左右。1863年,约克夏郡和兰开夏郡约300家零售合作社成立了联合社——北英格兰合作社,从事货物批发业务,1872年更名为合作批发社(CWS)。其宗旨是通过大批量采购组织货源,支持正在成长的零售业消费者合作社,形成合作社零售业的强势。

[18] 这篇文章写于1906年,"现代人从祖先那里继承了所有本能的好斗性和对荣誉的热爱。就算是告诉他们战争的恐怖和不理性之处也毫无效果。正是这种

恐怖令人着迷。战争是强力的生命，是生命的极致形态；战争税是唯一一种人们会毫不犹豫地交纳的税，每一个国家的财务预算都证明了这一点。""和平不是战争的道德等价物，战争中的勇气、勇猛和奉献才是战争得到的等价物。""它们能激励人们身上最好的一些东西，充分展示人的个性。我们不能一味抹杀战争，只有净化战争才能捍卫和平。"

[19] 布鲁克农场（Brook Farm），1841年一群超验主义者在马萨诸塞州的West Roxbury创办的一个乌托邦式公社。它也许是美国历史上最著名的乌托邦公社。公社建立在一个拥有四幢建筑物的200英亩农场上，目的是实现激进的社会改革和自力更生理想。为了接受公社免费的教育和一年的食宿费用，公社里的所有居民必须完成300天的工作：耕作、在工厂生产、处理内部事物、维护地面或者筹划公社的娱乐项目。这个公社在1842—1843年间非常成功，无数的达官贵人和乌托邦作家纷纷到访。然而，后来由于加入了不受欢迎的傅立叶主义运动，这意味着年轻人需要做所有肮脏的工作，包括整修道路、清理马厩和宰杀牲畜等，使得许多居民，特别是年轻人开始离开公社。自此布鲁克农场每况愈下，1847年由于在一场大火之后接着遭到天花的袭击，使这个乌托邦最后土崩瓦解。

[20] 让－巴蒂斯特·戈丹（Jean-Baptiste Godin），法国空想社会主义者，社会改革家。起初在其父铁匠铺帮工，后因发明生铁搪瓷法致富并自办工厂。1842年接受傅立叶思想。1859年在吉斯创建生产消费协会，他认为家庭是消费社的初级单位，因此为了区别于傅立叶，给自己的组织起名"法米里斯泰尔"。吸收2000名工人，允许工人成为正式股东，调和劳资矛盾，建立健康保险制、分红制和养老金制。按照"资本、劳动和才能"进行分配，生活服务实行集体原则。1871—1876年为国民议会议员，提出改善女工和童工劳动条件的法案。著有《社会互助》《以往的政府和未来的政府》。

[21] 工业时代的工艺美术运动"圣乔治行会"（Guild of St George），由约翰·拉斯金捐出7000英镑经费后于1878年成立，旨在"促进教育和培训发展农村经济、工业设计、手工艺及艺术鉴赏"。会员必须上交收入的十分之一。尽管最终未能实现拉斯金乌托邦式的目标，但它促成了工艺美术运动的形成。

第 六 章

[22] 奥奈达公社（Oneida Community）是约翰·汉弗莱·诺伊斯（John Humphrey Noyes）在1848年于纽约奥奈达创办的一个带有宗教性质的乌托邦公社。该公社奉行严格的公有制，生活和工作的各个方面都进行共享。

[23] 詹姆斯·白金汉（James Buckingham，1786—1855），英国作家、旅行家、记者，曾遍游欧美、东方，积极倡导社会改革。代表作《国家罪恶及补救方法：一个样板城镇的规划方案》，书中提出了一个几何城市模式，城市按照一系列同轴广场的形式建成。全书500多页，包括七个部分，具体阐释了他对城市问题的构想，第一部分描述了"城市现存的罪恶"，其余部分则讲述了消除这些罪恶的方法。

[24] 焦煤镇（Coketown）是狄更斯作品《艰难时世》的故事发生地。在这座维多利亚时代的工业小镇上，遍布着机器和大烟囱，想要呼吸新鲜空气，只能是到数公里远的郊外。

[25] 泥雾学会是狄更斯1837—1838年间在文学月刊《本特利氏杂志》上所发文章《泥雾报告》(*The Mudfog Papers*) 中虚构的一个学会，是对1831年成立的英国科学促进协会的一种滑稽模仿。

[26] 埃比尼泽·霍华德（Ebenezer Howard，1859—1928），20世纪英国著名社会活动家，城市学家，风景规划与设计师，"花园城市"之父，英国"田园城市"运动创始人。他当过职员、速记员、记者，曾在美国经营农场。他了解、同情贫苦市民的生活状况，针对当时大批农民流入城市，造成城市膨胀和生活条件恶化，于1898年出版《明日：一条通往真正改革的和平道路》，提出建设新型城市的方案。该书1902年修订再版，更名为《明日的田园城市》。

第七章

为什么一些空想家认为，美好社会在根本上依靠的是对土地的正确分配和利用。这些"土地动物"(land-animals)所构想的又是什么样的社会。

第 七 章

一

工业革命打破了社会力量之间的平衡,在此之前,英格兰地区的小村庄,既无宏大的规模,也无高远的理想,安宁、祥和、愉快的生存是这里的主导法则。这些村庄里的土地,要么由小地主持有永久产权,要么就是供全体村民使用的公共牧场或荒地。这一制度下的乡村呈现出一派繁荣景象,只有极端天气和战争等天灾人祸,才会对这里的生活造成影响。这种生活的趣味,被威廉·赫德逊[1]在《只去过乡村的旅行推销员》(*A Traveller in Little Things*)中展现得淋漓尽致;而在一个世纪前,威廉·科贝特[2]在他的《骑马乡行记》中,也对乡村生活有过一系列精彩的描述。

中世纪的社会秩序崩溃之时,大地主开始侵占公共土地;到了18世纪,在大规模的科学农业的刺激下,大地主们加快了土地侵占的速度。英国史学家哈蒙德夫妇在《城市劳工》一书中,细致地描述了当时的场景:没有土地的农民被迫迁入新的城镇;进城务工的农民和妻儿老小,为瓦特和阿克莱特在18世纪改进的机器提供了劳动力。与工业发展同时出现的还有社会贫困。相比之下,工业革命之前的时期似乎是一个真正的乌托邦;对这一乌托邦来说,土地可谓至关重要。

克伦威尔时代的"挖掘者"[3]强调了土地在公民社会宪法中的重要性,杰拉德·温斯坦利(Gerard Winstanley)便是其中一员。他在一部篇幅不长的乌托邦小说中,阐述了土地应该公有的观点。与他同一时期的詹姆斯·哈林顿[4],在他的纯政治乌托邦作品《大洋国》[5]

中，进一步阐明了这一观点[6]，而此时共产主义则尚未诞生。哈林顿主张，地主士绅应该成为领导者，而平民大众则应该拥有权力优势。

在我们讨论范围内的所有现代乌托邦中，有两个乌托邦将土地公有制作为所有其他体制的基础。这两部作品分别是《斯宾塞尼亚》(*Spensonia*) 和《自由国之行》(*A Visit to Freeland*)。

二

19世纪早期因为下面这一事实而引人注目，那就是普通人，尤其是那些自学成才的普通人，开始运用自己的智慧，改善他们所属阶级的状况；尤其是在伦敦，农民出身的威廉·科贝特、当过裁缝的弗朗西斯·普莱斯[7]和做过文具商的托马斯·斯宾塞[8]，都将他们工作之余的大部分时间，用于制定改善人类财产的计划。

托马斯·斯宾塞在伦敦的高霍尔本有一家工作坊。在那里，他出版了一系列简明的哲学小册子，取名《猪食》(*Pig's Meat*)；1795年，他的《对斯宾塞尼亚的描述》(*A Description of Spensonia*) 得以出版；1801年，《斯宾塞尼亚的构成：位于乌托邦与大洋国之间的仙境国度》(*The Constitution of Spensonia: A Country in Fairyland*) 问世；根据书中的故事情节，将斯宾塞尼亚的消息带回英国的是一位名叫斯沃洛的船长。斯宾塞之所以能够写出一本完整的乌托邦作品，是因为他提出建议，要求回归到曾经完整的环境中去。

《斯宾塞尼亚》一开篇就讲述了关于一位父亲的寓言，这位父亲有几个儿子，他给他们建造了一艘运输船，并规定船只带来的收益

第 七 章

要共同分享。这艘船不幸在一座岛上搁浅。几兄弟很快冷静下来并做出决定：如果"不把父亲给他们规定的'航海法规'[9]应用于土地财产分配，他们很快就会遇到大麻烦。因此，他们宣布，这座岛屿的财产归集体所有，就和这艘船一样；收益也以同样的方式进行分配。他们以父亲留下的船的名字，将小岛命名为'斯宾塞尼亚'。接下来，他们选出官员，让其负责根据每个家庭或个人的需求对土地进行标记。根据土地的价值，他们会收取一定租金以供集体所用。土地租金或者是用于公共事业，或者是按照他们认为合适的方式进行分配。但是，为了纪念父亲赋予的权利，几兄弟规定：即使分红再少，民众需求再急，收租时也必须分享同等红利……他们早已决定，建成的每艘船和召集的每个人手都应该……归全体船员共同所有；为了保持一致，他们还规定，每个有人居住的地区或教区，都应该是这一区域居民的集体财产，所收租金和警察也一并由教区代表管理……由所有教区代表组成的国民大会或国会，负责国家事务，并支付国务开支和公共设施支出，这些支出按英镑计价从每个教区收取；除此之外，再没有任何其他税收。"

什么是教区？它有何功能？对此，只需环顾英国的乡村地区就不难明白。

一个教区，首先是一个"国家的紧凑区域，不能太大，要便于居民自主管理税收和警务"。

> 教区负责建造和修缮房屋、铺设道路、种植树篱和树木，总之，就是负责完成地主应该完成的所有工作……教

区有很多人负责策划应该完成的事务。我们不是在讨论修补国家的问题（因为我们的国家不需要修补）……而是在探讨如何运用我们的创造力来改善家园；讨论的结果是，如何在每个教区合理开发矿山，使河流通航，排干沼泽，抑或是改变浪费的习惯。这些事务我们都能马上提起兴趣，而且每个人对这些事务的执行都有表决权。

斯宾塞的乌托邦构想略显简单粗糙；想要一探究竟，就需走访一下新福利斯特[10]或奇尔屯山这些仍然保存着一些公共土地的英国乡村，看看摆脱了企图靠搜刮土地膏脂过活而不投入劳动的蛀虫之后，乡村乌托邦会是怎样一番景象。斯宾塞并未忽视监督这一平等宪法的必要性；他将自己的乌托邦托付给两位"守护天使"：投票表决和普遍使用武器原则，只不过这两位"天使"似乎在20世纪并不如19世纪前10年那样强大有力，因为彼时投票表决制还有待实验，而普遍使用武器原则也并未因为发明机枪和毒气而变得复杂。

然而，斯宾塞的乌托邦的基础，却是他与柏拉图和所有其他真正乌托邦主义者共有的一个信念；这一信念用梭罗的话来说就是：千万人同砍罪恶的枝叶，不及一人独伐罪恶的根源。我们需要记住的是，斯宾塞是在议会改革的激烈讨论声中进行写作的；19世纪的宪章运动[11]和议会社会主义[12]等政治活动，均以议会改革为基调，这些政治运动，就像政治努力的泡沫中的彩虹；随着第一次世界大战爆发，这些泡沫也随之破灭。斯宾塞认为，这些政治运动提出的肤浅要求都是徒劳无果的。他说：

第 七 章

　　人们每天提出数千个计划来打抱不平、修补体制问题，但却均以失败告终；就像鞋子一样，一开始就做得有问题，如今都穿旧了、磨烂了，还打了补丁，已经不值得再费钱费力去修补，应该直接扔进粪堆；应该重新做一双干干净净、舒适合脚的新鞋，适合热爱自由安逸的脚去穿。这样一来，就不必纠结该采取何种方法去修鞋了；你会穿着新鞋，轻松而干爽地走在崎岖不平、肮脏不堪的人生道路上。

三

　　接下来要讨论的乌托邦，名为"自由国"[13]，它是下面两种乌托邦之间的一个过渡：土地归全社会所有的乌托邦，以及土地、资本和所有生产机器都归民族国家所有的乌托邦。

　　自由国乌托邦的作者是奥地利经济学家西奥多·赫茨尔；他参考当时的经济学说，在《自由国：社会的理想境界》（*Freeland: A Social Anticipation*）一书中，首次极为详细地阐述了自己的观点。在另一本名为《自由国之行》的书中，他又对这些学说进行了凝练。这本书又名《新复乐园》（*The New Paradise Regained*），是他描绘其心中自由国联邦付诸实践后是什么样的一次尝试。

　　这两本书一经问世，迅速成为人们议论的焦点；有一本杂志因此而问世；欧洲和美国相继组建了一些协会；赫茨尔在非洲划定一块土地（英属东非肯尼亚山与海岸之间一片相当大的地域），进行了明确的殖民尝试；可惜，由于殖民地官员的顽固不化和国家间的嫉妒，这一尝试很快便以失败告终。《自由国》出版于1889年，而上述一切都发生在19世纪90年代初。也许，这本书唯一起到的实际作用（当然，这也只是一种推测），就是影响了伊斯雷尔·赞格威尔[14]等犹太复国主义者，使他们将重建锡安山[15]的选址，从耶路撒冷换到了更合适的非洲腹地。

自由国也可以说是建立在社会基础上的个人主义乌托邦。赫茨尔对亚当·斯密在《国富论》中提出的学说既赞同又敬佩；他希望在社会上，尤其是在工业企业中，能够最大限度地实现个人自由，充分发挥个人的主动性。这导致一个悖论，也就是说，要保证个人自由，就不可能放任自由（laissez faire）；因为放任自由的效果，就是允许财富和权力的偶然集聚，危及不太走运的贫弱群体想要享有的自由。自由国绝非无政府主义式的乌托邦，而是一个具有合作性质的联合体，国家在物品生产和分配过程中扮演着利益相关方的角色。从名称上看，这与社会主义有所不同；从实际行动上看，它与当时的社会主义运动也有区别，它并不依靠推翻欧洲现行体制来建立政权，而是在非洲肯尼亚高原开辟出一番新天地；不过，赫茨尔所说的"个人主义"，几乎达到了同样的目的。

四

关于社会生活的艺术，或者是美好社会的建构，《自由国之行》并没有教给我们什么东西。我们可以从中学到的是一种方法（无论如何，这只是一种假定）：如何控制产业机制。

自由国有五项基本法则，第一项最为重要，即：

"自由国"的所有居民对全境的土地，以及由全体公民所积累的生产手段，都拥有平等的、不可剥夺的权利。

其他四项基本法则[16]，有的规定了对妇女、儿童、老人，以及不适合工作的人群，要采取保护措施，规定他们均享有按照国家的信贷额度获得一定生活费用的权利；有的规定，25岁以上居民均有普选权；还有的则规定，在政府中设立独立的立法和行政部门。

让我们跟随一位到访自由国的游人，到他最先到达的自由国的主城伊登达（Edendale，又译伊甸谷）看一看，了解一下当地社会是如何运转的吧。如果这是一个个人主义乌托邦，便少不了官僚机构的存在；这位游人首先来到的是中央统计局，这里记录的是可供人们从事的职业，以及每个职位的薪酬数额。这位游人发现，"每个自由国居民都有权选择从事自己喜欢的职业。人们只要展现自身喜好即可，因为管理者只决定人员的雇用方式，而不必考虑成员是否合格"。实际上，拥有私人企业或合伙企业的个人似乎极为有限，因为大公司的经营范围包罗万象，不仅经营工厂，还提供餐饮和房屋建造等服务，甚至还为个人和家庭提供家政服务。（给这位游人的靴子上油的，便是这些大公司的服务人员，而他所拜访的女主人也解释了如何打电话给分配中心叫餐和请服务员。）

允许个人或单独某一公司从事商业活动的唯一条件，就是公众能够随时知晓其所有商业活动。"因此，这些公司有公开账簿的义务。商品的买卖价格、净利润和工人的数量，都必须按照中央部门规定的周期进行公示。"

赫茨尔认为，在工业社会中，获得机器与获得土地同等重要，因为从某种意义上来讲，我们所有的现代活动都寄生于机器，农业自然也不例外。因此，资本的筹措和分配，必须符合整个社会的利益；首先通过年度税收筹措资本，其中需要或可能需要个人储蓄的部分予以免除；在对资本进行分配时，资本无偿分配给申请企业。社会通过向消费者收取额外费用来支付工厂的开支；工厂得到的预付款，通过生产得以抵消。即使在原有资本以分红形式付清的情况下，这种安排也可以消除当下生产中为获得收益而维持的常备资本；最重要的是，不再需要通过将增加收益资本化来扩大常备资本。这种安排取消了对资本的长期收费，而即使在最初的资本已经以股息支付的情况下，它仍然保持在今天的生产中以获取利润；最重要的是，它废除了将增加的回报资本化的做法，并通过这种方式增加了固定资本费用。自由国的公民认为，社会资本应被用于促进生产，而不应该被当成食利者阶级获取固定收入的工具。

由于我们的游人是一位工程师，所以他的注意力转向了一家制造铁路设备的工厂，并注意到这家工厂有如下运营规定：

1. 任何人，包括其他公司的员工，都可自由加入伊登达市第一铁路机车制造公司，亦有权选择在任何时间离开公司。员工的工作岗位安排由管理委员会决定。

第 七 章

2. 每位公司员工都有权获得与其完成的工作量相对应的净收益。

3. 工作量以小时计算；在此基础上，老员工增加2%，领班增加10%，夜班工作增加10%。

4. 根据能力情况，工程师每天的工资相当于每天工作了10到15小时不等。经理对公司的贡献价值由联合大会评定。

5. 公司利润，扣除用于偿还资本金额和缴纳国家税款后，全部分给员工。

6. 如遇公司解散或清算，员工按照其从公司收入中获得的收益比例承担责任，公司新员工也要承担与自身收入成比例的相应责任。如有员工离职，其所负债务责任并不会因此而免除。如果遇到公司解散、清算或出售等情况，这一责任与责任人所掌握公司财产的数额相对应，或者依照这一比例获得公司出售后的收益份额。

7. 公司的主要司法机构是联合大会，每位员工在大会上都享有同等的发言权，既有权投赞成票，也有权投反对票。大会的唯一表决方式是计算投票的大多数。联合大会所做决定的依据，就是大会成员的投票数。如果要变更公司规定、解散或清算公司，必须得到四分之三成员的同意。

8. 大会既可直接行使权利，也可通过选定的管理人员行使权利，管理人员要对其行为负责。

9. 公司业务由理事会经营管理，理事会由三名成员组成，他们按照联合大会的意愿履职。理事会职员由三位理事会经理选出。

10. 大会每年都会选出一个由五人组成的检查委员会，负责监督公司账簿和运作方式，并做出报告。

我们的游人如果也是公司的一员，就可以将自己挣的钱存入中央银行账户；银行每周会向他发送一份简报；通过这家银行，他可以完成大部分的支出。此外，公司产品由中央仓库进行估价、存储和销售；如今，制造商的全部产品都是通过大型百货公司或邮购公司处置，这种处置方式与乌托邦公司的做法基本相同。

现在让我们对自由国的经济制度做一总结。资本的筹集和处置由社会完成；每年可投入再生产的总资本量直接取决于社会生产力，从而避免了当今社会常见的浪费现象——社会学家凡勃伦[17]将有闲阶级这种明显的浪费行为叫作"无效支出"（futile expenditures）。认为对收入征收资本税要比现今征收公司税或私人所得税更难（90%的公司税或私人所得税都被陆军和海军消耗掉了），值得怀疑。除此之外，公开记账的流程使中央银行和中央仓库能准确了解潜在的生产力，从而也就有了准确分配信贷的基础。与此同时，通过这种方式，商品价格直接由生产成本决定，而不是由商品的交易来决定。

受过训练的经济学家无疑会对上述内容提出质疑；但是，大致看来，各条规定并未过分背离目前的做法，所以可能也就没有太多理由不应该更彻底地去实施这些措施。

至于伊登达市的工业和企业金融的后效，则不在我们的讨论范围；对其运行方式的探究，我们已经足够深入了。

　　自由国的最大优点，似乎是为工业企业提供了自由。在自由国，社会成员可以组成协会，获得所需的土地和资本，他们自身也可投入农业或制造业中；因为能够全面掌握由统计局提供的潜在供需数据，创业失败的风险也降到了最低。即便协会的创业失败了，土地依旧可供个人耕种。"自由国的每个家庭都住在自己的房子里，每座房子周围都有上千平米的大花园。这些房屋是居民的私人财产，同花园一起供个人使用。自由国居民通常都不承认任何形式的土地所有权；他们更愿意遵循土地必须放在每个人手中的原则，因为只有这样才能自由做出选择。无论从字面上看还是深究其内涵，这都意味着，自由国的每个居民都可以随时随地耕种每一片土地。但是，这只涉及耕作用地，并不适用于生活用地……自由国居民已就土地规模和土地使用达成一致，为了服务住房建设，要制定规则、设立建筑法庭……该法庭负责确定哪块土地要开发，哪块土地不开发，圈定用于建筑的土地，负责道路、运河等规划，尤其要预防同一地块出现多所建筑的情况。"

五

　　这种规定土地和机器共用的工业协会关系会产生何种生活方式呢？这种生活好似明信片上的人间乐土，枯燥无味，黯淡无光。

　　书中讲到，主城伊登达城内有大量的公共建筑，包括行政府邸、中央银行、大学、艺术学院、三座公共图书馆、四个剧院、中央大货仓、大量的学校和其他建筑物。此外，为了保持公共卫生，伊登达市还采取了非常规措施：伊登达的下水道（读起来是不是有几分商会报告的味道！）"几乎全世界都没有能与之媲美的"。此外，"下水道的长度每天都在不断延伸"，并且配有一种气动抽吸装置清除里面的废物。街道全部铺满碎石。四通八达的有轨电车连接着郊区和城市。对主城伊登达的简单了解，实际上使我们想起了加州或南非的发达城市。当然，自由国这个乌托邦已经足够先进；书中提到的许多机械装置在1889年虽然还只是模糊的预言，但仅从机器这一方面来看，自由国还是十分前卫的；仔细研究不难发现，这里的人们似乎过着与现代欧美城市居民一样的生活。

当然，不同之处还是有的；我也无意贬低这些不同之处的重要性；在自由国，住在贫民窟的无产阶级已经不复存在，每个人都属于中产阶级，都过着高级职员、工程师或小官员般的幸福生活。这就是19世纪乌托邦作家的独特之处：他们不再批判这个时代的私有财产，而是希望拥有更多的私有财产！白金汉和赫茨尔的构想，虽说在细节上有所不同，但却都希望将舒适、安全、卫生等中产阶级的价值观延伸到整个社会。尽管他们提出的方法具有革命性，但因他们想要建立的体制仍是在当时的社会习惯下形成的，所以也就不免显得平淡无奇。

当我们把目光从赫茨尔转向爱德华·贝拉米[18]，这些事实就会一览无余。在讨论这些乌托邦时，我忍不住流露出了些许乏味之感。这是因为我们太过熟悉这类乌托邦的内容了。除了傅立叶、斯宾塞和一些我们马上要讲到的乌托邦外，19世纪的乌托邦主义作

第 七 章

家都不曾梦想要革新世界：他们只是在不断为当前社会添加新的发明罢了。这些乌托邦成了一张张由钢铁和繁文缛节织成的大网，最后将我们困在机器时代的噩梦之中，永远不能逃脱。如果觉得我的这一评价有欠公允，大家对培根之前与傅立叶之后的乌托邦做一比较就会发现：在18世纪之后的乌托邦构想中，若是抛开那些为人类创造美好生活的机器，人类自身存在的意义将是何其渺小。这些乌托邦主要都在关注机器：等到手段成了目的，也就不再有人关心真正的目的了。

注释：

[1] 威廉·赫德逊（William Hudson，1841—1922），英国作家、鸟类学家、博物学家。代表作《水晶时代》《绿厦》。

[2] 威廉·科贝特（William Cobbett，1762—1835），英国散文作家、记者、政治活动家，19世纪初英国最有影响的政论家。著有《骑马乡行记》(*Rural Rides*)等，该书由科贝特在《政治纪闻》周刊上发表的一系列文章汇编而成，书中记述了劳动人民的疾苦，同时也以栩栩如生地描绘了农村景色而著称。

[3] 挖掘者（Digger）是后人对克伦威尔统治时期的激进派新教徒的戏称。这一激进团体自称为"真正平等的捍卫者"（True Leveller）。他们倡导土地公有，推翻圈地运动建起的围栏、填平隔离沟并在公共土地上耕作。

[4] 詹姆斯·哈林顿（James Harrington，1611—1677），英国资产阶级思想家和共和主义者。他反对君主制，但却是查理一世的好友。著有《大洋国》等。

[5] 《大洋国》(*Oceana*) 写于克伦威尔统治时期，场景设在英国，但以"大洋国"之名出现。故事中的主人翁梅加莱特尔（暗指克伦威尔），由于半夜想到一个单身汉汉利克古斯能够为斯巴达做的事而苦恼。受这一事例启发，他将一些政治学家召集到一起制订一部新宪法。梅加莱特尔（克伦威尔）得到护国公的职位并建立起新的秩序。等到这架政治机器正常运转后，他便退休过起隐居生活，英国从此成为世界上最繁荣和最令人满意的共和国。

[6] "私有财产的合理分配意味着社会力量和政治力量的平衡。""哪里的土地集中于一人之手，哪里就有君主制；哪里的土地集中于少数人之手，哪里就有贵族；哪里的土地普遍由人民来管理，哪里就有人民共和国。在这些形式的财产中土地是最重要的，因为政治权力通常都建立其上。土地所有权应尽量分散，因为只有这样才能产生政治权力的均势，才不会有一个人或一帮人在少数人或贵族集团之下倚仗所占有的土地来压制全体人民。"

[7] 弗朗西斯·普莱斯（Francis Place，1771—1854），英国社会学家、社会改革家、新马尔萨斯主义者。代表作《人口论的实例与证据》。

第 七 章

[8] 托马斯·斯宾塞（Thomas Spence，1750—1814），英国土地社会主义者，土地国有化激进思想的先驱之一，曾因发表煽动性言论而被捕入狱。代表作《全盛时期的自由》（再版时改名《土地的国有化》）。

[9] 这里的法规指的是父亲规定船只及收益归大家所有。

[10] 新福利斯特（New Forest），意为"新森林"，英格兰最大的天然植物生长区。

[11] 19世纪三四十年代英国发生的争取实现人民宪章的工人运动，是世界三大工人运动之一。工人们要求取得普选权，以便有机会参与国家的管理。

[12] 国际工人运动中的一种机会主义思潮，迷信议会斗争，把议会斗争视为无产阶级革命唯一的、决定一切的形式，认为无产阶级及其政党只要在议会中取得多数席位，就能实现从资本主义到社会主义的和平转变。

[13] 自由国（Freeland），又译"自由之乡"。

[14] 伊斯雷尔·赞格威尔（Israel Zangwill，1864—1926），英国犹太小说家、戏剧家和政治活动家。著有小说《弓区大谜案》和戏剧《熔炉》等。

[15] 锡安山是《圣经》中记载的圣城耶路撒冷的所在地。

[16] 第二项：丧失工作能力的妇女、儿童、老人和男人有权享受足够的、相当于全体人民平均水平的生活资料。第三项：不能阻拦任何人去实现其本人的自由意愿，只要他不侵犯他人的权利。第四项：公共事务的管理须经自由国所有20岁以上公民来决定，不分性别地在有关国家一切事务中都拥有选举权和被选举权。第五项：立法权和执法权应分配到各部门。用这种方法，所有选举人将为主要的公共事务部门选出代表。这些代表将分别发布他们的决定并监督有关部门管委会的行动。

[17] 凡勃伦（Thorstein Veblen，1857—1929），美国经济学家、制度经济学鼻祖。代表作《有闲阶级论》。

[18] 爱德华·贝拉米（Edward Bellamy，1850—1898），美国小说家和记者。代表作《回顾》。

第八章

本章讲述埃蒂耶纳·卡贝如何想象出一个叫伊加的拿破仑式的统治者，以及一个叫伊加利亚的新法国。卡贝的乌托邦与贝拉米在《回顾》一书中建立的乌托邦，向我们展示了：当工业组织被国有化后，机器带给我们的会是什么。

第 八 章

一

卡贝在法国国民议会召开前[1]的1788年来到人世，于拿破仑三世统治时期去世。

不了解上述事实就对卡贝的《伊加利亚旅行记》妄加评论是愚蠢的，因为这一历史背景对年轻的卡贝产生了极为深远的影响：拿破仑战争和拿破仑的执政传统，是法国历史上浓墨重彩的一笔；即使在战争平息之后，依然熠熠生辉。这一时期，教堂和教育体系已经完成了国有化进程，它们借助庞大的官僚体系，将触角延伸到社会的每一个角落。这样的历史场景，一定为卡贝的梦想奠定了坚实的基础；而拿破仑的第一次倒台，则更加坚定了他的信念。

想弄清楚为什么《伊加利亚旅行记》会成为1845年工人中最畅销的书籍，为什么路易·勃朗[2]会在1848年尝试建立"国家工坊"(National Workshops)这样的组织，我们就必须意识到拿破仑的独裁统治对历史的推动作用。卡贝有意无意地将拿破仑的执政传统加以理想化，并在伊加利亚构想中对其加以完善，臻于完美。他那徒劳无果的权力意志本该引领他（在欧文的激励下）移居美国并在密苏里州的沼泽地区领导一个共产主义先驱团体，但现实情况却与他设想的理想国度截然相反，这不能不说颇具讽刺意味。书中的伊加利亚不是沉闷的大草原上一片肮脏不堪的简陋屋舍，而是一个气派、辉煌、宏伟的民族国家。卡贝在疾病和愤恨的双重重压下，最终在美国去世；他的乌托邦也随之化为泡影，直到贝拉米在《回顾》一书中提出一个新的乌托邦。

二

关于《伊加利亚旅行记》中的浪漫元素：他造访的英国领主和伊加利亚人家，以及书中讲述的各式友谊和风流韵事，我无意做任何评说。这些内容只是让卡贝所描绘的图像看起来更复杂，对阐明他的乌托邦构想并无太大帮助。

伊加利亚由100个省组成，各省土地面积和人口几乎相等。每个省划分为10个公社，各个公社都极其相似；省会位于各省的中心位置，公社集镇则是每个公社的中心。以十进制进行地理区划，既优雅又精确，但却掩盖了地理事实；看着这座想象的理想之国的地图，会让人想起法国大革命时的行政区划，当时的法国被随意划分成被称为"部"（department）的不同区域，从而打乱了过去根据土地、气候、人口和历史延续性所做的区域划分。

伊加利亚的中心是伊加城。这座中心城市几乎就是巴黎的翻版，同样位于一条如塞纳河一般的河流之上。这座近乎圆形的城市，被这条河流切成了面积相等的两部分；河岸平直，岸上修筑的河堤同样平直；为了便于船只航行，河床也被挖深。河水流入城市后分成两支，形成一个巨大的圆形岛屿（当然，因河流分叉而形成的岛屿按常理不会是圆形的），这里便是市中心。岛上广植树木，岛心建有一座宫殿。地坪上有一座气派的花园；花园中心矗立着一根巨大的柱子，柱顶是一尊巨型雕像，俯瞰着周围所有的建筑物。河的每一边都有一座大型码头，与政府办公室相邻。这样的气派，无疑算得上是大都市了。

第 八 章

　　伊加城由不同的区构成，共有60个大小几乎相等的公社。每个区都配有学校、医院和寺庙各一座，以及众多的商店、公共场所和纪念碑。城中街道，宽阔而平直，50条与河流平行的街道和50条与河流垂直的街道横贯全城。我不知道如何将这样的街道规划与圆形城市协调起来；显然，卡贝也并未费力去按照自己的口头说明，绘制一幅明确的地图，或者是制订一套详尽的计划。每个街区两侧各有房屋15座，每排房屋的中间和两端各有一座公共建筑。每排房屋之间都点缀着花园；与乌托邦人一样，伊加利亚居民在维护花草的过程中，也有一种强烈的自豪感。街区以广场为中心四散排列，与伦敦的贝尔格莱维亚区和梅菲尔区[3]极为相似；不同的是，伊加利亚的花园是公共的，它们全由当地居民负责照料。

　　伊加利亚的村庄几乎和主城一样，同样充满都市气息。人们十分关注清洁设施的便利程度和清洁卫生规章制度。这里配有特殊型号的集尘器，人行道上方都搭建了防雨的玻璃棚，公共车站也修建了同样的玻璃棚。街道光线充足，路面铺设良好。马厩、屠宰场和医院都建在村外。工厂和仓库位于铁路和运河沿线。一半的街道都禁止轻便双轮马车之外的所有车辆通行。

　　总之，伊加利亚拥有高度复杂的大都市生活形态，一切都已"安排妥当"，一切都得到"悉心照料"，没有令人感到不安的纷繁与复杂。甚至连天气变化在这里都被抹掉了。若是没有一个非常强大和持久存在的组织，是不可能完成这样的伟业的。那么，这是一个什么样的组织呢？

三

位居其上者是独裁者伊加，是他创立了伊加利亚政府；在他之下则是许多政府机构、部门和委员会。让我们跟随一位典型的伊加利亚人，看看他的一天是如何度过的，借此了解一下他身处的体系制度。

伊加利亚人免不了要早起，因为每天早上 6 点，餐厅和工厂就开始供应早餐。早餐供应的食物是固定的，也许正是密歇根州巴特尔克里克地区的卫兵所梦寐以求的[4]。一个由科学家组成的委员会，负责伊加利亚的食物供应；食物可以因人而异，但吃什么好、吃多少合适，却是早就有人提前安排好了。我们现在的陆军和海军也是如此，而且在某种程度上我们的廉价食堂里同样如此；不同之处在于，身处伊加利亚之外的人，仍有可能不遵守规则，完全忽视营养师委员会的存在，随意饮食。

吃过早饭就该去上班了；上班时间是夏天 7 个小时，冬天 6 个小时。他的工作时间与其他任何伊加利亚人都相同；他的工作无论是在田间地头，还是在车间作坊，他所在行当的产品都要存入公共仓库。他的雇主是谁呢？国家。所有的生产工具和服务工具，包括马匹和马车在内，都归谁所有呢？国家。工人由谁来组织呢？国家。建造房屋、仓库和厂房，管理土地耕作，解决人们所必需的衣食住行问题，这些又该谁来负责呢？同样是国家。理论上，民众是工业的唯一所有者和主导者；但实际上，接管伊加的专制统治、负责处理社会事务的，是由工程师和官员组成的团体（卡贝并未告诉我们其他情况，因此他们所采用的自然是国有工业体系）。

第 八 章

在我们看来，这个伊加利亚是多么的熟悉。一个美好的乌托邦——**但是，现实是残酷的**（*c'est la guerre!*）。

干完工作，我们这位伊加利亚人可能会换身衣服。哪些衣服是必须穿的、哪些衣服是可以穿的，着装委员会早有明文规定；这也就意味着，每个伊加利亚人都得穿制服，就像每个伊加利亚人都是国家的工作人员一样。吃饭、穿衣、睡觉，样样都离不了国家规定。统一性会让生活在现代社会的人心生厌恶，会使那些尚存一息自由精神的公务员感到愤怒，更别说军人了；而伊加利亚则把统一性利用到了极致。拿破仑的"全民皆兵"（nation in arms）观念在这里大行其道，只不过现在变成"全民皆工装"（nation in overalls）罢了。

这位伊加利亚人的父母，在结婚前谈了六个月的恋爱。他们达到了法律允许的最低结婚年龄：男方20岁，女方18岁。他们受过的教育告诉他们，必须珍视夫妻之间的忠诚；他们也意识到，非法同居和通奸虽不受法律惩罚，但却会被舆论视为犯罪。在我们这位伊加利亚人出生之前，他的母亲已经接受过为母之道的公共教育。

这位伊加利亚人在5岁前接受的是家庭教育；但从5岁起，一直到17/18岁，家庭教育便会将知识教育和道德教育合而为一。这样的课程内容，是由委员会参考了古今教育体系之后制定出来的。他所接受的通识教育和初级教育，与其他伊加利亚人并无差异。女孩到了17岁、男孩到了18岁时，就开始接受职业教育。

只有经过国家认可和批准的行业或职业，才会对伊加利亚人开放；国家每年都会发布一份清单，公布每种职业所需的工人数量。反过来，工人数量由工业委员会决定，这一委员会负责计划来年必须生产的货物数量。男性伊加利亚人从 18 岁开始工作，65 岁退休；女性则从 17 岁开始工作，50 岁退休。顺便说一下，这个共和国会从每个公社征收最符合当地自然资源情况的工农业产品；每个公社都将其盈余产品分配给其他公社，并用其他公社的盈余来弥补本公社的不足。

卡贝对这些制度描写得细致入微，大到工业和社会制度的整体框架，小到每个伊加利亚人家里安装的防噪音窗户，都有详尽的描述。我们看到的是一个民族国家（National State），它能大规模地组织民众参加战争，即使在和平时期也仍然保持战备状态。在这样的计划安排中，只有国家大事才具有重要意义，而决定什么是国家大事、什么不是国家大事的，则是那些坐在首都办公室里的人（officeholder）——我很难想出这个词在乌托邦世界所对应的称呼，也想象不出乌托邦在这方面能有任何巨大的进步。

用来管理伊加利亚人社会制度的政治活动，并不能让我们很放心。这 1000 个公社中，每个公社选出两位代表，组成国家代表（national representation），每位代表任期两年。这一体制的基础是公社大会，省级代表便是来自公社大会。国家行政部门由 16 名成员组成，每位成员负责一个特定部门；显然，国家权力就掌握在这些人手里；食品委员会决定食品的数量和种类；工业委员会决定所制造产品的数量和类型；教育委员会决定教育的方法、内容和目的。这样一来，究竟还有什么事务能留给那 2000 位代表去决定，就很难说了。

除了向公社大会提出建议，这里并不能通过报纸或有组织的批评等途径发表观点。唯一类似于公众舆论的，就是这些公社大会的集体意见。这里的报纸由政府发行，分为国家级、省级和公社级；报纸"只刊登简单的记录性文章，注重事实而不带有记者的任何评论"。要解释这种政治制度及其可能发挥的作用，哲学中的"副现象"[5]一词可谓再适合不过。伊加利亚政权先是由伊加操控，后又被委员会和政府部门控制，伊加利亚流行的代表制，不过是这一独裁政权的傀儡罢了。

如果说我一直在用19世纪的政治经验来批判伊加利亚的话，我所能做的唯一解释就是，因为伊加利亚与乌托邦之间极少有相似之处，它更像是真实的世界秩序。作为既成事实，伊加利亚必须做好准备，接受严峻的考验/批评：事实上，在第二次俄国革命初期，伊加利亚差一点就变成既成事实——在苏维埃俄国成立之初，卡贝的影响力要远比马克思的影响力深远！伊加利亚本质上并不是一种理想，而只是对理想的呈现；为了避免混淆，我特意强调了伊加利亚的缺陷。伊加利亚的优点在于其军事化制度，缺点在于它发动战争的方式。如果美好生活也可由柏拉图所说的"好事之徒"组成的军政府来完成的话，那么，伊加利亚绝对可以算得上是一个典范。

四

回顾未来：这是一个悖论，它由年轻的新英格兰浪漫主义者爱德华·贝拉米提出。与梭罗和爱默生，以及其他伟大的康科德学派代表人物一样，他也十分关心社会福祉，从文学到社会学都有涉猎；他激发了美国成千上万人的思考；在对那个时代读者的影响方面，他与同时期进行创作的西奥多·赫茨尔不相上下。已经开始把现实理想化的贝拉米，在《回顾》（1888）出版后的10年间，便一心投入实现自己理想的事业中。《平等》（1897）是贝拉米继《回顾》之后创作的另一部作品，在这部作品中，贝拉米更为详尽地阐述了他对公元2000年的新社会的展望；他的第一部作品（《回顾》）广受欢迎，似乎使他严肃地承担起了经济学家和政治家的任务。

对现代读者来说，这两本书里描述的内容都能识别出来，这种熟悉感是这两本书带给读者的主要阅读乐趣；因为，如果说贝拉米没有在书中描绘出一个更加美好的未来，那么，他至少，就像威尔斯先生一样，还是描画了未来的大致轮廓。对于生活在20世纪的我们而言，贝拉米笔下的未来已经成为现实，这也使我们能够深刻地认识到贝拉米所构想的乌托邦的局限性。贝拉米的用语看似尖酸刻薄，却能以一种整洁而娴熟的方式讲述自己的故事，并且还颇有几分道理，给人以熟悉感；这无疑也解释了，为什么这本书至今仍很容易在公共图书馆的小说书架上找到。

《回顾》的前言中标注了如下日期：“波士顿，肖马特学院历史学系，公元2000年12月26日。”在前言中，该作品被表述为一种公认的传奇[6]，使得公元2000年的读者能够意识到将他们与其祖先分开的时间差距，而且能够重视几代人之间在"精神和物质"方面发生的巨大变化[7]。为了弥合两个时代之间的差距，贝拉米这位肖马特学院的历史学家，杜撰了一个叫朱利安·韦斯特的人物。韦斯特是一位富有的年轻人，对自己卑微的社会地位十分敏感；他觉得自己就是"一个富翁住在贫民区里，一个知识分子住在那些没有文化的人们之中，就仿佛孤零零地住在多疑善妒的异族当中一样"[8]。他是一个严重的失眠症患者，为了克服他的失眠，韦斯特便睡在家中的地下密室里，而且睡前需要一位催眠师对他进行催眠；他戏剧性地睡过了头，一睡便是113年；等他醒来，发现周围是陌生的面孔；等他走到外面，发现自己到了一个崭新的城市[9]。毋庸置疑，韦斯特在新世界遇到了他本想与之结婚的女子的后代；如此一来，他在旧世界的恋爱关系便延续到了新世界。等他把公元2000年的社会体系描述完毕、情缘了结之后，他又马上在1887年的世界里苏醒过来。

让我们姑且把韦斯特的困惑、惊讶和孤独感都视为理当如此，然后跟随他一起去探索他的新世界吧。

五．

如果说柏拉图在描述劳动问题时显得有些傲慢，他允许事情保持原样；那么，贝拉米则是把如何组织劳动和分配财富，作为他的乌托邦中所有其他制度的关键所在。

工人组织不断发展壮大，资本不断集中于托拉斯之手，这是1887年美国的两个主要经济因素。招待韦斯特的是利特医生。利特医生描述了劳动力和资本如何积聚起来，然后通过换挡加速，"托拉斯时代随着国家托拉斯的到来而终结"[10]。"总之，美国人民终于来自己经营他们的企业了，正如一百多年前他们负责管理自己的政府一样。为生产目的和为政治目的而组织起来，理由是完全相同的。"[11]这次过渡有没有发生暴力事件？根本没有！民意已经事先做好了一切准备，大公司已在逐渐培养人们去接受大规模组织，最终所有大公司合并为一家全国性公司，合并的过程也十分顺利。随着国家逐步接管工厂、机器、铁路、农场、矿山和一切资本，所有的劳工问题都消失了，因为每个公民都凭借公民身份成为政府的雇员，并根据行业需求进行工作分配。[12]

在2000年的时候，产业大军（labor army）已不再是一种修辞手法：此时的劳动者确实是一支军队，因为国家本身就是一个单一的工业单位，普遍强制性工业服役成为招募劳动力的原则。[13] 完成普通学校教育（包括大学教育在内）后，公民必须首先在不分类别的劳动大军中服役三年。在这三年服役期内，他们需要从事社会上所有粗鄙卑微的工作。服役结束，他们可以到政府宣布开放的任何行业或职业供职，也可以按照自己的禀赋，继续在国立学校和研究所接受教育，直到30岁。为了吸引民众投身到需要人手的行业中，工作时间得以缩减；至于危险行业，则需招募志愿者。但在薪酬方面，人与人之间没有差异。每年，每个人的国家银行账户中都会存入4000美元；这一数额是根据人的基本需求决定的，与工作能力无关。人们的分内之事，就是将其精力和能力全部投入工作；谁要是没有完全投入，谁就会受到责罚。在一定的限制条件下，人们可以从一个工作部门调换到另一个工作部门；就连在海军服役的水手，也可以变更工作岗位，申请在不同的船舶或驻地服役；每个人都必须工作到45岁才能退休，但也可以申请在33岁退休，不过退休金则要减半。

这一规则也有一个例外；具有讽刺意味的是，我们发现，这一例外正是为作者所从事的行业制定的。如果有人写了一本书,他便可以获得版税;只要销量不错,他就能以此为生;如果他想创办一家报社或杂志社,并能得到足够多人的信任和支持,他就可以用订户从他们的个人收入中扣除的金额来代替自己服役。[14] 换句话说,一个人必须"通过文学艺术的创作或发明创造,来补偿国家由于他脱离一般工作而受到的损失,否则,就非有足够人数的资助来补偿这种损失不可"[15]。这是这个军事化工业乌托邦存在的一个漏洞,我认为这也是整个系统中最能让人接受的一点。一个被组织成一个单位的社会,由位于华盛顿的参谋部实施管理,始终展现出一种任何社会制度都必然会强化的畜群情结(herd complex),这样的社会可能无法为艺术家的灵魂提供温暖的庇护;倘若真能提供庇护,这种对艺术家的支持,无疑能很好地激励艺术家进行艺术创作。

让我们回到产业大军上来。整个生产和分配领域分为10大部门,每个部门负责一组相关行业;而每个特定行业又设有一个管理局,负责全面记录其所管辖的工厂、劳动力、现有产品,以及提高产量的办法。分配部门的预算被政府部门采用后,作为政令下达给10大部门,这些部门又将预算下拨给下辖特定行业的管理局,各行业再安排工人投入生产……"当必需的生产人员分配给各项生产部门以后,余下的劳动力就都用于创造固定资本,例如房屋、机器、各种工程等。"[16]

为了保护消费者免受政府生产计划反复无常的影响,遂又规定:只要民众提出申请,说明自己的需求,工厂就必须立即投入生产;某种产品即使需求不大,但只要有人买就必须继续生产,当然,其价格也会随着单位生产成本的增加而上涨。[17]

　　这支产业大军的统帅是像美国总统一样的人物。他是从产业大军的指挥官中挑选出来的；产业大军中的每一位官员，上到总统，下到普通工人中的各个等级，都必须先从普通劳动者的位置干起，一步步往上走。这个系统的主要特点在于其投票方式。选民都是他们所属行会的荣誉会员，年龄都在45岁以上；这不仅适用于10名部长，也适用于总统，各部门的部长只有在退职若干年后才有资格竞选总统这一职务。总统由全国所有与产业大军没有关系的人投票选出，贝拉米认为，除此之外的所有方法都会让纪律遭到破坏。这种政府形式有几种不同的名称：老年政府，或者老人政府，还有一个大家更熟悉的名字："离职人员控制" (alumni control)。我想，对那些被迫退休的人来说，服劳役的艰辛程度应该算是轻松愉快的了；我不禁要怀疑，如果变革的倡议只能来自离职员工，产业大军中的年轻人能否有机会改善其自身处境。然而，我们知道，就连在产业大军中组建工会委员会都属于叛乱行为。批评政府就是叛国，崇拜他国就是不忠，倡导行业变革则被视为犯下了煽动罪。

　　诚然，贪污腐败、收受贿赂，以及如今与金融寡头政治相关的所有肮脏丑闻，都将在这样的乌托邦中消失，但是，这样一来也就意味着，旧秩序的优点会与缺陷一起消失。当一个国家已经全副武装，并且无法从制度的束缚中解脱出来，无论是身体上的束缚还是精神上的束缚，这时剩下的也就只有缺陷了；简而言之，也就是战争状态的缺陷。把这种社会称为和平社会未免有些荒谬：因为真要这样，不妨把战船也称为快乐之船算了，因为现代战舰都配有乐队并能为战士播放影片。这个乌托邦组织就是一个战争组织，这样的社会绝不会容忍"自己活也让别人活"（live and let live）之类的原则。如果这是"工业战备状态"带来的和平，那么，这种和平根本就不值得拥有。任何推崇这种生活状态的社会，几乎都不需要进行持续的征兵宣传，也不用推行强制服役政策。

六

《回顾》的大部分篇幅都是在讨论这种完善的产业组织形式和运行模式；对完全经济平等的作用也展开了讨论；人与人之间在经济上完全平等，使得现今大部分法律机制都失去了存在的必要性，因为正如贝拉米所言，在他的乌托邦中，出于经济动机而去犯罪，几乎是不可想象的。然而，我们还是能够不时瞥见这个新时代的社会生活。

首先浮现在我们眼前的，是大量因为年迈而无法工作的人，他们的时间多半是在乡村俱乐部中度过。他们可以四处旅行，因为世界上其他国家同样被国有化了；他们只需通过一种简单的簿记制度，就可以把个人享有的物资和服务，从一个国家转移到另一个国家；他们可以在退休后从事特殊职业，发展业余爱好；但是，他们退休后的活动，并不能明显促进他们的智力或情感成熟，因为于民众而言，国家就是"伟大的白人父亲"[18]一般的存在；这也许能够很好地解释，为什么贝拉米笔下的乌托邦民众，都对体育运动有着极其强烈的兴趣。当然，体育比赛会按照行业竞赛方式进行组织，就像现在各战舰中队之间进行的体育比赛一样;因为"如果面包是生活的第一必需品,娱乐是第二必需品,国家就得满足这两方面的需求"。我们的向导解释说,"面包和马戏"的需求,在公元2000年的时候听起来是完全合理的[19]。工作和娱乐都是公民内在偏好和兴趣的外在表现;在这个幸福共和国的所有特征中,如果孩子气占了主导地位,我们也不应该对此感到惊讶。

这种强调外在形式、注重客观性的做法,似乎构成了整个社会的显著特征。我们跟随韦斯特和他的新爱伊蒂丝来到一家现代化的商店;店内仅展示商品的样品,货物订单全部送到中央仓库,这无疑大大节约了时间成本和空间成本。我们注意到,这里几乎不存在人际交往或联系的问题:与以往任何时候相比,这里的工作人员都更像是机器上的齿轮,他们打交道的对象只是写满符号的纤薄、无用而抽象的纸张,他们对于接触社会的渴望,比以往任何时候都要受到更大的阻碍;因此,这个新时代也就比以往任何时候都更需要刺激与交际;如此一来,康尼岛[20]上的过山车,以及现代舞厅里的淫乱,也就不足为奇了。贝拉米并未告诉我们,该社会在应对这些问题时采取了哪些具体补救措施;但是,他发明了一套严酷的压制机制,尽管他试图隐瞒该机制的安全阀,但却依然无法愚弄我们。如果没有这个安全阀,在严苛纪律下存在24年的劳动大军,必然会将该机制的所有工事摧毁殆尽。我们在阅读廉价的插画报纸、看电影、观察百老汇大街上行人的举止时,就可以猜到这个21世纪乌托邦的样子——其实它就是一座现代化的城市,只不过是被夸大了而已。拉特瑙[21]博士在《新社会》一书中,描绘了一幅社会化现代社会的画面，这个社会沿着当前的道路前进，其目标和理想从未改变过；我们必须把拉特瑙做的这个噩梦加入贝拉米的梦中，才能认清它。

其他任何制度皆是如此。这里设有大型公共餐厅，附近的每个家庭都在餐厅拥有一间写着每户人家主人名字、装饰得很雅致的私密餐室；饭菜要提前一天预订，服务员都是从事一般性劳动的年轻人[22]。如果我说这种公共餐厅有些过于复杂而机械，与之相比，虽然柏拉图的理想国所供应的食物不过是些橄榄、奶酪和豆类食物，但是，他的理想国要比这一鼓吹"完美的餐饮和烹饪"的新时代，更具真正乌托邦的色彩，会不会有人觉得是我错了呢？有人会举出那些完全替代人性化生活的机械奇迹，书中讲到的通过电话来广播音乐会和布道词这样的奇迹，惊人地预言了30多年后的无线电播报业务；无线电播报业务如今在美国已经相当普及。正如亚里士多德所追问的，这些东西到底是美好生活的物质基础，还是美好生活的替代品？关于这个问题，贝拉米那个时代的人们可能心存疑惑，答不上来；但是，我认为，现在已经不需要任何疑惑了。只要这些工具合乎人性，它们就是好的；如果它们不合乎人性，那便是垃圾，而且是愚蠢的垃圾。免费开放的公共图书馆是件好事，但若这样的图书馆只提供波特[23]的小说和马登[24]的励志书，图书馆也就如同陈词滥调一般，不会使社会充满生气与活力。

如果让我用一个双关表达来阐述，那就是：去向何方的问题无法逃避，而终点则有赖于起点。当发明机器、创建组织的目的能够顺应人性时，这些机器和组织无疑就会有助于建设美好社会；当它们违背人性，或者仅仅是服从于工程师对于高效工业设备和人员的定义时，这些无辜的机器就会像刘易斯式机枪[25]一样泯灭人性。贝拉米在《回顾》中忽略了所有这些人性的东西，当然，也有一些人性得以保存下来。

在书中得以保存下来的人性，就是激励人心的诚挚热情，是慷慨待人的冲动，是坚信眼看穷人四处徘徊而自己却与富人共餐毫无乐趣可言。贝拉米希望每个人都能接受平等的教育，这样每个人都可能成为他的同伴；他希望每个人都能得到体面的食物和住所；他想在人与人之间平分脏活和累活，他也希望人们在得到意外财富的同时，不会妨碍其他人获取财富。他希望私人生活能够简单，公共生活能够绚烂。他希望男女之间的结合，不会因为对父母、肉店、面店、杂货店这样的义务而遭到破坏。他希望慷慨、公正、善良之人，也能像冷漠、贪婪和多谋之人一样受到命运的垂青。他渴望坦诚、克制的两性关系；感谢上天，这种坦诚如今可能已经再次成为时尚，这种坦诚让女性拥有了穿衣戴帽方面的物质自由，也拥有了表达爱情、付出爱情的精神自由。所有这些都是好事。我并不怀疑贝拉米的良好动机，我只质疑他为他们设想的出路。贝拉米对美好生活的理解，与他为了保护美好生活而构建起来的社会体系，是相互矛盾的。在贝拉米的乌托邦中，有一支被少数人控制的规模巨大、机械呆板的劳动组织。我认为，矛盾正是源于他过分强调了该组织在社会重建中所起的作用。如果说贝拉米有时夸大了现代社会的缺点，以及现代社会中因为争夺各种特权而引发的混乱，他同样也高估了现代社会的优点；不过，当他仔细塑造自己所理解的未来时，他对当前秩序的态度却又是非常公正的。

第 八 章

注释:

[1] 国民议会,法国大革命前夕成立的立法机构。

[2] 路易·勃朗(Louis Blanc, 1813—1882),法国空想社会主义者,历史学家、记者和政治家。代表作《劳动组织》和《法国革命史》。

[3] 这两个地区都是英国伦敦的上流住宅区。

[4] 1824年3月14日,在密歇根的某个地方,由约翰·马利特上校领导的联邦政府土地调查组与2名到调查组营地来讨要食物的帕塔瓦米族印第安人之间发生了一次小型冲突。当时这些印第安人饥饿难耐,因为美国陆军迟迟没有按照1820年的约定向他们提供粮食。经过长时间的讨论,据称印第安人于是便试图从营地偷取食物。其中一名测量员用步枪射伤了一名印第安人。随后调查人员撤退到了底特律。此次冲突的地方后来就被称作巴特尔克里克(Battle Creek)。作者用这一地名是为了强调这里准时供应早餐的重要性。

[5] 副现象(epiphenomenon),又称附属现象,是指从属于主要效应、与正在工作的事物无因果关系、偶然发生的效应。

[6] "我试图以传奇小说的题材来撰写本书,以减少说教的性质。"(林天斗、张自谋译,商务印书馆1997年版,第20页)

[7] "我们生活在二十世纪的最后一年……但是……直到十九世纪行将结束,人们还一般相信,旧的生产制度尽管具有一切令人痛心的社会后果,并可能需要进行一些零星点滴的改良,却注定会永世继续下去。自从那时以来,在精神和物质方面发生了如此巨大的变革,而这些变革竟能在如此短促的时间内完成,这是多么出人意料、甚至令人难以置信啊!"(《回顾》中译本第19页)

[8] 《回顾》中译本第26页。

[9] "在我面前,是一座庞大的城市。宽阔的街道一眼望不到尽头,两旁绿树成荫,排列着精致玲珑的房屋。它们大都各不相连,而是坐落在大大小小的围墙里,向四面八方伸展出去。每个建筑群都有广场,满栽树木,树丛中的铜像和喷水池在落日余晖中闪闪发光。四周尽是宏伟壮丽的公共建筑物,一层层高楼巍然耸立。"(《回顾》中译本第42页)

[10] "劳工组织和罢工的出现,只不过是大量资本较前更为集中的结果。在这种集中发生以前,工商业并非由少数拥有巨额资本的大公司所垄断,而是由无数资本不大的小公司来经营的。……到了本世纪初期,这种进展终于完成,一切资本都由国家集中。全国工商业不再由少数属于私人的、不负责任的大公司或辛迪加,以追逐私利为目的地任意经营,而由一个唯一代表人民的辛迪加来经营,为全体人民谋福利。也就是说,国家组织成为一个大的企业公司,所有其他公司都被吸收进去,它代替了一切其他资本家,成为唯一的资本家,它是独一无二的雇主,它并吞了所有以前较小的垄断组织,成为最后一个垄断组织。它的利润和各种节余由全体公民共同享有。这个'大托拉斯'的出现结束了一般托拉斯的时代。"(《回顾》中译本第52—55页)

[11] 《回顾》中译本第55页。

[12] "当国家成为独一无二的雇主,所有的公民凭着他们的公民资格,都变成了工人,按照生产的需要,被分配到各部门中去。"(《回顾》中译本第58页)

[13] "我们的产业大军的组织原则是,根据每人在智力与体力方面的天赋才能,来决定他应该做什么工作才对国家最有益处,对他自己也最为相宜。在不得逃避某种工作义务的情况下,在必要的规定范围以内,依靠自愿的方式来决定每人将担负的特定工作。"(《回顾》中译本第61页)

[14] "版税的数目记入他的配给账上,只要按照一般公民生活享受标准发的这种配给能够维持他的生活,他就不必在其他方面为国家服务了。如果他出版的书相当成功,他就可以得到几个月、一年以至两三年的休假,在这个时期,如果他又写出了其他成功的作品,他就可以根据书的销路,相应地延长免除其他服务的期限。"(《回顾》中译本第132页)

[15] 《回顾》中译本第137页。

[16] "全部生产性的和建设性的事业分为十大部门,每一部门管辖一组相互关联的生产事业,每项特殊事业又由部门所属的管理局管辖,这个局对于所属的厂房、设备和劳动力,目前的生产量,以及增加产量的方法等,都有完整的记录。分配部门的预算数字,经过行政机构批准以后,就作为命令传达到十大生产部门,转而分派给下面管辖各项特殊事业的管理局,工人们就按照命

第 八 章

令生产。每个局对分配给它的生产任务负责,并接受部门和行政机构的监督,而且分配部门接受产品时也并非不做检查;甚至产品到了消费者手中,如果发现不合规格,在这种制度下,也可以层层追责,直到最初制造产品的工人。"(《回顾》中译本第 146—147 页)

[17] "凡是人民继续需要的货物,政府都无权停止生产。假定某种物品由于需要不大,生产成本变得很高,那么,价格自然也得相应提高,不过只要消费者肯出这个价钱,这类物品总是继续生产的。"(《回顾》中译本第 147 页)

[18] "伟大的白人父亲"(Great White Father)是 19 世纪殖民主义时期美国印第安土著对美国总统的称呼。

[19] "面包和马戏"是意大利讽刺诗人尤维纳利斯所做的比喻,讽刺国家通过分散民众注意力或满足民众最直接、最基本的需求(如食物或娱乐)来获得公众的认可,以此来缓解矛盾冲突。

[20] 康尼岛(Coney Island),纽约市布鲁克林区的半岛,美国知名休闲娱乐区。

[21] 瓦尔特·拉特瑙(Walter Rathenau,1867—1922),德国实业家、银行家、知识分子和政治家,魏玛共和国时期出任德国外交部长。代表作《新社会》。

[22] "侍者们都是产业大军中还没有确定等级的青年,他们被派去担任各种不需要专门技术的工作。伺候别人吃饭,就是其中之一,每个年轻的新手都得试试这种工作。"(《回顾》中译本第 128 页)

[23] 吉恩·波特(Gene Porter,1863—1924),美国作家、自然摄影师,最早拥有电影公司的女性之一,同时也是最早的环保主义者之一。

[24] 奥里森·马登(Orison Marden,1848—1924),美国《成功》杂志创办人,美国成功学运动的先驱和成功励志导师。

[25] 刘易斯式机枪(Lewis gun),一战期间美国设计的一款轻机枪,曾在一战、二战中广泛装备英联邦国家。

第九章

本章讲述威廉·莫里斯和威廉·赫德逊是如何革新乌托邦的经典传统的；最后，H. G. 威尔斯先生又是如何总结和阐释过去的乌托邦，并使它们与现在的世界发生联系的。

第 九 章

一

如果所有19世纪的乌托邦都与白金汉和贝拉米的乌托邦一样,那就相当可悲了。一般而言,所有的重建式乌托邦都有着极其相同的目的和令人沮丧的单一兴趣。虽然重建式乌托邦将社会看作一个整体,但它们却把社会重建问题看作是一个简单的产业重组问题。幸运的是,逃避式乌托邦能贡献一些重建式乌托邦所缺乏的东西;例如,如果说威廉·莫里斯看起来离曼彻斯特和明尼阿波利斯太远而没有任何用处,那么,也正因如此,他才更能接近人类现实的实质:他知道人的尊严主要不在于他消耗了什么,而在于他创造了什么,而曼彻斯特的理想则是毁灭性的消耗。

在讨论这些逃避式乌托邦之前,我想指出的是,即将讨论的三个乌托邦,它们回归经典模式的方式都有些奇怪;很明显的是,每一次回归都缺乏作家的自觉意识。威廉·赫德逊回归到了托马斯·莫尔的乌托邦模式,《水晶时代》中的农庄和家庭是社会生活的首要单位。在《乌有乡消息》中,安德里亚等人梦想的工人城市再次出现;而在《现代乌托邦》中,通过武士阶级秩序,我们再一次感受到了纪律性极强的柏拉图式治国者阶级的统治。赫德逊是一位博物学家,他对英格兰地区的农村生活抱有深切的同情;威廉·莫里斯是一位工匠,他非常熟悉英国小镇在工业主义来临之前的样子;与这两位作家一起,我们能够真切地了解到普通人的基本生活和职业状况。

二

随着造访水晶时代的旅行者模糊的视野逐渐清晰起来,他发现自己来到了一座巨大的乡间别墅;这里住着一大群男女,从事着耕作土地、简单编织和石头切割等工作。据说,这些巨大的乡间别墅,星罗棋布于世界各地。这些乡间别墅并不是人们的周末度假中心,而是人们的长期居所;事实上,很久以前事情就已经是这样了,因为每处别墅的传统都可以追溯到数千年前。建造大城市或复杂的巨型城市的风俗早已被除去,就像人们会清掉霉菌一样。整个世界都沉稳下来,人类对攫取和挥霍的渴望已经消失。我们的旅行者必须辛勤工作一年,所得收入才够支付留他暂住人家的家族成员为他编织的衣服,这些服装的质地和剪裁都带有经典风格。

我认为,这处宅子便是水晶时代的社会单位:族父(housefather)掌管法律和习俗;旅行者违反族规时,族父就会对他采取隔离这种惩罚措施。家族成员共同劳作、用餐、玩耍,一同欣赏一种被叫作"乐球"的乐器所演奏的音乐。晚上,他们睡在相互独立的小隔间,隔间内有窗户,打开就可以看到夜空。水晶时代里的马匹和犬只的智力,是普通品种的马匹和犬只所不具备的,这里的马儿会自己套耕犁,狗儿则会通知旅行者何时让马儿停止耕作。每个家族不仅有自己的律法和传统,还有自己的文学和成文的族谱,其中便有一张雕塑般的人脸图片,图片中的人物是一位生活在远古时代、饱受苦难的不幸族母,而与旅行者相爱的女孩则与这位族母正好有几分相像。这些宅子、家族及其社会关系,都是为了能够保持不变

第 九 章

而设计的。维持这一体系的力量,有何神秘之处呢?

水晶时代这一乌托邦的秘密与蜂巢的秘密一样,关键都在蜂王身上。水晶时代在每个家庭任命一位女性作为族母,这样便解决了交配困难的问题,族母的首要职责便是传宗接代:每一代人的全部责任都落在她的肩上;作为对她的牺牲的回报,族人会因她的神圣而尊重她;这就好比是传说中那位蒙特祖玛王国被选来代表主神的年轻人;等到一年结束时,被选中代表主神的这位年轻人,就会被掏空内脏,做成献祭的贡品。族母的愿望就是命令,族母的话语就是律法。族母在退休前一年,会通读家族的圣书,掌握那些不能与其他家庭成员分享的知识。是她一直在让生命之火熊熊燃烧。

除开族母,对其他人而言,性别都只不过是身体的一个特征而已。水晶时代的人们"满足于蔬菜之爱"[1]——这肯定不适合我,似乎也并不适合我们这位造访水晶时代的游客,因为他发现,即使爱人违背族规随他而去,他那浓烈的爱也无法得到爱人的回馈。当然,这话说来有些不敬了。族母拥有情欲的解药,解药能够揭除情欲的表象,消解情欲给人带来的巨大苦痛。在极度的绝望中,我们的旅行者前去族母那里寻求建议和安慰,希望能够得到她的帮助;族母只给了他一小瓶药水。他将药水一饮而尽。他相信,这瓶药水能够使他像自己的室友一样摆脱情感纠葛;族母并未欺骗他,因为死亡带走了他的一切痛苦。

家族的社会生活不能因为个人情感的爆发和压力而被破坏。生命的动力之源不再是威胁,因为生命的燃料已被夺走!这样一来,剩下的自然也就只有"冷月寒光下的幸福"(chill moonlight felicity)了。

三

有时我们会将整个文明生活的冒险，看成是一场人类不断被驯化的奥德赛之旅；就此而言，水晶时代便标志着这种冒险的终点。反对者认为，这种乌托邦改变了人性；而现代生物学对此给出的回答则是，没有明显的科学理由证明，为什么人性中的某些要素不值得传承下去，而另一些要素的重要性则不应被削弱或淘汰。因此，实际上，我们并没有明显的理由认为人性是不可改变的，也没有理由拒绝承认人性在之前的时代都被改变过——选择培养好斗人性的社会是在自取灭亡，是在为培养适合生存的人性的社会开路。在以往的时代，人们可能付出了很多努力来教化自己，使自己能适应和谐的社会生活；认为需要按照特定方向来繁衍后代的乌托邦，并非全都是一种疯狂的想象；当然，现在这种情况比以往任何时候都更少见，因为在不诉诸同性恋（就像雅典人那样）的情况下，将浪漫的爱情与肉体形式的繁殖分隔开还是有可能的。

如果说《水晶时代》使我们能够以开放的心态来看待这些可能出现的情况，那它就不只是一个爱情故事；当然，《水晶时代》作为一部爱情小说，其中的某些章节并不亚于《翠谷香魂》[2]。在个体家庭与共同婚姻之间，蜂巢式的乌托邦家庭模式是第三种选择，不过这一点可能还有待进一步研究。

第 九 章

四

在这个世界上有一些地区，我想也许是在南非高原和密西西比河谷，这些地方的人们若是梦到乌托邦，支撑它的必然是无数巨大的钢铁混凝土架构，大量人口自然流动聚集成一个结构复杂的巨型社会，有点像威尔斯先生在《当沉睡者醒来》[3]一书中描述的那样。我想，在这些地方梦想过上一种简单的生活和只生活着少数人，几乎是不可能的，因为对这些地区来说，简单就意味着贫瘠，人少则意味着毁灭。

泰晤士河谷则不同于此：泰晤士河发源于牛津上游的一条小溪，在郁郁葱葱的草地和垂柳间蜿蜒流淌，流经有着悠久的霉味麦芽酒酿造历史的马洛，在温莎大公园和奇尔屯丘陵间穿过，再流经里士满；流到汉默史密斯后，即使没有铁桥供人在两岸之间往返，人们也大可在落潮时涉水而过；流过伦敦以后，河面变得开阔起来，浩浩荡荡地奔向大海。大自然已将这个山谷雕琢成为适宜人类生活的形态：这里的房子与风景相比并不逊色；除了伦敦的大杂院（大自然不应对此负责），这里的居民与环境和谐相处，虽称不上超凡脱俗，却也能给人以天真、愉悦、真挚之感；这种感觉，只有在欣赏精彩的英国狩猎印刷品，或者是阅读《匹克威克外传》时才能体会得到。在这样的氛围下（尤其是在六月末的某一天想起它时），人性自会变得无比善良，没有什么艰难困苦是一扎麦芽酒带不走的。

正是在这泰晤士河谷中，威廉·莫里斯回到自己的家乡汉默史密斯（沿着泰晤士河岸往上走，这是人们在伦敦所能发现的最后一个真正的边缘城区），发现了自己的乌托邦。从这块景色优美、充满活力、摆脱了伦敦那些标志[4]的土地上，威廉·莫里斯唤起了河神之灵，就像苏格拉底和菲德罗[5]在伊利苏斯河边唤起了潘神之灵一样。

受够了19世纪80年代那种沉闷乏味的生活，威廉·莫里斯发现自己被带到了一个新世界，这个世界早已被19世纪许多里程碑式的革命所净化。此时，许多无法修复的废墟都已长满青草。一觉醒来，他的卧室成了客房；首先将他带到这个焕然一新的世界的，是撑船带他去泰晤士河进行晨泳的船夫（理查德）；他从船夫口中得知，自己手中的钱已经变成古玩[6]，可能只有在钱币收藏者那里才有价值。早餐时，他发现周围的人十分友善，他们都称他为"客人"；为宾馆客人服务的三位女子年轻貌美，她们都跟他握手，脸上露出甜美安详的微笑。与生活在这个全新的泰晤士河谷里的其他所有人一样，这些女子身体健康，精力充沛，热爱劳动，心智健全，完全没有19世纪女性因为懒散或劳累过度而患上的恶疾。其他客人中，有一位来自北方的织布工（罗伯特），来轮替船夫的工作，而船夫则朝着牛津的方向北上去帮忙割草，此外还有一位着装花哨招摇[7]、十分健谈的清洁工[8]。

在这焕然一新的英格兰，工作已经变成人们所说的幼稚园里的"忙活"：这里的生活标准已被简化，人们不再受困于非自然刺激下产生的需求，因此谋生的主要工作很容易完成，每个人最关心的是如何在最惬意的状态下完成自己的工作——这种特殊的工作要求，使得许多手工艺得以复活，而手工艺也更加为人重视。在前往泰晤

第 九 章

士河上游旅行时,主人公遇到了一艘由内置引擎驱动的驳船,我们不妨说它是通过电力来驱动的,[9] 由此可见,在某些方面,这里的机械工艺已经得到改进,但是,许多设备还是弃之不用,因为这些设备虽然产量可能更高,但是,它们所催生出的工作和生活方式,却并不像简单的手工劳动方式那样对人有益。在各个地区,简单直接的行动和当地产品的即时供应和交换,已经取代了早期帝国主义世界盛行的那套极为复杂的贸易体系。[10] 工作自由分配,劳动成果自由交换,这就好比如今邀请朋友到自己家里做客时,主人会把自己的产品和服务提供给朋友一样。新社会的很大一部分人力都投入到了建筑工作中;各个村镇都建有议政厅和公共餐厅,建筑设计、雕塑和壁画在这些地方非常盛行。

由此可见,大城市已经从这里消失了。伦敦再次成为村镇的集合体,这些村镇散落在大片林地与草地之间;一到夏天,孩子们就会在这些林地和草地上漫步或露营,体验乡村生活中一些简单的职业。[11] 19 世纪给伦敦留下了许多令伦敦骄傲的历史建筑,如今只有议会大厦被保留下来并被用作了化粪池。这里有商店,里面的商品可以免费索取;这里有公共大厅,人们可以在里面进餐和谈心,就像人们现在在饭店里那样——只不过这些新的招待所美观大方、宽敞豁亮、服务周到。

因为不存在经济压力,泰晤士河两岸的居民似乎都过着悠闲的生活;但是,这种悠闲并不是在乡间宅第里浑浑噩噩度日,全是虚假的兴奋和造作的身体锻炼;高贵的悠闲生活离不开工作,简单来说,人们在这里便是像艺术家一样生活。如果说其他人谈论过劳动的必要性、劳动的尊严和劳动的英雄主义，那么，这些单纯的英国人则已发现了悠闲工作之美——当人们像追求博雅艺术一样追求实际工作技能时，简单而优雅的生活就会随之而来。在这个乌托邦社会里，人们可以自由发挥其自身手工艺天赋，尽情释放发明创造的激情；而且，与托马斯·莫尔在他的乌托邦中所构想的一样，这里的大多数人既不是学者，也不是科学家，所以大家只要能做好自己的日常劳动就会很有成就感。像种庄稼或种草这样本身就会产生有用后果的工作，其乐趣就源于它们能通过友谊和感情，将从事这些工作的劳动者团结在一起；由于工作本身相对轻松，因此大家都争先恐后地去完成。[12]

只需瞧瞧这些人的脸，就能看出生活对他们的影响。这里的女人，若是从她们的脸上去看，要比实际年龄小上 10～15 岁；每个人脸上都洋溢着一种健康和宁静，这种健康和宁静是人们在一个人际关系和谐的地方，以一种积极向上的精神，轻松惬意地做好自己的工作后，才会在他们脸上显现出来的。他们在举手投足之间，都展现着他们的正直坦率、身心健康，既不鬼鬼祟祟，也不有意克制；只要人们在良好的环境中能够得到满足、感到快乐，整个社会都会为之感到满足和快乐。这里自然也有牢骚满腹之人。其中便有一位脾气暴躁、好读古代历史的老头儿，感叹这个时代竞争异常残酷；还有一个人则抱怨乌托邦文学作品平淡乏味，没法与以前那些讲述悲惨遭遇与曲折情感的作品相比。[13]

这个乌托邦中唯一的不幸，源于人类的必然悲剧——人生目标与最终成就之间的差距，以及人的愿望与阻止愿望实现的现状之间

第 九 章

的差距。这里的女子善变无常、性欲强烈，人生的苦恼怎么可能被彻底消除？我们就以故事中的船夫为例来探讨一下吧。那位一直与船夫交往的漂亮女孩另觅新欢，离他而去；女孩对新欢产生厌倦之后，她的叔叔又当着我们这位客人的面，重新把这对恋人撮合了起来，两人再次坠入爱河、情欲之火再次燃起；因为当身体的每一寸肌肤都排斥另一半时，没有任何法律能把两个人绑在一起；在一个成年公民都能得到善待的文明社会里，孩子们自然也能得到他们所需的一切关照。大多数情况下，那些失恋者都会勇敢地直面痛苦，不会对臆想中的不幸痛哭流涕；爱情所导致的不幸，源于人们对忠贞不渝、缄默不语之爱情不切实际的迷恋。这里的人懂得如何排解愁苦，会把压抑在内心的冲动，通过工作和诗词歌赋加以释放。

难道说这是天真纯洁的"阿卡迪亚"[14]时代"又回来了？野蛮残暴和利欲横流的社会永远消失了？根本没有。无论社会秩序如何良好，人在情绪突然爆发之时都有可能做出杀人之举；但与其他社会不同，这里不会采取以暴制暴的方式，而是会让罪犯忏悔自己犯下的罪孽。习惯的力量要比法律更强大；在我们的社会中靠摩擦和争议而存在的行会，已经陷入困境。出于同样的原因，那种被我们称为政治统治的上台和倒台交替不断的错综复杂的游戏也已消失，因为这个新社会唯一感兴趣的是要不要开垦新土地、要不要在河上架设桥梁、要不要新建市政大厅这类问题；而对这些事务，当地社会都有自行决断权，所以也就不再需要那些虚假的政治对抗。

五

  理智、健康、善意和宽容——当一个人在星期天的早上，泛舟于泰晤士河上游的里士满，看到河上到处都是船只，载着满心欢喜、外出野餐或漫步的游人；此情此景很容易让人以为出现了一种新的社会秩序，将上述美好生活带到了人间。然而，在现实生活中，这种美好生活是不可能出现的，因为英格兰有500万人口，其中约有50万人都生活在泰晤士河流域。如若不然，整个乡村地区都会再次披上绿装；各种建筑会像地上的花儿一样点缀在风景中；快乐假期中的善意和自发合作也将会延长到工作日。只有当伦敦的大量人口从泰晤士河流域迁出，当那些伦敦独有的所有廉价玩意儿都灰飞烟灭之际，我们才能明白该如何思考和行动，该如何去利用时间，该用什么样的事情去占据我们的大脑和双手。这些都是我们应该知道的，因为威廉·莫里斯已经在书中告诉我们了；这些也都是我们应该做的，因为我们内心深知，只有这样做，我们才能得到真正的满足。

六

  依照时间顺序，接下来要讨论的乌托邦，可以说是最后一个重要的乌托邦；说来奇怪，最后要讲的这个乌托邦，却是代表着所有乌托邦的精华，因为这本书的作者非常熟悉之前那些重要的乌托邦作品，而且他是秉承自由和批判的态度在进行写作。事实上，威尔

第九章

斯先生不止一次游览过想象中的联邦:《时间机器》是他的第一部作品,《获得自由的世界》则是他的新作。《时间机器》中那些生动逼真的幻想,与《获得自由的世界》中对当下现实的准确描写,都被融入了《现代乌托邦》;总之,这完全算得上是一部精美易懂而富有想象力的作品。

威尔斯先生在将读者引入他的乌托邦时进行的情景设定,与我们的现代乌托邦惯用的沉船遇险和梦游奇境都有所不同。他脑海中呈现的是一个现代人,身体壮实,五官突出,端坐桌前,沉思着人类未来的一切可能;这个形象逐渐鲜活起来,开始阐释作者的思想;威尔斯先生在叙事时,更像是一位正在授课的老师,不时将自己对新世界的构想抛给听众。他的乌托邦建立在假设的基础上;也就是说,除了想象之外,他并没有给自己的乌托邦找寻任何借口或托词;这一乌托邦社会最初是在阿尔卑斯山的一个隘口处被人发现的。陪着他一起不断揭示这一乌托邦真实面貌的,是一位多愁善感的植物学家,这位植物学家对爱情感到厌倦,对狗则有些伤感。在探索乌托邦的过程中,这位植物学家不时地穿插一些让叙述变得更加复杂的琐碎杂事,他的爱人啊,或者是他的小狗啊(这些是他在这个世界上所拥有的全部),因而故事的叙述也就不断被打乱。

这个"现代乌托邦"究竟在哪里?具体又是什么样子的呢?根据威尔斯先生的假想,这是一个与我们所在的地球完全相同的星球,它有着同样的海洋和大陆,同样的河流和山川,同样的动物和植物;是的,甚至还有同样的人类,如此一来,我们每个人在这个乌托邦中,也就都能找到与我们对应的角色。说来也巧,这个新地球位于天狼星之外；它的大部分历史也与我们的地球相似；不同之处则在于，在不远的过去，这颗星球有了一个关键的好转；因此，尽管机械发明和科学等各种事物与我们的水平完全相同，但其规模和秩序却与我们有天壤之别。

事物的规模和秩序确实不同。这个乌托邦是一个世界共同体，是一个统一的文明，其铁路网、邮政网络、鉴证科、法律法规和社会秩序，都与英格兰和瑞士如出一辙，可能与亚非欧各国内部的情况也都一样。无论从哪方面来看，它都是一个极具现代气息的乌托邦。机器在这里发挥着重要作用，这里没有仆人服务，我们的客人从入住客栈起就受到热情款待；他们发现室内装修已经接近现代午餐厅和地铁站的风格，因此客人在使用之后可以自行整理房间。在工业、建筑和生活方式上，也完全不同于过去。所有机器可以提供的东西都已被接受，并且变得非常人性化；在这个世界共同体里，没有肮脏和混乱，一切都是那么井然有序，这说明乌托邦是无法以逃避现实的方式来实现的。

这种有序社会的代价，并不像贝拉米在《回顾》中愿意付出的那么沉重。这里的土地和自然资源归全社会所有，由地方政府监管；交通和出行工具则由一个公共行政机构掌管。这里既有全国性的大型企业，例如铁路公司，其线路如同星罗棋布一般；也有地区性企业，此外还有很多仍然由私人和小公司承担的小业务。正如赫茨尔在《自由国》里所建议的那样，这里的农场均由佃农合作社经营。也许这个乌托邦最显著的特征，就是每个人的注册信息，其中包括名字、序号、指纹、居住地变更信息和生活变更信息，等等；

第 九 章

这些信息都归档在一个庞大的中央档案室里，信息的主人去世后，它们便成为这里的永久档案。乌托邦的注册制度使我们的旅客陷入了困境，因为他们自然会被误认作是这个乌托邦世界里自己身体的副本；但是，除了它在故事中的用途之外，这种副本模式似乎有些古怪，略显多余；在我看来，这是源于威尔斯先生爱好整洁的性情，就像一家经营妥当的商店，标签一定会贴得规规矩矩；威尔斯先生将他自己对整洁的偏好，投射到了他所构想的乌托邦社会所在的整个星球。

现代乌托邦的居民大体可分为四类：动力型（kinetic）、生力型（poietic）、基础型（base）和沉闷型（dull）。动力型的人是社会中的活跃元素和组织元素；社会中的管理者、企业家和杰出的行政管理人员都很活跃；社会上的小官员、旅馆老板、商店店员和农民这类人则不活跃。生力型的人是社会中的创造性元素，我们也许可以称之为"知识分子"。总的来说，这与社会学家孔德的构想相一致：知识分子被孔德划分成领袖、民众、理性者和感性者四个群体；也许和莫尔对阶级的构想也有相似之处：飞拉哈、民众、神职人员和学者。这种阶级分类历史可谓源远流长。在古老的印度教经典《薄伽梵歌》中，人被分为婆罗门、刹帝利、吠舍和首陀罗四个等级，他们的职责"由他们各自的本性所造就的模式决定"。剩下的基础型阶级和沉闷型阶级对应的就是首陀罗；他们当然是社会的渣滓；罪犯和酒鬼这类人是这一阶层中的活跃分子，他们被驱逐到大西洋的各个岛屿；他们在被驱逐地组建起自己的社会，在那里尽情地行骗、欺诈和施展暴力。

与柏拉图一样，威尔斯先生所关心的是：如何为那些大公无私、智慧过人、能够维持国家正常运转的人，提供教育、纪律和生计；因为要维持国家正常运转，单靠普通的政治家或行业领袖是不行的，所以便出现了武士阶级。这些武士都是从 25 岁以上的年轻人中，经过严格的心理和身体测试而挑选出来的；在此之前，他们可能愚昧无知，居无定所，也可能只是在播种燕麦。这些武士拥有极高的智力成就。他们过着简单的生活，受到严格的道德纪律约束，在着装和行为方面对他们都有极为详细的要求。他们不能和本阶级之外的人通婚。每年他们都会被送到森林、深山或人迹罕至之处，（连续待上七天）修炼自己；他们去的时候，"既不带书本，也不配武器，既没有纸笔，也不带金钱"，他们"不同人类交往，主要是摆脱日常生活琐事、纷争和所爱的事物，在旷野中进行自我反省，思索广阔的外界空间和永恒的事物，探求上帝的真谛"；等到归来之时，他们的体魄更加强健、优雅，意志也更加坚定。倘若耶稣会士能在基督教世界建立一个独裁的基督教政权，武士组织可能已在 16 世纪的欧洲宗教改革中得到了进化。我这里并非是在贬低耶稣会士和武士，而只是为了说明《现代乌托邦》中这些"治国者"是颇受争议的历史人物。在这个乌托邦国度，所有重要的经济企业、政治事业，以及律师和医生这类重要职业，都掌握在武士手中。武士对于现代乌托邦这一社会组织的重要性，不亚于各工厂租用的实验室对各工厂所具有的重要意义。

第九章

七

　　人们对这个乌托邦的印象是流光溢彩、活力四射；这里有规模适中的城市，城市周围有大片的郊区，这些城市不是用纸和雪花石膏建成的。暮光之下，情侣们手挽手从街上穿过；女子端庄而温柔，着装靓丽而不艳俗，这正是她们的魅力所在。电气列车静静地行驶在欧洲大陆的铁轨上，穿过英吉利海峡的海底隧道后，出现在伦敦街头，全然没有我们这个时代铁路旅行中那种喧嚣、颠簸和脏污。这里有耕作良好的土地和充足的馆舍。《回顾》中那种让人生疑的爱国主义，在这里根本就不存在；《乌有乡消息》中人们所担心的逃避责任等现象，这里也是没有的。我们的旅客在等着接受身份查验的这段时间，住在卢塞恩一个四方形宅子里，还在玩具厂找到了工作。《基督城》里存在的宗教教条，在《现代乌托邦》中已经少了很多；《乌托邦》中所充斥的唯心主义，在这里更是了无踪影。

　　《现代乌托邦》将此前乌托邦社会的重要观点都集合在一起，然后对其进行了对比和批判。这一切都以一种巧妙而幽默的方式呈现出来，极佳地彰显出了威尔斯先生的功力。最重要的是，《现代乌托邦》叩响了新的时代音符，它是对现实的揭露，是对我们徒劳地想要逃离的日常生活的揭露。在所有其他的乌托邦作品中，或多或少都会认为人类已经发生了变化：人口减少，瞎子、瘸子和聋子都已痊愈，吝啬粗鄙之人不但已经改邪归正，还准备好了去扑腾着翅膀高唱哈利路亚！类似这样的幻想在《现代乌托邦》里可谓少之又少。最重要的是，这是一部叙事和批判小说，所以这也是本书余下部分一个合适的前奏。

注释:

[1] 原文中的 vegetable love 直译就是"蔬菜之爱",这一乌托邦的社会结构告诉我们,只有蜂王一般的族母才有权交配并繁衍后代,因此"蔬菜之爱"有"非情欲之爱"的意思。

[2] 该书英文全名为 Green Mansions: A Romance of the Tropical Forest,是威廉·赫德逊 1904 年发表的爱情小说,中译名为《绿厦》(东方出版社 2008 年版)。

[3] 威尔斯早期的科幻小说《当沉睡者醒来》(1899),在这部小说中,未来科学的进步被一小群暴君所阻碍,他们把穷人强迫拉入"劳动公司"。小说讲述的是一个沉睡了两百三十年的人,穿越到伦敦后彻底苏醒,由于他银行账户的复利使他成为世界上最富有的人。主人公醒来后看到他的梦想成真,未来向他揭示了许多让人恐惧的景象。

[4] "从昨夜起,一切改变得多么厉害呀!那肥皂厂和它的吐着浓烟的烟囱不见了;机械厂不见了;制铅工厂不见了;西风也不再由桑奈克罗弗特造船厂那边传来铁打锤击的声响了。"(《乌有乡消息》,黄嘉德、包玉珂译,商务印书馆 1981 年版,第 9 页)

[5] 菲德罗(Phaedrus),又译菲德拉斯,他是苏格拉底的朋友;柏拉图曾以他为名写有《菲德罗篇》(论爱的本性和哲学修辞学的可能性),另外他在柏拉图的《会饮篇》中也曾出现过。

[6] "你的硬币……你可以把它们赠送给一所收藏古物不很丰富的博物馆。我们的博物馆收藏这种硬币已经够多了,此外还收藏着相当数量的更古老的硬币。"(《乌有乡消息》中译本第 12 页)

[7] "他的上衣绣得极其精美,而且丰富多彩,因此在阳光从他身上反射出来的情况下,他好像穿着黄金色的盔甲似的。"(《乌有乡消息》中译本第 24 页)

[8] 博芬(Boffin),其出处源自狄更斯的《我们共同的朋友》,在小说中他曾做过清道夫的监工,后因获得意外遗产而致富。

[9] "大多数的船只都和我们一样是人划的,或者是……张帆航行的。可是我们偶尔也遇到一些驳船,满载着干草或其他农产品……在驳船行驶时,我没有

第 九 章

看见它们使用什么推进的工具——只看见一个人在掌舵，常常有一两个朋友在旁边和他谈笑。"(《乌有乡消息》中译本第 202 页)

[10] "劳动的报酬就是生活。……一切劳动现在都是快乐的。这可能是因为……或者是因为劳动已经变成一种愉快的习惯……或者是因为在劳动中可以得到一种肉体上的快感，这就是说，这种工作是由艺术家来完成的。我们的工作多数属于这一类。……什么是革命的目的？当然是使人们获得幸福。……如果你不能使人们获得幸福，又怎么能制止反革命的发生呢？……我们没有人为的强迫命令，每一个人都有发展他的才能的自由，同时我们也知道我们真正需要生产的是哪些东西。……从我们所听到和看到的一切材料看来，在文明社会的最后阶段，人们显然已经陷入商品生产的恶性循环之中。他们在生产技术方面已经达到了极高的水平，为了尽量利用这种技术，他们逐渐创造了（或者应该说是听任其生长起来）一种非常复杂的商品贸易体系，叫作世界市场。这个世界市场一旦发生作用以后，就迫使他们去继续生产更多的商品，不管他们是否需要。因此他们一方面当然不能免除生产真正必需品的劳动；另一方面，又不断地创造了许多虚假的或者人为的必需品，在世界市场的严酷统治下，这些虚假的或者人为的必需品对于人们来说，变得和维持生活的真正必需品同样重要。人们就这样把大量的工作压在自己的身上，为的是使他们那祸害无穷的体系继续维持下去。……当时有一句流行的笑话，那就是，商品是做出来卖的，而不是做出来用的。"(《乌有乡消息》中译本第 118—121 页)

[11] "在树林中我们遇到许多人群，或来或往，或在树林边缘漫游。在这些人群中有许多儿童，年龄从六岁、八岁，到十六、十七岁不等。……他们显然是在尽情享受着生活的乐趣，有的在那些搭在草地上的小帐篷附近荡来荡去；有些帐篷旁边生着火堆，火堆上悬着锅子。""这些儿童来自乡间各地。他们常常成群结队，在夏天到树林里来玩几个星期，像你看见的那样，就生活在帐篷里。我们总是鼓励他们这么做；他们学会独立工作，认识野生动物；你知道，他们越少待在家里死用功越好。"(《乌有乡消息》中译本第 34—35 页)

[12] "艺术已经成为每一个生产者的劳动的必然组成部分。……我现在所谈到的这

种艺术，或者应该称为工作的乐趣，看来几乎是从人们的本能中自发地产生出来的。这种本能就是希望把自己手里正在做的工作尽量做好，希望能够做出优良的产品。人们这样工作了一个时期之后，心中似乎就产生了一种对于美的渴望，他们开始把自己所制造的物品加以粗糙而拙劣的装饰；他们一旦开始了这方面的活动，艺术便开始发展起来了。我们最近的祖先默然忍受的那种污浊的环境已经消灭了，同时在我们的社会中，悠闲而不乏味的乡间生活越来越受人欢迎：这两种情况对于艺术的发展大有帮助。这样，我们终于慢慢地使我们的工作有了乐趣；然后，我们意识到这种乐趣，加以培养，而且尽量享受这种乐趣；我们克服了一切困难，我们获得了幸福。但愿我们能永远像现在这样！"（《乌有乡消息》中译本第 165—166 页）

[13] "我读过不少过去时代所出版的书，那些书的确比现在的作品有生气得多。……这些书有一种冒险精神，显示出一种由罪恶中吸取善良的力量，这些东西在我们今天的文献中完全找不到。我免不了有这么一种感觉，就是我们的道德家和历史家过分夸大了过去时代的不幸，要知道这些富于想象力和智力的佳作就是过去时代产生出来的啊。"（《乌有乡消息》中译本第 185—186 页）

[14] 在古希腊神话传说中，阿卡迪亚（Arcadian）是世界的中心，在欧洲文艺复兴时期，阿卡迪亚更是纯洁、和谐的代名词。

第十章

本章讨论庄园和焦煤镇是如何成为现代乌托邦的，以及它们又是如何以其自身形象塑造世界的。

第 十 章

一

至此我们已经详细地梳理了所有与乌托邦（理想联邦）有关的文学作品，为乌托邦愿景和乌托邦方法列举了翔实的例子，但是，为了使我们的记录更加完整，我们还需要考虑另外一类乌托邦。

迄今我们讨论过的所有乌托邦作品，都是我一个人挑选出来的；而且与其他形式的文学作品一样，这些作品都是在特定的时期和思想传统下产生的，所以高估这些作品的重要性，认为它们反映了现存秩序，或者是映射了新秩序，将是危险的。尽管上一个时代的乌托邦幻想一次又一次地在下一个时代变成现实，正如阿瑟·奥肖内西[1]在他著名的诗歌中叹息的那样，但在我看来，两个时代之间的确切联系只能是一种猜测，我们很难对此进行确切的追溯。想要证明现代社会的孕育者曾师从托马斯·莫尔，未免有些愚蠢。

迄今那些极大地影响了社会实际生活的乌托邦，都只是零散地存在于描述人类幻想的上百部作品之中，从来没有一本书对乌托邦进行过完整的描绘。为了将马上要探讨的这些乌托邦与以往那些我们所熟知的乌托邦加以区分，我们或许应该称其为集体乌托邦（collective utopia）或社会神话（social myth）。法国有很多讲述这类神话的作品，其中最有名的一部就是乔治·索雷尔[2]的《论暴力》；事实上，至于乌托邦在哪里停止、社会神话又是从哪里开始，有时真的很难讲清楚。

人类社会神话的历史主要仍然有待书写。亨利·泰勒[3]曾在《中世纪的思维：思想情感发展史》一书中尝试记录某一时期的社会神话，但这本书只是开了个头，对其他时期几乎都未曾涉及。我们这里所关注的神话类型，并不是索雷尔分析过的那种纯粹的行动神话；我们偏好的神话，可以说都是现存事物秩序的理想化内容，是在思想中有意识地形成、并有意使这种秩序得以保存和完善的神话。这类社会神话与经典的乌托邦非常接近，所以我们同样可以将其分为逃避现实式神话和重建现实式神话。因此，恰如美国革命时期的作家们所阐述的那样，政治自由的神话往往是那些躁动不安的良知的绝佳避难所，尤其是在司法部或移民局对煽动政治的人进行苛刻的刁难之时。

不幸的是，人们早就习惯性地认为，我们的偶像特别美好和崇高，体现了人性较好的一面。事实上，在宗教、政治和经济社会影响下形成的神话，我们不能对它们进行简单的非好即坏的二元划分，因为神话的好坏取决于它们能否帮助人们创造性地对其所处环境做出反应，能否改善人们的日常生活。我们有理由承认，对这些偶像的信仰，本身并不是一种值得赞扬的态度。因为就连十分卑劣和愚蠢之人，也常会受到理想的支配；而事实上，在很多情况下，恰恰是他们的理想导致他们的卑劣和愚蠢。诉诸偶像崇拜这一习惯，绝对不是理性思考的明证。人们对"想法"（当然，这里指的是文字形式的想法）的反应，与人们对光或热的反应并无二样，毕竟大家都是普通人而非哲学家。他们对未来预言和偶像的反应也同样如此，因为他们毕竟不是圣人。我们的神话可能是理性思考和实践的结果，也可能不是；但是，对这些神话的反应则十有八九都不是自始至终遵循理性思考的结果。

第 十 章

我们必须将我们的偶像看作一种扩散的环境或氛围,这种环境或氛围的"化学含量"各有不同,对每个人的影响程度也有所不同。一些偶像在特定时期完全占据了人们的思想,直接成为环境的一部分,好比婴儿出生时房间里的家具一般。涂尔干之后的社会学家,把这类幻想中的一部分称为"集体表征"[4];我认为,他们将这些"表征"的集体限定为野蛮或无知群体的做法是错误的,因为这种"表征"是文明社会中的每个人,在人生旅途上背负的重要行李。与我先前提过的《人类的故事》和这本《乌托邦的故事》一样,写一本《人类神话的故事》一定会很有趣。当然,要写出这样一部作品,需要有莱布尼茨[5]一般的学识与勤奋;这里我想做的是,将在现代西欧和美国历史上起过重要作用的主要社会神话汇集起来,将它们同过去的乌托邦和如今的一些救世举措进行对比,进而阐明这一切与我们可能即将开启的新旅程之间的关系。

在选择庄园、焦煤镇和超级都市这三种理想之地时,我对它们的优势与生活品质的衡量,很大程度上都是基于它们在现实世界中的真实表现;这些理想之地与各种各样的新旧社会场所交相混杂,要将它们从中分离出来并非易事。然而,现实总是会有缺陷,这些偶像虽说不像理想国那样可信,但只要意识到我们没有脱离乌托邦的领地、我们仍然可以行使乌托邦世界的特权,就会对我们有所帮助。

二

  为了充分理解庄园乌托邦，我们必须先回顾一下几个世纪前的历史。

  凡是游览过在 14 世纪之前建造的欧洲城堡的人，都会意识到：住在这些城堡中，并不比生活在一艘现代战舰上更舒适。城堡实质上是士兵的驻地，而士兵的主要职责则是抢夺、施暴和杀戮；士兵居住环境的每一个特点，都是为了顺应他们的生活而存在的。这些城堡往往都是建在悬崖峭壁之上，城墙和扶壁由巨大而粗糙的石块切割后堆砌而成；城堡内士兵的生活安排类似于军营，我们现在习以为常的礼节和隐私，可能除了领主及其夫人之外，其他人几乎都享受不到；这些封建军队的生活，必定是艰苦而有限的。

  进入 14 世纪以后，西欧那些建有防御工事的小城镇，以及受到山上军队保护的无防御工事的城镇，是仅有的可与视野更为狭隘的村庄一争高下的社会单位，论雄心之远大，这些城镇完全可与罗马教会所谓的"今生来世"（Here and the Hereafter）相匹敌。在这样的背景下，当时的人们对另一个世界里的超级都市、大规模军队和充裕食物的幻想，都要比莫尔在他的乌托邦中构想的更丰富。

  在 15 世纪的英格兰，以及在欧洲其他地区，同样的事情似乎迟早都会发生，这种依靠农业生产、战事不断和落后商业的生活被打乱了：贵族的封建权力集中在至高无上的君主也就是国王手中；国王和他的地契律典和宫廷幕僚则都躲在都城中安然无恙，不会被战火逼得流离失所。封建领主的土地不再分散，他们的财产越来越

第 十 章

多地聚集在所谓的国界之内,大领主们放弃了粗暴野蛮的生活方式,不再屈居于城堡之中,而是进入都城,过上了文明开化的生活。随着时间的推移,金钱取代了贡品,领主不再收受小麦、鸡蛋和劳役。他们逐渐开始收租,租金以货币单位计算;收取的租金可以转移到新兴的商贸城市,购买来自异国的商品。阿什利[6]的《经济史》一书中有一幅有趣的图片,反映的正是这一变化;约瑟夫·弗莱彻[7]的《约克郡教区纪念册》一书中,更是用许多重要细节刻画了这种古老的生活方式。

与此同时,西欧的物质生活也发生了同样的变化,文化生活亦随之改变。中世纪晚期的人们,在发掘古罗马和其他城市废墟的过程中,发现了大量的文明遗迹;他们在研究那些当时广泛流通的手稿和书籍时,觉得古书中记载的生活方式是那么的奇怪,那种精致、轻松和奢华的物质生活,是中世纪人艰苦的营地和城堡生活所无法允许的。有了这样的感悟,他们于是就对自己当下的生活产生了一种反应,这种反应几乎等同于反感;城堡和营地就是在这样的反感情绪中逐渐失去了它们的魅力。人们不再建造城堡来抵御外在的危险;他们离开城堡,走进寺院,为各自的灵魂寻求来世的庇护。宗教生活和世俗生活均开始转向新的场所,那便是庄园。庄园这一理想的生活场所开始向人们靠拢,并逐渐融入人们的生活;文艺复兴时期在牛津兴建的诸多学院,便是这一变化中最为人熟知的标志;这些学院,在建筑细节上与同时期贵族阶级所建造的宫殿,很难区分开。然而,现在的银行和政府大楼,几乎普遍带有古希腊罗马建筑的印记,这些古希腊罗马建筑则是在中世纪城市郊区被人发现的。

三

只有首先认识了庄园的建筑特征，我们才能理解庄园本身。即使读者住处附近恰巧没有庄园，也仍然可以查阅到大量关于庄园的描写；但是，比起去参观当代的庄园，更好的做法则是回到起点，去看看在第一次文艺复兴运动期间，致力于创造美好生活的拉伯雷[8]，是如何在他的《巨人传》一书里为数不多的严肃段落中，描述这一切精美画面的。

书中的主人公高康大，希望建立一座与中世纪修道院完全不同的新修道院，他称其为德兼美修道院。首先，与其他城堡不同，德兼美修道院位于一个开放的国度；与其他修道院不同，德兼美周围没有围墙。每个成员都配有一套宽敞的公寓，有正房、客厅各一间，大壁橱、衣柜、祈祷室各一个；除此之外，房间里不仅设有多语种藏书的图书馆，还有宽敞华丽的画廊。除了住所，还配有骑士比武场、赛马场、剧院或公共剧场、游泳池各一处。由于修道院位于卢瓦尔河畔，河边还有一座"快乐花园"，园内有六座塔楼围成一个六边形，两个塔楼之间的空地用作网球和其他游戏场地。另外还有栽满果树的果园、圈养鹿群的公园，以及射箭场；所有的厅堂和房舍里都挂满了奢侈的锦缎，所有的甬道和地板上都铺着绿绸——德兼美修道院的陈设堪称完备。

修道院内居民的服饰同样华丽精美。为了方便淑女和绅士们梳洗打扮，"德兼美修道院的树林里有一排房屋排列在一起，足足有半里格那么长；房屋干净整洁，里面住着各类工匠，包括打制金器的、雕刻玉石的、制作珠宝的、针织纺绣的、裁剪缝补的、制作内衣的、做天鹅绒布的、织壁毯的和装潢家饰的……"他们"会从纳斯里特勋爵那里拿到各自所需的原料；勋爵每年会从珍珠岛和食人岛上带回七大船货物，每艘船上都装满了金锭、生丝、珍珠和宝石"。

能被德兼美修道院接收的人，女性必须五官端正，容貌清秀，性格甜美，男性则必须标致俊俏，身形矫健。每个人都可以自愿加入，也可以随时自由离开；人们来到这里并不是为了受清贫、贞洁和顺从的戒，他们可能已经拥有了幸福的婚姻、万贯的家财，活得逍遥自在。

德兼美修道院的自由是彻彻底底的自由；这种自由，就好比是住着庄园、享受着乖巧女主人的服侍一般；因为在这样的条件下，人们可以随心所欲，想什么时候起床就什么时候起床，想吃就吃，想喝就喝，想劳作就去劳作，除此之外，什么都不用做。正如拉伯雷所说，在他们所有的律法规定中，需要遵守的只有一条，那就是："做你喜欢的事"。

四

当我们把注意力从拉伯雷反修道院秩序的自负上转移开，我们发现他给我们绘制了一幅美好的庄园画卷，也展示了优秀的庄园文化（称之为"文化"实为我自作主张）。薄伽丘在《十日谈》的开篇部分，也提供了很多相同的描述[9]；蒲柏在《劫发记》中提到的汉普顿宫[10]，是对完美庄园的一次详尽描写；梅瑞狄斯[11]在《利己主义者》

一书中，对帕特恩庄园有过生动的描写；威尔斯先生在《托诺邦盖》中，对一处乡村房产进行了细致的分析；萧伯纳在《心碎之家》[12]中，同样有对庄园的描写。无论是威廉·马洛克[13]在《新理想国：一个英国庄园里的文化、信仰与哲学》中营造的庄园文化，还是弥漫在契科夫《樱桃园》里加耶夫庄园中的迷茫与徒劳[14]，庄园的形象都是文学中反复出现的主题之一。

也就是说，庄园这一理想之地的复兴，是强力而彻底的。我不知道是否还有其他意象，能够像庄园一样，其标准和实践能对欧洲文明产生如此彻底而巨大的影响。最初作为贵族生活场所的庄园，现今已在向社会的各个阶层渗透；但我认为，工业革命的发展方向正与此有关，虽然我们目前还不能立即看出它们之间的这种联系。当今社会物欲横流、贪得无厌，这都与庄园的消费标准有关。

五

简单说，与柏拉图对美好社会的期许处处相反，也许就是庄园的特征。

庄园关心的并不是整个社会的福祉，它只在乎统治者的幸福。这一有限而不全面的美好生活，建立在政治权力和经济财富的条件之上；为了让这种生活持续存在下去，就必须获得近乎无限的权力和财富。占有和被动享受（passive enjoyment）这一首要原则，正是这个社会的特征。

在庄园里，对财产的占有基于特权，而不是劳动。拥有土地是

第 十 章

庄园存在的经济基础，而在历史上，土地主要是通过暴力和欺诈手段获得的。想要使庄园周围的工匠和劳动者努力工作，就必须阻止他们自己获得土地，因此便有了土地使用权归地主而非劳动者所有的规定。这种对被动所有者（passive ownership）的强调，揭穿了一个事实，即在庄园里，人与环境之间没有积极主动的交流。庄园里保留下来的活动，比如说狩猎，主要是为了模仿游戏活动，这些游戏活动曾经有过重要的用途，或者是为某些重要功能做好了准备；以小孩子为例，他们把玩玩偶，正是为以后做母亲做准备。庄园的理想是一种完全没有功能的存在；即便有，充其量也就是给公职人员履行文明人该有的职责提供一个场所罢了。这种理想在现实世界中是无法实现的，因为它违背了人类的生物遗传本性；因此，在庄园乌托邦中，只能通过游戏和体育竞技来填补理想的空白。

在庄园里，文学和艺术无疑会蓬勃发展；但它们不是作为社会生活中活跃的创造性元素，而是作为鉴赏的对象在蓬勃发展；特别值得注意的是，从柏拉图的观点来看，它们是以侵蚀社会的方式在蓬勃发展。在艺术领域，盛行着饕餮般的思维习性：来者不拒，宁滥勿缺；因而，评判艺术的首要标准，不是分享创造性狂喜的能力，而是"品味"，也就是一种辨别感官刺激的能力，这种能力对待腐烂的奶酪，就像对待生命的支柱一样热情。这种饕餮主义对艺术的影响，存在于庄园每个角落的每一种元素中，这是强调占有而非创造美好事物的必然结果；在某个方面，可以说庄园与强盗的屯赃点或者是猎人的储藏室相差无几：它不过是自然历史和艺术的现代博物馆的缩影罢了，只是把东西随意堆放在一起，毫无创意可言。

我们再来看看庄园的建造风格。如果它是在过去 300 年里在英国建造的，它的风格就会是古希腊罗马风格的结合体，也就是我们所说的文艺复兴时期的建筑风格；如果它是在过去 30 年里在美国建造的，它多半不会像都铎王朝时期的宅邸一样，在外墙上留下城堡防御工事的痕迹。庄园的内墙上会有大量画作，事实上，可能会有整个画廊专为展出它们而设计。然而，这些画作多半都是出自其他时代和其他国家过世已久的画家之手，其中可能会有伦勃朗[15]创作的肖像画、波斯的细密画[16]、葛饰北斋[17]的版画。房屋中有一些非常精美的元素，如壁炉或装饰板，可能是从英国、意大利或法国原来的庄园中一件一件拆下后运来的，尽管这些庄园的许多特征，可能本身就借鉴了中世纪一些修道院的风格。我们现在餐桌上摆放的瓷器，正是来自庄园里的物件，它们是锡器和陶器的替代品；我们现在使用的墙纸，同样是打庄园而来。庄园里的每一样物品都非原生，说到底，所有的一切都是从最初的制造者那里偷来或买来的；即便有些东西不是偷来或买来的，它们基本上也都是一些劣质的仿品。

庄园对艺术品有着强烈的占有欲，这表明庄园极度缺乏艺术创造的能力。艺术并未融进庄园的社会里，而只不过是一种被庄园主用来享乐的工具而已。

切勿将我们正在讨论的事实与理想混为一谈。传统之间的融合与庄园的掠夺有着巨大的差异：爱好古典希腊雕塑的人都知道，不同传统之间的融合是艺术的命脉所在；而近代以来，庄园的本质一如帝国主义的恶习，就是对艺术品进行贪婪的掠夺，这与几千年前古罗马别墅的做法如出一辙。真正的文明会不断借鉴其他文明，像

第 十 章

蜜蜂一样到花丛中采蜜，而不是像养蜂人那样割巢取蜜。文化既可以创造性地借鉴，也可以占有式地掠夺，而庄园则主要拘囿于后者。事实上，庄园的理想正是无止境的占有，这便是为什么这些大宅子的主人名下会有五六套房子，尽管有一处房子就足够他们居住了。

如今，庄园偶像崇拜（Country House idolum），使得庄园与其所在社会脱离开来。如果研究一下中世纪历史，我们就会发现，阶级和财富的区别，并没有给住在城堡里的领主和仆人在生活上造成很大的差别：虽不能说普通人与领主一样优秀，但领主身上显然也有普通人身上的诸多缺陷，尽管他们习惯夸大骑士精神，却同样显得愚昧无知、目不识丁、粗鄙浅薄。同样，在城市里，行业中最低等的工人也可以和主人共用许多设施：教堂、行业盛会和道德剧，这些都是相同文化的重要组成部分。

这一切都被庄园改变了。文化不再意味着要参与到自己所在社会的创造性活动中，而是从其他社会中获取文化产物；至于是精神领域还是物质领域的获取，这并不重要。当然，这种分裂在中世纪文学中就已经开始：当时既有粗俗的拉伯雷式民间故事，也有精美的宫廷传奇；只不过，与庄园偶像崇拜的结合，使得这种分裂在各种社会活动中都变得更加突出。分裂的结果之一就是，曾为大众所共享的场所，被剥夺了与整个文化世界的联系并逐渐消失；有的则像英国的公学一样，演变成为仅供上层社会独享的场所。比这更重要的可能是下面这一事实：每个独立的庄园都要被迫为其有限的圈子，提供能够满足整个社会美好生活所必需的全部元素，就像柏拉图所描述的那样。下面我们就来处理庄园带来的这种影响。

六

我们必须承认，庄园乌托邦的存在还是有其合理性的。享受是成就感中一个不可或缺的要素。庄园注重体面优雅的生活、享受轻松惬意的言谈举止和思想的碰撞、品味美好的事物，这一切无疑都让庄园产生了一种人性化的影响。庄园让人们认识到了沉思的作用，并对艺术本身产生了浓厚的兴趣，抛开了艺术的其他实用功能。庄园还主张，我们所有务实的功利性活动，必须通过值得拥有或者本身值得去做的事情来实现，就这一点而言，庄园是正确的，而且是完全正确的。当苏俄官方将一些庄园开放，用作农民和工人的休息室，并坚持认为庄园的空地应该改作马厩、粪堆和田地时，这些绝对不是在装样子。拉斯金和塞缪尔·巴特勒[18]坚信，完美的绅士比完美的农民或工匠更能让人接受，这是因为从本质上讲绅士更有生气。他们的这一观点或许是正确的。庄园非常强调对艺术的欣赏，但这并不意味着它就可以满足需要；因为它使人们注意到，虽然人们在自己所在地区见到的标准已经够高，但是，世界上还存在更多永恒的标准，这些标准在古希腊和中国的艺术中极为常见。总之，庄园强调了人性最佳的一面，这种最佳由许多部分完美组合而成；所以在古老的地区性文明中，所有的粗糙与不足之处都会被揭露和受到批评。庄园所有这些优点，我都承认；这些优点，过去如此，现在也依然未变。

庄园文化的致命弱点，更清楚地表明了这一点。庄园并不认为享受必须建立在成就之上，也不认为享受与成就密不可分。庄园试

第 十 章

图将成就与享受割裂开来，此举造成的结果便是，工匠失去了欣赏艺术的能力，自然也就不再有创造艺术的本领。与世隔绝的终日享乐同样使人堕落；庄园的主人只需打个响指就能随心所欲地享受艺术，但要培养艺术鉴赏能力，就必须将艺术的创新性置于其内在价值之上。因此，庄园的装饰风格经历了连续的变换，成为被嘲讽的对象：先是流行中国风，然后是印度风，跟着是波斯风、埃及风和中非风，天知道接下来流行的又会是什么风。没有一种风格能最终被确定下来，因为确定艺术风格并不是一项任务，也不是什么需要解决的问题：一旦厌倦了某一风格，直接换种风格就是了。

庄园究竟在何种程度上降低了我们的品位，我们不得而知，但它无疑是堕落的源头。随意变换风格（stylicism）是庄园文化的产物，这扭曲了艺术，阻碍了和谐的当代艺术风格的发展。至今我仍清楚地记得，奇尔屯山一位家具制造商在向我讲述他们制作原创谢拉顿风格家具的方法时那种轻蔑的态度；他对优质家具设计的认识，不过是在重复其他人对"风格"的认识罢了；这位工匠与生俱来的技艺消失了，因此他对风格十分刻薄，就像他熟读过凡勃伦的《有闲阶级论》[19]一般。所有的艺术形式皆是如此。只要参观一下纽约大都会博物馆的工业展馆，就会发现它对新奇事物有着强烈的兴趣，这使得谢拉顿和齐本德尔[20]在一个时代找到了"经典的主题"，并使得如今的设计师们去追寻谢拉顿和齐本德尔的这些主题。关于享受与成就被割裂之后艺术所受到的影响，我们就讨论到这里。

七

秉持文艺复兴理念的工业，具有重要的意义。

在中世纪，工业的重点在于生产有形商品，行会在设计和工艺上也制定了极高的标准。在大多数行业中，工人工作只为谋生，而不是为了赚足够多的钱，然后摆脱工作的束缚。毋庸多言，这是一种以偏概全的说法，因为有大量证据表明，大多数人的工作目的都是为了钱；但我们可以公平地说，旧工业秩序的主导理念是工业的，而不是商业的。在那些热衷于航海和商贸等人士的推动下，庄园中从事贸易的企业需要用"船舶从珍珠岛和食人岛上将物品运回"，这就反映出庄园的重心从工艺环节转向了销售环节；通过劳作和投机方式来获取各式商品的观念取代了此前的观念，亚当斯在《圣米歇尔山和沙特尔》[21] 一书中，曾满怀同情地对此前的观念进行过描绘。因此，正如我在其他地方所说的那样，美好生活（Good Life）就是商品生活（Goods Life）：美好生活是可以购买的。如果整个社会不再提供支撑这种生活的条件，人们便可能会从综合商店窃取他们想要的东西，并试图为自己或家人垄断整个社会中那些能实现美好生活的所有物资。

这一理想所造成的主要经济后果是什么呢？我认为，主要经济后果便是夸大了对商品的需求，并让消费物品的生产环节出现了极大的浪费。如果人们占有物品的多寡只受自身财富多少限制；如果幸福需要通过安逸奢靡的生活来获得，如果一个人拥有一套房子便被视为幸运，拥有五套房子的人被认为享有五倍的幸运；如果除了

第 十 章

庄园那永远达不到的标准外,再无其他生活标准——那么,占有和挥霍便真的不受限制,我们的生活则会变得拙劣不堪,毫无趣味可言。正如拉伯雷所想,我们的庄园不仅仅是一所房子,还会有一座教堂、一个艺术画廊、一家剧院、一座体育馆。随着社会公共财产不断减少,个人私有财产不断增加;最后,任何其他社会都将不复存在,只剩下大量的无政府主义者,他们中的每个人都在尽最大努力为自己建造一座庄园;尽管事实上,他们努力的最好结果也不过是在费城郊区某个不知名的地方有六个简陋的房间——这纯粹就是一个悲剧,也是我最后要说的反对它的话。

在由中世纪秩序向现代秩序转化的过程中,庄园是主要的模式。无论庄园是长岛上的一处地产,蒙特克莱尔的一间小屋,还是戈尔德斯格林的一座房子,或是德文郡的一处家庭庄园,这些都无关紧要;表面上看,它们在规模上存在极大差异,但就本质而言却是差异不大。尽管超级都市严重挤压了人们的住所空间,但是,庄园偶像仍然会盛行。现在,庄园比以往任何时候都更想用丰富的商品,来努力弥补因为与下层社会分开所失去的一切;同样,它也比以往任何时候都想要在郊区范围内实现自给自足。汽车、留声机和无线电话的唯一作用,便是加强了庄园自给自足的能力;至于这些工具是如何助长了庄园的占有欲和被动的、缺少创造性的、机械式的享乐之风,这里就无须赘述了。

庄园对有形商品的强烈需求,导致另一个社会场所的诞生,那就是焦煤镇;焦煤镇这一偶像崇拜,既使庄园在工业时代得到进一步发展,也是我们接下来要考虑的话题。

八

19世纪的个人主义乌托邦，与以焦煤镇为代表的"集体乌托邦"之间的主要区别，就在于曼彻斯特、纽瓦克、匹兹堡和巴冕城－艾伯费尔德等工业城市缺乏理想，而个人主义乌托邦关心的则是如何弥补这些城市的缺陷。为了弥补这些缺陷，贝拉米和赫茨尔准备改变持有财产和土地的传统方式，以及资本的积累模式。然而，最终结果还是一样；两者之间的区别，只是表面不同，实质并无差异。

如果说德兼美修道院是庄园的代表，那么，焦煤镇便是狄更斯在《艰难时世》中展现的工业主义画面的清晰再现。

正如狄更斯所见，焦煤镇是工业时代的精髓。它也许是现代世界中为数不多的偶像之一，在我们已知的任何早期文明中都不存在。要了解焦煤镇给世界带来的改变，我们必须首先认识到，在焦煤镇形成之前，欧洲每个重要城市的中心都有一个市场，这个市场被大教堂、市场法院和市政厅所遮蔽；往往附近还会有一所大学。欧洲城市市中心的格局大都如此。城市的各个部分都从属于这些中心机构，在城市内进行的工作或多或少都能在当地社区得到体现。

另一方面，焦煤镇则是其他社会条件和需求的产物。焦煤镇的生产活动中心是磨坊，这些磨坊起先设在靠近瀑布的开阔地带；燃煤蒸汽机出现后，磨坊转移到了煤矿附近。工厂成为新的社会统一体（social unity）；事实上，工厂成了唯一的社会单位；而且就像狄更斯尖锐地指出的："监狱看起来像市政厅，市政厅看起来像医务室"——而所有这些看起来都像工厂，曾经的红色或黄色砖块如今早

第 十 章

已变成黑色,呈现出一派破败不堪的景象。工厂的唯一目标就是生产用于出售的商品,其他任何机构,只有在不会严重干扰生产的情况下,才会在焦煤镇得到支持。

焦煤镇都有哪些外在特征呢?首先,这座城市是由工程师规划设计出来的,他们只在乎数据的准确性,完全不考虑设施的便利性。如果焦煤镇选中的地方有山丘,山丘就要被夷为平地;如果有沼泽,沼泽就会被填平;如果有湖泊,湖水也要被抽干排尽。焦煤镇的活动所适应的模式是铁栅格状;在制订这一计划时,容不得半点偏差和折中,从来不会为了保护一片树林,或者是开辟一片风景而绕道,哪怕是避开头发丝宽的距离也不行。在交通方面,焦煤镇的目标是"到达某处"[22];尽管每个古老的城市都已证明,呈放射状的互联互通体系远比网状的交通系统要经济实惠,焦煤镇仍在幻想铺设直线道路并使其连成矩形,以期实现"到达某处"的目标。这样设计的结果便是,焦煤镇的任何一条道路都没有终点,它们在绘图板上开始,在无尽中结束。想要从正面接近焦煤镇所鼓吹的监狱、医院和疗养院是不可能的,往往需要从侧面迂回而入。这座工业城市的外在布局只有这么多,其余的都笼罩在焦煤镇的烟雾之中。

工厂是焦煤镇社会生活的中心,大多数人的一生都是在这里度过。也就是说,在19世纪上半叶以及迄今为止出现的很多中心里,工厂是唯一一家提供类似社交生活的机构,尽管事实上,永无休止的日常劳作将社交礼仪降至最低限度,致使醉酒和性事成为人们仅有的可以获得的乐趣,只有这时工人们才能从他们有着崇高职责的工作中解脱出来,而这一有着崇高职责的工作,就是向全世界提供各类必需品、舒适品、奢侈品，以及没有价值的物品。

在过去的 20 年间，在"花园城市运动"（garden cities movement）的影响下，对焦煤镇的偶像崇拜有所瓦解；我知道，对于这一事业的失败、这一理想的破灭，自己会为之欢庆不已；但是，在巴特西、费城、老式火车站、匹兹堡和波士顿的机械大厅等工人聚居的广大地区，焦煤镇所宣扬的观念依然没有消亡；焦煤镇这一由庄园创造出来的"弗兰肯斯坦"[23]，并没有被它的主人抛弃。

焦煤镇致力于生产物质产品；在焦煤镇，任何不以物质产品生产为目标的事物都是无用的。对于那些习惯了焦煤镇日常工作的人来说，他们唯一能够参与其中的乐趣就是机械成就；也就是说，一切都要围绕工商业活动进行；而这一成就的唯一结果，就是获得更多的成就。因此，焦煤镇以数量作为衡量一切的标准：机器数量有多少台，廉价商品重达多少吨，管道长达多少英里，利润高达多少美元。在这样的社会中，使人自信满满和积极向上的机会是无限的；这些机会十分诱人，能够满足我们某些深层的天性；如果认识不到这一点，我就永远不可能感受到像印刷厂一样的工厂里那种机械式的幸福。然而，不幸的是，这也是焦煤镇仅有的机会；那些以质量为衡量标准的工作，以及学者、艺术家和科学家的工作，要么被故意排挤到社会之外，要么沦为机器的附庸；以艺术家为例，他们被迫为焦煤镇的商品高唱赞歌，为焦煤镇的最高审美成就——靠自己力量成功的人（Self-Made Man）——画像。

原始状态下的焦煤镇并不是一个完整的社会，所以自然就会需要偶像崇拜来弥补不足。首先，焦煤镇的一切活动，无论好坏，都

第 十 章

只是为了满足人性构成中的某些部分；尽管可以通过强制教育方式要求年轻人投身机器工作，告诫他们不要做有碍机器发展的事情的必要性——因为在焦煤镇，工作的主要内容就是伺候机器，这正是巴特勒在《埃瑞璜》中所做的可怕预言——各处的工人仍将凭借如烈火般不可熄灭的本能，打破学校和工厂制造的习惯性禁锢，人口的这一神秘能量，要么流入庄园，要么就是涌入另一文明生活的假象——百老汇大街。

工作日在焦煤镇、双休日在庄园，这是一套切实可行的折中方案；虽然工人阶级的乡间住宅，不过是将城市贫民窟扩展到海边或山中而已。但是，必须承认，从社会秩序更理想的层面来看，庄园是永恒的，而焦煤镇的人口也是永恒的。威尔斯先生在《时间机器》一书中，为读者描绘了焦煤镇的图像，而且在一些细节方面描写得颇为生动——一边是幸福无忧的庄园居民，生活在地面上，享受着快乐周末带来的惬意；另一边则是工厂里的居民莫洛克人，他们生活在地面下，承担着必要的工业职能。当然，威尔斯先生的描述略显夸大；但是，那些朴素而直白的描述却是我们必须承认的，即使狄更斯笔下的庞得贝先生和葛擂梗先生，他们也会赞成这一点的。

在焦煤镇，一切不是为了满足生活必备之需的商品都被称作舒适品，一切不是为了满足生活必须和生活舒适的商品都被称为奢侈品。三个等级的商品对应三类人口：生活必需品对应身份低下的体力劳动者阶级，以及文员、教师和小职员等附属人员；舒适品对应有闲阶级，也就是为数不多的商人、银行家和企业家；奢侈品则对应贵族阶级，他们代代世袭，凌驾于前两个阶级之上。不言而喻，奢侈品中最主要的是艺术、文学，以及人类生活中任何其他永恒的兴趣。

需要注意的是，比起柏拉图在《理想国》中阐述的三个阶层，焦煤镇划分的三个阶级已经有了很大的进步。焦煤镇习惯把工人阶级的收入限制在维持生计的水平，这能有效地保证工人投身生产（只要市场上没有多余的人让他们失业），进而也可确保生产效率和整个行业的安全；而在这些方面，柏拉图就略显迟钝，他并没有为理想国的生产和行业提供安全保障。同样显而易见的是，中产阶级公民不愁吃喝，人身安全有警察保护、财产有保险公司保护、精神幸福有教会保护、对同胞的同情心有慈善组织保护、智力有报纸保护、经济特权有国家保护——中产阶级公民要比柏拉图笔下那些毕生都在努力保持身心优势的卫国者更加幸运和幸福。至于治国者，哪怕是能够诱使普通商人去做事的蝇头小利，柏拉图都明显没有提供：任何一位年收入10万美元的人，都不会轻易就任柏拉图那个贫穷理想国的领导人；而在焦煤镇，这个人会发现，单单是他赚钱的能力，就足以证明他所受的教育、他的洞察力和他在生活方方面面所拥有的智慧。不仅如此，焦煤镇还言出必行，热情地欢迎艺术家，这也是会让柏拉图汗颜的一点：焦煤镇之所以负担得起奢侈品，是因为，当我们正视这个问题时就会发现，一幅罕见画作可能像一张绝版邮票一样值钱；这对焦煤镇的社会环境来说，可谓锦上添花。

实际上，整个焦煤镇仅有一个涉及艺术的问题需要解答：艺术有什么好处？如果答案可以用金钱来表达，那就是：艺术可以像节省人工、节约时间、提高产出的机器设备一样，发挥令人满意的作用。

第 十 章

九

关于焦煤镇这一经济体,还有一个现象需要予以说明:一个意义深远的工具,离了它,焦煤镇的车轮将停止运转,焦煤镇的呼吸也将停滞。

我指的是垃圾堆。

毫无疑问,焦煤镇的生产目标就是增加产量,而且只有通过粗制滥造使产品极易破损,或者是通过极度频繁地更新时尚等方式,才能保证焦煤镇的大部分机器正常运转。只有通过疯狂的消费,才能平衡焦煤镇疯狂的生产热潮——克制消费对焦煤镇来说则是致命的。因此,在焦煤镇,没有什么是已经完成的、永久的或彻底得到解决的:这些特征都是死亡的别称。焦煤镇烧制的瓷器容易破损,制作的衣物容易磨破,建造的房子就是用来拆除的;若是之前某个能够制造经久耐用物品时代的东西存留至今,一准儿会被锁进博物馆供人们作为不思进取的遗物去嘲笑,要么就是被当成废物给扔掉。(焦煤镇偶像的力量是如此强大,以至于现实世界中的建筑,一栋接一栋,都不可挽回地毁在来自焦煤镇的野蛮人之手;我甚至见过 15 世纪那些无辜的半砖木结构屋舍,其前檐竟以进步为名被 19 世纪的泥瓦匠抹上了灰泥。)

焦煤镇每个家庭的地位,可以从这户人家产生的垃圾堆的大小来判断。事实上,在焦煤镇的市场上每"赚一大笔钱"(make a pile),城市边缘最终就会堆起一堆垃圾,而城市的工业区也逐渐延伸到开阔的乡村地区。因此,在焦煤镇,消费不仅仅是一种必需行为，它更是一种社会责任，是保持"文明的车轮不停转动"的一种手段。有时可能还会出现这种情况：由于商品生产速度过快，垃圾的产生速度完全赶不上商品的生产速度，这一乌托邦可能就会挫败它想要达到的目的；虽然这种情况破坏了焦煤镇社会组织在理论上的完善，但它产生的负面影响却会被下面这种变化带来的影响给抵消：市场几乎无穷无尽，焦煤镇极度繁荣，最后连劳动阶级都变成有闲阶级，尽管这些劳动阶级没有受过足够训练，无法在垃圾制造方面做出贡献；这是一个十分重要的阶段，在由此造成的混乱过程中，焦煤镇的劳动阶级开始减少工作时间，享受休闲时光，但在消费方面却没有做出足够的努力。

　　这就是焦煤镇偶像。焦煤镇的某些特征值得我们注意。首先，即使焦煤镇的一切虚伪和愚蠢都烧光燃尽，某些无可辩驳的事实也依然存在：一种只专注于生产物质产品的社会环境，显然不会是美好社会应有的环境，因为生活的目的不仅仅是思考吃什么、穿什么：生活应该是自然、生灵和思想这三者之间的交融；与此相比，焦煤镇不过是大千世界中的一粒尘埃罢了。尽管如此，在钢铁熔炼、道路建设和行使某些工业职能方面，焦煤镇的目标在一定程度上还是有意义的；这一点，我们已经在安德里亚的《基督城》中有了初步了解。我们没有必要忽视工业主义所具有的优点，因为它也不会包含它不具备的优点。

　　在一定程度上，用机械力量替代人力还是有必要的；大规模生产需要机器，劳动分工和行业分工同样需要机器；快速运输、工程师的精确计算和现代工业世界的各种其他需求皆是如此。人们甚至

第 十 章

可能会为效率说好话，反对"多多少少做点事"（doing things rather more or less）这种想法。焦煤镇犯了一个可怕的错误，就是认为所有这些事情本身都是好的。例如，新工厂吸引了更多的人口进入城市；但是，焦煤镇并没有像柏拉图那样意识到，城市作为一个社会单位，一旦超出一定限度，就将不复存在。焦煤镇的座右铭是"更大更好"（bigger and better），虽然这两个形容词之间并没有必然联系，但它却固执地对此视而不见。我们对焦煤镇的是非评判，是基于我们使用了"在一定限度上"这个短语。在一定限度上，工业主义是好的，尤其是在新技术和电力主导下的现代社会；不过，焦煤镇则认为，工业主义的效用不可限量。

那么，"在一定限度上"究竟指的是何种限度呢？答案便是：在由人性化的公民组成的社会中，当培养人性化的生活变得困难乃至不可能时，这个限度就达到了。

亚里士多德曾经说过，人们走到一起是为了生活；人们聚在一起则是为了美好的生活。这种向往美好生活的决心，是我们对焦煤镇唯一的制衡；也许正是因为我们对此太不关心，才使得焦煤镇偶像产生的实际效果具有如此大的破坏力。哲学家乔治·桑塔亚纳指出："新发明和行业组织本该以更少的劳动力生产出更多的生活必需品，以此增加人们的闲暇时光，但结果却是事与愿违：人口剧增，劳动降级，奢侈盛行。"威廉·莫里斯认为，未来人类可能会丢弃许多复杂的机器，因为人们在没有机器的情况下生活会更幸福，工作也会更快乐。尽管大量现代组织和机器是否会被抛弃还是一个有争议的问题，不过，一旦与在纸张上堆积起来并最终以不断增加的垃圾堆的方式得以实现的利润相比，工业主义对身为组织一部分的人们的生活和幸福产生的实际影响更能引起我们的兴趣，那么，在可以预见的未来，消除现代组织和机器还是有可能的。

十

庄园是通过什么方式使焦煤镇为其服务的呢？庄园偶像形成于文艺复兴时期，焦煤镇偶像则形成于19世纪初，它们显然处在两个不同的世界；为了使这两个世界都能在我们的日常生活中得到实现，有必要制造一些纽带将它们联系起来。这一纽带便是社会神话：民族国家的集体乌托邦。

在某种意义上，我们可以把民族国家视为事实，但是，倡导民族国家的伟大哲学家马志尼[24]却认为，民族国家是持续不断的意志之产物，因而，它的存在显然与土地、建筑或城市的存在处于不同层面。事实上，民族国家之所以会被世人接受，正是因为人们在过去三四百年间对这种乌托邦持续不断的设想；因为所有政治历史学家对民族国家的起源、机制和人民等方面所做的详细描述，读起来都与安徒生的《皇帝的新装》颇为相似：皇帝赤身裸体走在大街上，因为两个裁缝欺骗皇帝说，他们给他缝制了一件漂亮的新装。

为了欣赏这件被称为"民族国家"的漂亮衣装，我们不妨暂时掉转我们的目光，先来看看地理学家和人类学家眼中的现实世界。民族主义乌托邦在被拼凑在一起的过程中，无视了下列事实。

第十章

十一

地理学家研究发现，地球由五大板块构成。这五大板块又可划分为若干自然区域，在边界不是那么分明的每个区域环境之内，各自有着复杂的土壤、气候和植被；在这样的环境下，当地居民最初从事的是简单耕作；后来随着贸易和发明的进步，劳作的复杂程度不断增加。在这些自然区域之间，偶尔会有一些边界，比如将"法国"与"西班牙"分隔开来的比利牛斯山脉之类的天然屏障；但是，这些屏障从未阻挡人口在不同区域间的迁徙和流动。如果想要更加准确地了解某些重要地区的区域群体情况，大家可以参阅弗勒尔教授[25]的《西欧人文地理学》一书。

这些自然形成的区域，是人类族群划分的基础；也就是说，是与土壤、气候、植被、动物、工业和历史传统相关的非政治人口群体。我们发现，在每一片人文区域内部，人口并不是由许多原子化的个体简单相加而构成；相反，地理学家在地图上标绘房屋和建筑物时发现，人口与房屋都聚集在或大或小的有限区域内，我们称这些区域为城市、集镇、乡村和小农庄。通常情况下，不同群体之间会进行密切的交流；中世纪时期，当时民族国家这一乌托邦尚未出现，朝圣者、流浪学者、熟练工人和巡游演员，都能在连接欧洲各国的道路上遇到。然而，在民族国家的规定下，就像布赫[26]指出的，人口趋于稳定，流动的只是货物，而不是人口。意识到下面这一点很重要：根据地理学上的发现，至少从新石器时代开始，地方群体之间的贸易交往便一直是西欧文明的一部分，贸易和交流持续发生在不同区域的个人或群体之间；就地理事实而论，跟加来与巴黎之间的贸易交往相比，多佛与加来之间更容易发生贸易交往。

有趣的是，民族国家这一乌托邦，与地理事实之间只存在极其偶然的联系。任何地方，只要是按照治国者的目标行事，地理事实便会被忽略，取而代之的是在意志力的驱使下产生的人为联系。区域社会学家（regional sociologist）所认可的人类社群，与政治家希望兼并的"国家领土"并不总是相重合；当这两者之间出现冲突时，政治家的臆想往往会战胜地理事实，必要时还会诉诸野蛮的武力。

在民族国家这一乌托邦中，没有按照自然因素划分的区域；在城镇、乡村和城市中自然形成的人口族群，同样没有遵循这样的自然区域划分，就像亚里士多德指出的那样，这或许是人与其他动物最本质的区别；然而，这一切的存在前提都是基于下面这样一种假想的信念：国家将其无所不能的权威即所谓"主权"的一小部分交给这些族群，许可他们过上集体生活。对这个一代又一代法学家和政客们妄图打造的美丽神话而言，不幸的是，城市早在国家之前就已存在（早在罗马帝国建立之前，罗马城就已在台伯河边建立起来），国家这种宽宏大量的许可，不过是对既成定局的敷衍塞责罢了。

民族主义乌托邦不承认自然区域和自然族群，而是沿着土地测量员划定的边界线圈起所谓的国家领土，迫使该领土内的所有居民都成为一个单一而不可分割的整体中的一员；与其他族群相比，他们在这一划定区域之内，可以优先使用土地资源，拥有更多的权利。这就是民族主义乌托邦官方认可的唯一社会形态。领土内所有居民的共同之处，被认为要比在特定的市民群体或工业群体中将人们联

第 十 章

系在一起的任何事物，都更为重要。

让我们来看看民族主义乌托邦的世界吧。政客眼中的地图与地理学家眼中的地图形成鲜明对比；如果我们没有习惯这种对比，或是现代社会还没有教会我们将其视为必然，这种对比必然会让我们惊诧不已。我们会发现，许多区域边界并不是按照地块和地理区域的自然群体进行划分，而是划分得相当随意；分隔加拿大与美国、比利时与荷兰的边界，就像环绕英国的天然海岸线一样，经常变化频繁。民族国家的领土面积有大有小，但像英法美这样的庞大帝国，其辽阔疆域并非基于这些帝国之内各个社群之间的利益有任何本质上的同一性；这些国家之所以疆域辽阔，是因为它们强大的政治政府有能力将各个社群统一起来。换言之，民族国家的边界线会继续存在，只要国界之内的居民继续在边界线内进行生产生活，只要他们乐意纳税来支持海关、移民局、边防巡逻和教育系统，只要他们时刻准备在最后关头用生命来阻止其他族群未经许可就跨越这些虚构的界线。

民族主义乌托邦最关心的是对中央政府的拥护，因为政府是领土和特权的守护者。这一政府的主要职责是保持领土完整，并在可能的情况下扩大其边界，增加税收区域。通过强调这些问题的重要性，夸大其他民族主义乌托邦的竞争带来的危险，民族国家在庄园与焦煤镇之间架起了一座桥梁，并使焦煤镇的工人相信，与他们有更多共同之处的是剥削他们的人，而非其他更小范围内的族群。焦煤镇与庄园的和解简直不可思议，甚至可以看作是一个完美的典范；也许更深入地探究一下二者之间得以和解的机制会非常有趣。

十二

  民族国家的主要工具是它最大的城市——超级都市；民族主义乌托邦偶像最先正是出现在超级都市，而且也正是在这里，在意志力的持续推动下，它将永远存在下去。

  想要理解超级都市最核心的特征，我们必须着眼于地理条件（地上的植被和天上的气候等此类显而易见的物质世界）之外的东西；我们必须关注那些可能构成人文景观的要素（如果人文景观完全可以用纸张来建造的话）；要知道，超级都市的最终目标，就是通过纸张这一媒介，来完成所有的人类生活和交流。

  生活在超级都市的年轻公民，他们的青春时光都花费在了获得各种使用纸张的工具上，包括阅读、写作、算术等；曾几何时，在每个超级都市居民所受的教育中，这些都是主要的学习内容。然而，人们对这种有些枯燥乏味的课程，也有很多"书面上"的不满，因此，在历史上，超级都市很早便在"书面上"增加了文学、科学、体育和手工等其他科目。对超级都市的学生来说，虽没见过泥土，却知道泥土的原子结构；虽没去过松林，却能在车间加工松木；他们不需要任何情感经历，就能欣赏有别于《下流故事》(Smutty Stories)之类的都市流行杂志，这一切的确都是可能的，但是，只要他们留下书面的学时记录，只要他们能把令人满意的学习情况展示在试卷上，他们为生活所做的准备工作实际上就算完成了。他们顺利毕业，获得一纸文凭，然后到焦煤镇的各行各业参加工作，或在超级都市本身就有的众多机构中任职。

第十章

　　纸张看护期（paper tutelage）的结束，不过是纸张以另一种形式继续在居民生活中扮演重要角色的前奏，因为对纸张虔诚的关注，正是都市居民毕生的事业。日报、账簿和卡片索引，都是人们与生活打交道的工具，而小说杂志和画报则是他们逃避生活的途径。有了被称为胶片的半透明纸张，才有了不需要真人便可上演的舞台；因此，正如都市故事作家所言，生命之戏的演出才能脱离现实。都市居民不必游历世界，因为世界就在他们面前经过，只不过是在纸上罢了；他们不会在连接世界各地的大路上冒险，因为所有的冒险经历都可以从纸上得来；他们不用交朋友，因为纸张带来的快乐已经近乎极致。实际上，都市居民已经习惯了从纸张里得来的情感体验，甚至是荧屏上呈现的一盆静态花卉，都能让他们倍感满足；他们对大自然愚昧无知，甚至连口技演员都发现，与其通过模仿鸟兽的叫声来取悦他们，不如把公鸡、猫、狗拍成动画，这样就可以在真人不露面的情况下，在观众的头脑中呈现出模拟的现实。

　　直接行动（direct action）、直接交往（direct intercourse）和直接联系（direst association）这些概念，对生活在超级都市里的人们来说都是陌生的。如果整个社会，或者是其中任一组织，想要采取任何行动，都必须首先报请超级都市的议会，并要在无数对此并不真正关心的人发表书面评论后，落实到书面上方可。如果要进行交流，交流一定主要是在纸上进行；如果无法直接使用纸质媒介，就会用到像电话这样的辅助工具。在超级都市，政党是协会团体的主要形式；只有通过政党，都市居民才能以书面形式，表达对修订纸质宪法或提高纸面上的社会福利待遇的看法；尽管他们也意识到，政党的承诺是写在"不可议付"的纸上的（都市居民愤世嫉俗的时候会这么说），永远无法兑现。

通过它在焦煤镇的各种货物的运输，通过它对抵押贷款和证券等纸张的控制，超级都市得以确保从乡村获得真实的粮食供应。超级都市不断生产书籍、杂志、报纸、官样文章和垄断的东西，从而确保了民族主义乌托邦偶像在国民的头脑中永葆生机。最后，通过"国民教育"和"国家宣传"等机制，民族主义乌托邦使所有居民都相信，从名义上来讲，都市生活就是美好生活；想要接近这样的生活，只需要吃超级都市售卖的食物、穿超级都市售卖的衣物、赞同超级都市奉行的观点、购买超级都市售卖的商品就足够了。因此，对民族主义乌托邦中的其他城市而言，它们的首要目标就是成为和超级都市一样的城市，它们的希望就是能像超级都市一样发展壮大，它们自夸是另一座超级都市。当超级都市的居民梦想一个更美好的世界时，它不过是民族主义乌托邦在纸上的完美呈现，就像贝拉米在《回顾》中所展望的那样。

与焦煤镇的机器加工流程相一致，超级都市也设立了一条生活标准。这一标准可以用商业条款形式在书面上表达出来，尽管这一标准根本无法提供实实在在的、令人满意的商品和服务。这一标准的主要优点是它的一致性，也就是说，在整个社会内部，这一标准适用于每一位居民，不管他们的历史、背景、需求和实际报酬如何。因此，超级都市主要生产的是管道和卫生设备这样的商品；这些设备虽说不能增添生活乐趣，但却至少能让都市居民的日常生活变得不那么艰难。

第 十 章

这些标准和一致性所带来的最终结果,就是使得当初的幻想变成事实。刚开始的时候,民族主义乌托邦的居民可能就和森林中的树木一样,千差万别,但是,在教育和宣传的作用下,全体居民逐渐变得与道路两旁的电线杆一样,完全没有了差异。多亏了超级都市,民族主义乌托邦才得以证明自身的正当性,因为超级都市为焦煤镇与庄园之间的调和,创造了必要的纸上精神环境。事实上,超级都市不过是一座纸上炼狱,是焦煤镇堕落的子民最终获得庄园提供的无上福祉的媒介。焦煤镇是生产者的地狱,庄园则是消费者的天堂。

十三

在描述民族主义乌托邦和超级都市时,我一直在试着概述柏拉图所称的纯粹理念[27],这一点应该是很清楚的。同样很清楚的一点是,我相信,这种纯粹理念是一种偶像崇拜,任何现存的民族国家或大都市都与之相近,只要这一偶像崇拜与真实的男男女女、真实的社会、真实的地区和真实的普通职业不会发生过于严重的冲突;虽然那些真实的东西都会受到偶像崇拜的束缚,但是,它们仍将继续存在,并占据我们相当大一部分的注意力。正式教育并未完全取代生存教育,对国家的忠诚也并未完全取代更深层次的忠诚和从属关系,因为人们仍会时不时地在某个地方见面,吃真正的食物,在真正的泥土上耕种,闻嗅真正的花朵(而非纸花散发出的从焦油中提炼的香水味);他们最终也要展开疯狂而真实的恋爱。这些事实一直威胁着要破坏政治家、记者和学者们一起勇敢搭建的偶像崇拜,这确实会让人感到不安；但现实就是现实，就连最固执的理想主义者，也无法做到让自己不去面对自己所拒绝的世界。

　　如果我们都是超级都市的完美公民，我们就绝对不能让任何事物动摇我们对国家的忠诚：国家要求我们纳税时，我们绝不应该因为把本要用于消遣的钱用来缴税而感到惋惜；国家需要我们奔赴战场时，无论是家庭原因还是职业需求，或者是道德信念方面的顾虑，都不能成为我们为国效力的障碍。同理，除了那些在全国范围内做广告的食物，我们也绝对不能吃其他任何食物；当我们可以从超级都市的第三方那里买到东西时，就绝不能直接从生产商那里购买任何产品；我们也不能阅读本国以外的文学作品；不能奢望我们国家不具备的气候条件；不能在任何遥远时空下的文化中，寻求我们自身文化环境中似乎不具备的东西。如果这样的民族主义乌托邦能够彻底实现，那它必将是一个能够自给自足的乌托邦，世间万物都会贴上超级都市的真实商标。

十四

　　我所描绘的这幅民族主义乌托邦画像可能有些着墨过深，无法清晰地呈现出来，因而需要我在这里做一些补充说明，以使其图景变得更加清晰。

　　在焦煤镇，在某种限度上，机器生产的效率是一件好事；同样，在民族主义乌托邦中，在某种限度上，一致性也是一件好事。历史上，在国王颁行的法律的保护下，中世纪的人们能够在国王疆

第 十 章

域内的大路上旅行，这可以说是人身束缚的一种解脱方式；他们发现，法律和习俗的一致，以及度量衡的统一，总的来说要优于某些邻国仍然存在的大量毫无意义的混乱规制。某种限度上，民族国家似乎正是从这种解脱和发现中产生的。如果伦敦人和爱丁堡人能够意识到他们是同一个国家的公民，彼此之间有着某些共同的特征，强调他们作为人所共有的特征，而不是强调使他们分裂为不同城市的对抗状态的话，那可是美好生活的巨大胜利。虽然民族国家对其他国家竖立了贸易壁垒，但是，它们至少打破了长期存在于有限区域内的壁垒，而意大利和法国的某些城市则仍然长期存在这种壁垒。一致性的好处就讲到这里吧。

但是，一致性本身并不是什么好东西。只有在促进联系和社会交往方面，它才能算得上是一件好东西。民族国家在推倒小范围壁垒的同时，又砌起了更大范围的壁垒，并在毫无意义的地区建立了国家统一。不仅如此，民族主义并不利于文化统一，它会使得不相干的冲突长期存在于精神王国中；这里本没有奴隶与自由人之分，也没有白人与黑人之分，更没有本国人与外国人之分。事实上，随着民族语言的不断传播，以及从属于民族国家的民族教会的激增，拉丁语和罗马教会这两种中世纪伟大的国际文化传播工具已经衰败没落；自那之后，民族主义所做的一切，都无法弥补因此带来的损失。一方面，民族国家的偶像崇拜太过狭隘，因为文化世界是人类共同的遗产，没有任何一部分应该被称作"民族文学"或"民族科学"。另一方面，民族国家的偶像崇拜又过于宏大，因为对于分别生活在伦敦和孟买、或是纽约和旧金山这样相隔遥远的城市里的人们来说，除了书面联系之外，人与人之间便再无联系的纽带。正如社会学家孔德指出的那样，世俗社会（temporal community）形式多样，但都局限于当地且空间有限，这也是这类社会的成熟之处和局限之处。精神社会（spiritual community）则是普遍存在。民族主义乌托邦在对外扩张时（如帝国主义一般），试图限制精神社会而向全世界推广世俗社会，这是一种极大的文化罪行；正是关于美好生活的这一异端邪说，使得民族主义乌托邦所有的自命不凡，显得寒酸而虚伪。

十五

如果焦煤镇、庄园和民族主义乌托邦仅仅停留在书面上，它们无疑会给我们的文学带来娱乐和启迪。然而，不幸的是，这些社会神话的影响力极为强大；它们为我们的生活提供了一种模式；而且它们还是许多邪恶的源头，就像发臭的杂草一样，威胁着要扼杀掉我们社会中的美好生活。我之所以如此严厉地批评它们，并不是因为这些神话是乌托邦，而是因为它们在继续对人类社会造成如此大规模的破坏。因此，我们有必要指出的是，它们同理想国和基督城处在几乎相同的现实层面。如果我们能够意识到我们的社会制度完全是我们自己建立的，意识到如果没有我们永恒的"信仰意志"（will to believe），社会制度就会像风中的烟雾一般消失得无影无踪，我们也许就能以更大的勇气去探讨改进我们现行社会制度的方法。

第 十 章

注释：

[1] 阿瑟·奥肖内西（Arthur O'Shaughnessy，1844—1881），19世纪英国诗人，著有诗集《音乐与月光》。代表作《我们是音乐创造者》："我们是音乐的创造者，/我们是做梦的梦想家，/徜徉在孤独的海浪旁，/停坐于荒凉的溪流边；/置身世外，恍如隔世，/惨淡的月色照在身上：/然而，我们永远都是/惊天动地的人们。"

[2] 乔治·索雷尔（Georges Sorel，1847—1922），法国哲学家和索雷尔主义理论家。代表作《论暴力》《进步的幻觉》。

[3] 亨利·泰勒（Henry Taylor，1856—1941），美国著名中世纪历史学家和法学家。代表作《中世纪的思维：思想情感发展史》（两卷本）。

[4] 埃米尔·涂尔干（Emile Durkheim，1858—1917），法国著名社会学家，现代社会科学的主要建立者。代表作《自杀论》《社会分工论》。集体表征（法语：représentations collectives）是涂尔干提出的一个概念，指的是用来表达因集体活动和社会互动而产生的思想、信念和观念的符号和图像。

[5] 戈特弗里德·莱布尼茨（Gottfried Leibniz，1646—1716），德国哲学家、数学家，历史上少见的通才，被誉为17世纪的亚里士多德。

[6] 威廉·阿什利（William Ashley，1860—1927），英国经济史学家。代表作《英国的经济组织》，至今仍是许多大学中的指定参考书。

[7] 约瑟夫·弗莱彻（Joseph Fletcher，1863—1935），英国记者和小说家。

[8] 拉伯雷（Francois Rabelais，1493—1553），文艺复兴时期法国著名人文主义学者和作家。代表作《巨人传》。

[9] "这座别墅筑在一座小山上，和纵横的大路都保持着相当距离，周围尽是各种草木，一片青葱，景色十分可爱。宅邸筑在山头上；宅内有一个很大的庭院，有露天的走廊，客厅和卧室布置得非常雅致，墙上还装饰着鲜艳的图画，更觉动人。宅邸周围，有草坪、赏心悦目的花园，还有清凉的泉水。宅内还有地窖，藏满各种美酒……每个屋子里都供满着各种时令鲜花，地板上铺了一层灯芯草。"（第一日）

[10] 汉普顿宫（Hampton Court），位于米德尔塞克斯郡，为英国著名王宫，建成于16世纪。现在一部分为落魄贵族所居住，一部分开放供游人游览。

[11] 乔治·梅瑞狄斯（George Meredith，1828—1909），英国维多利亚时代的小说家和诗人。代表作《利己主义者》。

[12] 又译《伤心之家》，该剧有一个副标题"俄国风格英国主题的狂想曲"，它受到契诃夫《樱桃园》中"朦胧理想"的启发。

[13] 威廉·马洛克（William Mallock，1849—1923），英国小说家和经济学家。

[14] 你们的樱桃园很可怕，当黄昏时分或者深夜里走过花园，那樱桃树的粗老的树皮发出幽暗的光，好像樱桃树在梦中看到了一、二百年前的情景，沉睡的噩梦压抑着她们。是的，我们落后了，落后了至少两百年，我们一事无成，对历史的过去没有明确的态度，我们只知道空发议论，只知道埋怨乏味的生活，要不就是狂饮伏特加酒。(《樱桃园》第二幕）您能勇敢地解决一切问题，但亲爱的，您倒说说，这是不是因为您还年轻，还没有来得及品尝任何一个生活难题给您带来的痛苦？您能勇敢地朝前看，这是不是因为您还没有看到和等到任何可怕的东西？因为生活的真相还没有暴露在您年轻的眼睛里。(第三幕）咴，亲爱的，再见了。该走了。我们两人彼此瞧不起，但生活照样前进。当我长久地、不知疲倦地工作着的时候，我的头脑反倒很清醒，我好像能够知道，我是为什么而活着。而兄弟，在俄罗斯有多少人都不知道自己为什么活着。(第四幕）

[15] 伦勃朗（Rembrandt，1606—1669），欧洲17世纪著名画家，荷兰历史上最有名的画家。

[16] 细密画（miniature），波斯艺术的一个重要门类，一种精细刻画的小型绘画，画于羊皮纸、纸或书籍封面的象牙板或木板上；题材多为人物肖像、图案或风景，也有风俗故事；多采用矿物质颜料，甚至以珍珠、蓝宝石磨粉作颜料。

[17] 葛饰北斋（Katsushika Hokusai，1760—1849），日本江户时代浮世绘画家，其绘画风格对欧洲画坛有很大影响。代表作《凯风快晴》《神奈川冲浪里》。

[18] 塞缪尔·巴特勒（Samuel Butler，1835—1902），英国小说家，代表作《埃瑞璜》和《众生之路》。

第 十 章

[19] 《有闲阶级论》（Theory of the Leisure Class）是社会学家凡勃伦的代表作之一。他通过研究制度的起源，观察社会上的经济现象，尤其是上层阶级的有闲特权与消费特征，来探讨制度与经济现象之间的奥妙关系。

[20] 谢拉顿（George Sheraton，1751—1806），新古典家具大师，与托马斯·齐彭代尔（Thomas Chippendale，1718—1779）齐名。他们两个人都在出版了一本极具影响力的著作后一举成名。1754年齐彭代尔出版了《绅士与橱柜制作者指南》，配有160幅插图；1803年谢拉顿52岁时出版了《家具和室内装饰图册》，配有111幅插图。

[21] 亨利·亚当斯（Henry Adams）的《圣米歇尔山与沙特尔》是一部研究欧洲中世纪文化的专论，它有一个副标题叫"关于13世纪同一性的研究"。亚当斯曾考虑要为他的《教育》也加上一个副题："关于20世纪多元性的研究"。

[22] 这里的"到达某处"（get somewhere）是一语双关，既指道路四通八达，同时又有"有所成就"之意。

[23] 《弗兰肯斯坦》是英国作家玛丽·雪莱在1818年创作的长篇小说。现在弗兰肯斯坦意指一个最终毁了它的创造者的东西。

[24] 朱塞佩·马志尼（Giuseppe Mazzini，1805—1872），意大利革命家，民族解放运动领袖。

[25] 弗勒尔（H. J. Fleure，1877—1969），英国考古学家、人文地理学家，长期研究人与自然的关系、人类社会进化史。著有《西欧人文地理学》等。

[26] 卡尔·布赫（Karl Bücher，1847—1930），德国经济学家，非市场经济的创始人之一，新闻业的创始人之一。

[27] 纯粹理念（pure form），form实即希腊语中的idea。

第十一章

本章讨论我们如何看待各种有失偏颇的党派乌托邦。

第十一章

一

在很多时代，人们都认为，在不改变人性的情况下，要使一个社会的生活水平大大超过现有水平是不可能的。在人类历史上，改变人性一直是宗教关注的一个主要问题，但却没有人敢宣称：在过往的历史中，宗教在这方面取得了压倒性的成功。到了18世纪，人们开始对宗教机构的管理感到不满，并寻求用一种不同的方法来改善共同生活（common life），这种方法就是改善社会的政治、经济和社会机制。

直到现在，改善社会组织唯一可行的方法似乎是法律授权。尽管亚里士多德曾预言，只有当梭机能够（不假手于人力而）自动地织布、竖琴可以自动地弹奏时，奴隶制才会消失。然而，在当时的希腊，没有人认为农业领域的机器发明或大规模创新会促进社会进步，显然也没有人真正关心机器之类的事情。

到了中世纪，情况依然没有改变。如果那时的人们对他们的文明不太满意，他们就会有一种教条式的信念：继承了亚当原罪的人类，不会有什么令人满意的结局——只有经过圣徒说情并得到上帝宽恕，人类中的每一分子一个接一个地洗去罪孽，才能最终过上美好的来世生活。如果鞋子挤脚，人们会换一双宽松的鞋子，但是，估计没有人会想着造出一双一步千里的飞鞋，更不会有人想着造出一个不用穿鞋子的世外桃源。要在这个到处充斥着不完美之人的世界上找寻完美社会，未免有些愚蠢。

在前文中我们已经看到，文艺复兴改变了这一切。不久便开始有一群思想家，步步紧跟那些专注于为社会秩序制定详尽计划和规划的空想家。起初，这些计划关注的是政治和刑法改革，卢梭、贝卡里亚[1]、边沁[2]、杰斐逊、戈德温[3]，以及其他18世纪改革家的观点，总的来说都可归入此类；到了19世纪，经济改革成为时代强音，并且出现了许多经济运动，这些运动可以追溯到亚当·斯密、李嘉图、蒲鲁东、马尔萨斯、马克思，以及其他六位具有重要意义的思想家的半科学性研究，其中像穆勒、赫伯特·斯宾塞和亨利·乔治[4]等近代人物也应包括在内。

所有这些思想家都以某种方式影响了我们的思考，左右了我们的行为；如果把依旧保留在教堂、传教士兄弟会和慈善组织内的改革元素也归入此类，我们就会发现，19世纪出现了大量的党派组织和运动，而且每个党派组织和运动都极力倾向于实现其个人和党派乌托邦构想。我想在本章对这些个人和党派乌托邦稍做讨论，但是，因为其范围太大，无法全面展开讨论，所以我只能把批评的焦点，集中于那些企图改变经济秩序的人身上。

二

对于人类从事的所有活动，我们都有不同的词语可以对其加以描述。这是一个巨大的不幸，因为在使用这些词语时，我们倾向于认为每种活动都是发生在一个独立的空间之内。我们很可能只是考虑到部分社会中的部分人，而不是从考虑在整个社会中互动的整个人开始，并且在思维上通过一种变戏法式的手段，在不知不觉中让

第十一章

部分代表了整体。我认为，正是这种抽象行为，使得人们在思考工业在社会中的地位时，一直有很多错误的想法。经济学家们所犯的第一个错误，就体现在他们对所谓"经济人"[5]这种生物的态度之上。他们认为，"经济人"这种生物，除了建造和兼并的本能，没有其他任何本能，除了工作和储蓄的习惯，没有其他任何习惯，他们没有别的人生目标，唯一的终极目标就是成为行业巨头，成为传记作家斯迈尔斯[6]先生的书写对象，登上报纸头条和现身流行杂志。

如今，"经济人"已经成为诚实劳动和贪得无厌的化身。马克思为我们呈现了焦煤镇那些诚实劳动的工人的景象，工人创造的"剩余价值"都被工厂主榨取了，这是经济人不好的一面。李嘉图等古典经济学家绘制了一幅同样令人着迷的慈善资本家的画像：凭借资本家的先见之明、组织能力和勇气，商业能够达到先前时代几乎未曾梦想过的规模；这是经济人相对较好的一面。正是从这些概念中，这些概念在乔治·波特[7]的《十九世纪的进步》和马克思的《资本论》等著作中得到了阐述和合理化，产生了这样一种认识，劳动问题是现代世界唯一的根本问题：工业由谁来控制、工业发展产生的利润由谁掌控、工业运行所需的复杂工具归谁所有。

我们现在的任务不是探讨19世纪为这些问题提供的各种解决方案；如果没有齐曼德[8]先生对此所做的清晰梳理，单是对这些方案的目标进行分类并配上最基本的解释，就是一项浩大的工程。我们从这里可以看到资本主义、合伙经营、国家社会主义、基尔特社会主义[9]、合作化经营、共产主义、工团主义、统一大工会[10]和工会主义等运动的共同特征，不管这些运动是像资本主义、合伙经营或工会主义一样反映了实际情况,还是像工团主义和统一大工会一样只不过是一些简单的设想而已。

要说我们这趟穿越经典乌托邦的旅程有何用,那就是它向我们展示了下面这一想法有多么可悲:实现美好社会的关键,仅仅在于工厂的所有权和控制权。当我们承认,大多数建立在这一假设基础上的运动的开展,靠的都是慷慨和仁慈的动机;当我们承认,弗朗西斯·普莱斯("查林十字街的裁缝",他认为应该彻底采用放任自由经济原则)和马克思(他预言了无产阶级专政)一样坚决拥护公共利益,这岂不是太荒唐了吗?从社会主义、基尔特主义或合作经营等观点来看,使用工业机器是为了公共利益;如果很多这样的方案都持有这种看法,那么,所缺乏的就是它们对公共利益的共同理解。

这些党派乌托邦所共有的是,它们都希望清除那些带有积极作用的罪恶,如过度劳累、食不果腹或不规范雇工等。它们拒绝现有的焦煤城秩序,它的堆积如山的垃圾堆,它的监狱、医院、休养所、(供流浪汉投宿的)廉价客栈、救世军总部,以及处理工业主义所带来的人类废渣的慈善机构——就抛弃焦煤镇的上述事物、维护人类尊严的简单要素而论,我们所有激进的社会方案都是正确的,而且是必然的。拒绝工业社会在肮脏的工厂里和焦煤镇的贫民窟中为其成员提供的一切,就是拒绝最恶劣的野蛮和退化;事实上,工业革命令人难以置信的地方,并不是各地出现了几次反对使用机器的暴动,而是工人没有频繁暴动,工业城镇没有遭到反复洗劫和破坏。工人为了表达自身不满而发动的一次次罢工并没有将工厂彻底摧毁,如今它们仍然屹立在约克赖丁山谷、俄亥俄河谷及其支流地带,或

第 十 一 章

者是在泽熙草甸（从伊丽莎白一直延伸到帕特森）后面那些可怕的贫民窟，这简直是对人类善良本性和理性的赞扬。这些地区中的很多区域根本没必要进行有序的拆除。坚定地拒斥产生这些区域的社会只不过是温和地适应了这种情况。它们完全应该像杰里科城[11]那样，被号角和上帝的愤怒彻底毁灭！

关于各种片面的社会改革方案的合理性和有效性，就讨论到此。但是，如果说它们对工业主义在过去的表现持赞许态度，那么，它们对待未来的姿态，以及对待整个人类社会的态度，却是相当冷漠。在货币工资、政治控制和产品分配等方面，肯定会收到一定的成效；只可惜，这些成效从来都不会以非常具体的方式呈现出来——当"教育民众""修改宪法""组织革命"的努力被认为是理所应当的，同性恋红色旗帜下无尽平和的模糊友谊便是仅存的一切。

在《社会主义从空想到科学的发展》一书中，恩格斯呼吁采取实事求是、关注当下的思维方式，反对他所嘲笑的空想思维方式，这是一位独立的思想家试图详细描绘未来社会的一次尝试。然而，现在很容易看出，如果说欧文的空想社会主义徒劳无果，那么，19世纪的现实社会主义同样毫无成效；而且，相比之下，欧文式的社会主义已经在合作化运动中得到了部分实现，这样的成功与理论家们在纸上描绘的现实社会主义可能会取得的成就同等重要。我不怀疑党派运动已经取得了许多具体成果，因为在英格兰，单是消费者合作运动这一项，就显著地减轻了很多人的生活负担。党派运动的弱点在于，即使这些运动改变了社会分配方式，但却依然没有改变现代社会秩序；此外，由于许多党派乌托邦都缺乏明确而一致的价值体系，它们一旦遇到焦煤镇或庄园这样强大的集体乌托邦的对抗，顷刻间便会分崩离析。尤其是在美国，工人运动因为持续不断地向资产阶级运动转化而陷入瘫痪——具体而言，就是向郊区和庄园转化；而在英国，在更小规模的群体中也可以观察到类似的失职情况，而工会和工党的领袖则正是来自这样的群体。

因此，沃尔特·韦尔[12]暗示性地概述了一个不太有趣的问题："疲劳的激进派"（Tired Radical）。对超级都市里纸张社会的批评是中肯的，人们继续坚持相信抽象的社会方案，对从未接近成功的社会运动也深信不疑。令人惊叹的是，庄园这种有形的乌托邦，并未发挥出比其实际上更大的影响力。当我们将19世纪的社会风云激荡：宪章运动、社会主义运动、国际和平运动，与在改造工作、场所和民众的过程中取得的实际结果相比较时，或者是与任何对我们的政体、文化和艺术的改造的实际效果相比较时，我们会惊讶地发现，这些政治运动的确获得了我们的支持。人们确实会为理想而奋斗（认为他们不会为理想而奋斗是一种迷信），但是，"精神在肉身上显现"，思想上的东西迟早都会需要在物质实际中显现，如果从未显现，或是半途夭折，那么这一理想必然就会消失。

若是没有这场大战造成的混乱，议会社会主义的喧嚣还会机械地持续多久？它那抽象的社会改革方案，还要过上多久才能由虚无缥缈变得切实可行？显然，我无法回答这些问题；但有一点似乎非常清楚，激进的社会改革方案似乎只有一种情感上的乐趣：这些方案打动了人心，却不给人以任何具体任务，它们搅动了人们的情绪，却不给人指明出路；所以它们顶多也就是与逃避式乌托邦有几分相

第十一章

似，它们利用组织、集体会议和宣言的力量，取代了那些公认的逃避式乌托邦给人提供的情感刺激；《乌有乡消息》这一逃避式乌托邦，便是通过引入一位美女的方式来提供情感刺激。在这方面，带有革命诉求的社会党（Socialist Party），与善用辞令来填满工人饭盒的共和党（Republican Party）在心理表现上并没有什么不同；它与已经不复存在的进步党（Progressive Party）也没有本质区别，进步党一度认为，只要用强烈的道德信念去追求创制权、公决权和罢免权[13]，新的社会就会降临；而宣扬革命的社会主义者在这方面则是毫无建树。

谁会怀疑这些党派中大多数成员的忠实和诚意呢？谁会怀疑他们在革命或"改革"方面所做的奉献呢？然而，这一切都不重要。无法工作的机器就是无用的机器，不管是因为机器质量太差，还是造机器的人有意欺瞒；所有的真诚、善意和诚实，并不能让任何人微笑得更快乐。现在是我们面对上述现实的时候了，我们需要认识到，在所有各式各样的改革机器里，"某处螺丝松动了"（there is a screw loose somewhere）。这个意味深长的工业时代的隐喻，通常都是用在神经错乱、脑子不正常的人身上，我把它用在这里则是另有所指。我是想说，从心理学角度来看，党派乌托邦就是一种恋物癖；也就是说，党派乌托邦试图用部分替代整体，把属于整体的所有情感都倾注到部分之中。当某位男子得到一位女子的手帕或吊袜带，并以对待这位女子一样强烈的情感和兴趣对待这一物品时，手帕或吊袜带便成了这位男子的所恋之物。我猜想，议会主义、禁酒主义、比例代表制，以及其他各种抽象的"主义"，正是各个党派爱恋的对象；这些主义不过是各个党派试图用一些特定的社会工具或职能来代表整体社会而做的尝试。得到女孩子的手帕自然要比得到女孩子本人容易得多。同理，关注饮酒和机器或土地的所有权问题，也要比关注社会活动的整体性更容易。虽说着眼于部分的确更容易，但是，这样做也会带来致命的危害，因为这种恋物情结所带来的后果是，女孩子并不会因此而与他人产生任何瓜葛，社会也不会出现任何重大变化。此外，社会中的改革因素还会因其对整体中的部分的迷恋，而失去在社会活动中发挥正常角色的能力，从而留下大量无用之物——或者顶多也就是徘徊在两个世界之间，"一个世界已经死去，另一个世界还无力诞生"[14]。

  我们知道这些迷失方向的改革者、这些幻想破灭的革命者、这些疲惫不堪的激进分子；我们本可以在这里说出他们的名字，只是这么做略显残忍，而且也没有太大必要。其他的姑且不论，他们一开始就错误地将他们面临的问题限制在政治学和经济学范畴之内，而没有从整个世界的角度去理解这些问题。他们忘记了，不考虑其他问题而只是变革某些单一活动或机制的做法，实际上是绕开了他们正在努力解决的困难。如果他们是反军国主义者，他们就会把整个世界看成一个全副武装的营地；如果他们是反资本主义者，他们就会认为整个世界就是一架巨大的剥削机器。唉！他们的眼界未免太过狭隘，只看到了世界上最适合这些诊断（这些"主义"）的地方。世界也许就是一个全副武装的营地、一架巨大的剥削机器；世界就是如此，但又远非如此；但是，任何试图通过消除问题中所有合格因素、制定大规模方案来解决问题的企图，都必然会遭遇上事物的残忍本质；如果事物的本质基本上是对抗性的，改革就必然会走向失败。

上述一切不过是在强调一些显而易见的事实。如果需要进一步强调，我们只需对比一下列宁在俄国革命开始时所阐述的马克思主义，与经过数年现实环境考验之后的列宁主义就够了。

三

形式主义是19世纪所有党派乌托邦都存在的另一个弱点。

如果说中世纪的思想家们相信，基本上没有什么可以纠正人类由来已久的制度缺陷，人类自身很容易被腐败所吞噬，那么19世纪的思想家却是犯下了相反的错误和谬误：他们认为，人类之所以会有不合群、难以管束的本质，都是因为宗教、国家或财产制度扭曲了人类的冲动。在针砭时弊上，卢梭、边沁、戈德温、傅立叶和欧文等人可能彼此相隔甚远，但在对人性的认识上，他们之间却有深刻的共识。他们将人类的各种制度，完全视为与人类无关的外在形式；这些制度是狡猾的统治者为社会作的茧，是为了让善良理智之人表现得像疯子一样；他们设想在不改变人们的习惯、不转变人们的冲动的情况下改变人类制度，而这些习惯和冲动原本就是由人创造并为人创造的。如果有人制定了内含大量制衡措施的政治章程，或者是划出贫民区并要求居民对其加以改造，那么，这些自然会产生良好的结果。

事实上，关于可以在不改变人性的情况下进行社会制度变革这一理念，确实有一个很大的例外。我指的是人们对教育的信仰，这一信仰一直伴随着对人类制度的经典批评；这似乎指向了这样一种观点：人们先要经过特殊的训练，遵守一种特殊的纪律，才能顺利地在重建后的社会中生活。但是，这种观点根本经不起推敲。新的教育方案强调的重心是，正式地、制度性地获取知识素材；这些方案同样是从崭新的一代人开始实施；然而，问题的难点也是重点，则是让成年人社会充分接受教育，进而在现实意义上改变其教育制度；在这方面，教育改革者与康帕内拉一样，他们的方案不过是美好的幻想而已[15]。因此，新的教育组织能够建立起来，庄园和焦煤镇都有功劳；公立中小学和大学所提供的教育带来的结果，使得这些令人敬畏的乌托邦几乎无懈可击。

此外，我们还得面对成年人；看看罗伯特·欧文吧！

欧文是国民教育最乐观的倡导者之一，其实他自己就是一个活生生的例子，需要接受一种与他那狭隘而朴素的心灵（及其对宗教信仰的幼稚解释和同样幼稚的理性主义）所能构建的知识体系完全不同的教导。从来没有人像欧文这样挫败了如此多的好点子，从花园城市计划到合作生产计划；他的傲慢自大和自以为是，必然会引起他人的反应，而这种反应则会战胜不拘什么样的计划。在一个充满欧文这样难以驾驭之人的世界里，资本项目是为了获得任何形式的社会进步。从某种意义上来说，机车可能比制造机车的人类更完美；但没有任何社会秩序能比参与社会秩序建构的人类更完美，这是因为，虽然机车可以脱离操作员有效地执行所有功能，但是，工人即使在其他所有方面与机器相比都有缺陷，但在社会秩序下，产

第 十 一 章

品和生产者仍然是一体的。

　　一个社会要产生佛教，需要的不仅仅只是一位佛陀，而是需要接续不断的佛陀更替，这样佛教才不至于被消磨殆尽，就像藏传佛教那样变成一桩劳心累神的宗教苦差事[16]。这一原则具有普适性。19世纪的社会评论家，将制度变革或创建新组织的机制问题，与激发人们实施变革和看透变革的个人和社会问题混为一谈。他们的策略好比是将军让那些未经训练的士兵冲上战场，好比是蛊惑民心的政客煽动100万武装分子在一夜之间发动暴乱。关乎个人的问题就是关乎教育的问题，事情就是这么简单！

　　我们在社会革新方面鲜有成就，这与我们在经济和政治革命的研究和批判上的成绩斐然形成鲜明对比，在解释这一现象的原因时，如果将失败全部归罪于发展失衡的党派乌托邦，可能有失公平。我们的改革者提出的方案确实软弱无力、杂乱无章，但这并非事情的全部。我们最缺乏的，可能是那些能够接触到现有知识的人，经过思想训练后能够自由处理事实的人，学会了与同伴合作这门精细而严格艺术的人，以及那些不但批判他们意欲变革的社会制度而且对其自身心理过程和行为习惯也同样挑剔的人。正如佩吉特[17]所言："旨在帮助人类进步的大多数思想和情感，并未很好地实现其目的。之所以说不够好，是因为这些思想和情感不够客观和自律。"

　　在我们的社会改造方案、我们的乌托邦构想和它们的具体实施之间，通常都隔着一层厚厚的个性面纱；如果计划本身是人类这一物种中最优秀的头脑合作的产物，那么就像威尔斯先生在《恩典》一书中所讽刺的那样，它仍然不得不冒险与人类的软弱、冷漠、贪婪、嗜权等弱点可能释放出的"魔鬼之野驴"（wild asses of the devil）展开较量。惠特曼曾这样评论托马斯·卡莱尔[18]：在他的著作成就和天才之间，还隔着一个起决定作用的胃[19]。所以，我们也可以说：每一场社会运动的理论背景与具体实施方案之间，都隔着起决定作用的人类，无论这些人是健壮或病弱、敏感或沉稳、好心或恶意。

如果有人读了一本好书，然后见到了书的作者，这位作者又支持某项重大的社会运动，之后又见到了这场运动的幕后领导者，此人一定会意识到，接受某人的理论不难，但要接受其难以接近、充满偏见和令人反感的特定人格却并不容易。人的个性往往会阻碍工作的进展，或使工作偏离既定方向，如果认识不到这一点，就没有人能够全心投入工作，哪怕是最微不足道的工作——无论是与国会议员握手的代表团，抑或是派来修改网球比赛规则的个人，皆循此理。

大众话语给"个性"这个词附上了贬义色彩，这一点尤其重要。大型合作的成败，往往都是取决于与此事无关的人为因素。蒲柏对绞死那些倒霉蛋的陪审员的嘲讽[20]，可能巧妙地触及了这一点。那些既没有考虑到人性中永恒不变的固执，也没有驱除固执人性的手段的社会重建方案，与之前那些试图让人们生活在神的恩泽下而不改变社会秩序的神学理论一样肤浅。也许他们可以从下面这则古老的故事中悟出一些东西：在让盲人、残疾人、病人和跛脚之人升入天国之前，"鼓动者"耶稣先治好了他们的疾病。爱默生在"人即改革者"（Man the Reformer）一文中说得好，任何社会方案，如果无法使制定和执行该方案的人重生或皈依（这是心理现象中常见的两个阶段），期待这一方案会带来任何真实或长期变化的想法就都是愚蠢的。

第十一章

如果只是发明创造机器就能改造世界,那就太简单了。在这个世界上,可能从来都不缺少发明创造这类工作所需要的精力和天赋;至少在过去的三个世纪里,随着技术的发展,机器在技术人员和管理人员的操控下,为我们提供了大量的服务。卡莱尔在"时代特征"(Characteristics)一文中尖锐地指出,在这个满是流氓无赖的世界里,我们却想用各种狡诈的手段,从他们团结一致的恶行中豁开一条正直的口子。不幸的是,至今我们仍然身陷这样的泥潭。我并不认同卡莱尔对原始人性的蔑视,但我认为他对党派乌托邦的肤浅之嘲弄却是完全正确的。这些乌托邦急切地想要改变社会制度的躯壳,却忽视了制度本身的习性——或者说是制度的栖息地。这就是为什么机器设备在所有这些乌托邦中都会扮演如此重要的角色,从边沁为改造犯人而设计的圆形监狱[21],到贝拉米那丑陋的、到处都是机器齿轮的乌托邦构想,均是如此。

我们的改革群体对人类生活的构想缺乏实质内容,难以让人满意。在我看来,任何对新社会秩序的充分构想,都应该有场景、演员和剧本。我们的改革似乎从来都只是在变换场景,而这也正是我们的构想不够成熟的标志。我们的社会理论家,一想到演员往往就会把他们当成机械的傀儡。至于剧本本身——剧情往往是求爱、考验、历险、竞赛、功成名就这一套,剧中每个人都有成为主角的潜力——则很难进入他们的视野。社会理论家的价值观并不是关乎人的价值观,而是符合工商业利益的价值观,侧重的是效率、合理工资等价值观。无论如何,这些都是当前努力的目标;而且如果个人价值在背景中若隐若现,它们也就只可能在遥远和无法确定的未来得以实现。所以人们常常认为，不管现代社会是何等的卑鄙、堕落，比起许多攻其不足的群体所提供的解决方案，它在整体上还是保留了更多的个人价值。

所有这些从劳动群体对待现状的态度上就能明显看出。当他们无论是为了政治行动还是工业冲突而被组织起来时，他们的诉求都惊人的相似。在与当前的社会秩序进行抗争时，他们早已接受了这一秩序所代表的目的，并满足于仅仅要求它们实现普遍性。这可能也是工人运动在本质上不具备创新能力的原因所在。他们发动革命并不意味着他们就要重树社会价值，他们不过是要参与到现行制度和惯例中并将其加以推广。在任何特定情形下（例如，就像许多美国钢铁工厂中那样，一群没有组织、生活困顿的工人），确实都可以给这种态度找到充分的理由，但最糟糕的是，很多思想开明、经济有保障的群体也持有这种态度，而且这种态度还在不知不觉中渗入了这些最终的社会方案中，这一点从为工人创建教育制度的尝试中就可看出，好像只要所有权或权利平衡上发生改变，就能改变焦煤镇的面貌，焦煤镇的火焰就会因此而熄灭、煤渣也不再肮脏。

我强调指出了在我看来工人运动的弱点，不是因为我对工人运动可能提出的任何具体措施都无动于衷，而是因为强调工人运动的弱点确实有助于我从更大范围来阐明我的观点。虽然我对禁酒运动或慈善组织运动都非常反感，但是，这两项运动同样能够支持我的观点，因为它们都有这种共同特征：它们均缺乏明确而有计划的人道目的；而只要缺乏这样的目标，它们提出的任何具体措施也就都是不合理的。

第十一章

四

现在让我预测一下上述批评可能会遇到的反驳意见吧。一些人认为，当前改革运动的世俗化倾向不可避免，他们没有必要去操心人类的终极信仰，他们能应对的只是当下此刻这一有限时空内发生的问题，关心的是如何多拿一点工资、少喝一口酒、多一点一致的声音等问题。简而言之，这些党派乌托邦并不关心任何与精神生活有关的问题。

对上述哲学的回答是，现实对其信仰者们来说将会更糟。关乎物质生活的制度与关乎理想生活的制度相互背离，由此造成的结果就是：要么两者彻底割裂，让每一套制度都陷入瘫痪和低能状态；要么是精神力量向世俗力量投降，最终完全淹没在世俗目的之中，而这种情况也是时有发生。我知道"精神"和"世俗"这样的词语有些陈腐，但这两个词语能够准确表达我的意思：每个社会都包含相应的制度——有的制度致力于维系社会价值，有的制度则致力于积累社会财富。当我们的改革不触及价值观时，其结果便是，纯粹的世俗目的会被视为最终目标，我们就会把效率或组织视为社会进步的试金石。这与旧秩序相比几乎没有什么改善，我们现在对旧秩序极为熟悉，在这样的状态下，我们的价值观并未因为与我们身边现实世界的交流而变得丰富起来，因而它们仍然是一块偏远的不毛之地。总之，除非改革者能够关心人类的终极价值、关心构成美好生活的要素，否则他们依然会去迎合民族国家、效率至上或"白人的负担"[22]等眼前的信仰和迷信。

五

关于党派乌托邦,还有最后一点批评意见:我们的党派乌托邦的改革有一个致命的缺陷,那就是它们是片面的。这种党派偏见既表现在这些乌托邦与它们的改革方案所依据的事实之间的关系上,也表现在它们对受其影响的人的态度上。

持有党派偏见者的情绪,就好比是一位律师的情绪,这位律师在形成判决结果的过程中,努力寻找那些能够支持其判决的事实证据。这种情绪并不利于进行自由和理智的思考,其目标不过是嘴上的胜利而已。现在对于所有与社会密切相关的事物,一个人对待事实的态度不仅比事实本身更重要,而且重要到似乎连事实本身都被忽略的地步。一群南方白人听说一名黑人男子强奸了一名白人女子,他们在还未调查清楚事实真相之前,便要私刑处死那名黑人男子,他们的态度虽然有些夸张,却是一种非常自然的人性倾向。人是为行动而生,而非为思想而生;或者按照心理学家的理解,由于思想是受到了抑制的行为,这种约束对我们来说自然会让人难以接受。面对困难,我们是该在强烈的愤恨(人类好斗的本能)中迎难而上,还是应该知难而退、经过调查研究制定避开困难的行动方案呢?面对这样的艰难选择,我们的原始冲动无疑会驱使我们去照第一种模式行事。

例如,我们很容易就能发现,伴随着资本主义组织的发展而产生(而且至今依然存在!)的人类苦难,使社会主义者把他们的注意力集中到了所有权和利益问题上,而没有看到可能受社会化方案影响的行业内的组织、分配和控制等具体问题。如果只关注问题的特定

第十一章

方面（比如只关注解决方案的某个方面），就会忽视全局，原本复杂的问题就会因此被简化。由于各个党派急于找到解决办法和补救措施（毕竟人生短暂，当下需求迫在眉睫），它们也就忽视了对事实的完整理解；它们已经准备好用"常识"来代替对数据进行彻底调查。

这一弱点源于一种近乎本能的党派偏见，这也是党派偏见持续存在的原因之一。如果没有什么能阻止团队聚到一起，那么责任就在于他们没能就事实达成一致，他们缺乏了解事实和聚焦事实的手段。对事实的调查即使没有取得任何结果，至少也可表明依据事实来下结论是不可能的，同时也可警告党派要谨慎行事。因此，支持禁酒令和反对禁酒令的证词，均来自双方的权威人士。战略上更强大的阵营，如果有正当理由，他们就会使那些对社会福祉感兴趣的人们相信，在判断基础（有关酒精刺激对人体所起作用的科学知识）尚未确立之前，还无法采取明智的措施。

当然可以想象，充分了解事实之后，人们就会出现争吵和分裂。我们可能都还记得那位英国大使的故事：他向其法国同事坦言，他之所以与美国人搞不好关系，是因为英美两国不幸都说同一种语言；但是，很难想象，他们能在对事实得出共同看法之前达成明智协议。持有党派偏见者忽视了对其主张进行证实的必要性，因而不但其自身往往无法全面理解问题的实质，而且还会妨碍其他人看清问题所在。即使他们不再有意视而不见，他们也还是缺乏对事物进行准确判断的原则。至于这种原则是什么，我们将留到下章讨论。

党派偏见的第二个弱点，是它打破了横向的社会关系，使其按照纵向进行分化，并助长了虚假的对抗关系和亲缘关系，这种关系与人类生活中的横向联系和忠诚背道而驰。厄文[23]的剧本《异族通婚》就很好地反映了这种倾向,该剧讲述了一对年轻男女因为各自父母的宗教信仰不同而最终分开的爱情故事。在厄文笔下的阿尔斯特社区,宗教信仰成为邻里之间不能体面相待、和睦相处的借口。现在很明显,与有共同兴趣和情感的人交朋友、在整个社会范围内自由融合,是非常重要的横向关系;这种关系往往能将人们团结在同一纽带中,这种纽带之所以重要,是因为这些关系和活动在本质上都与人有关。另一方面,两个基督教派别之间的对立,则破坏了完整的美好生活,因为这种对立关系坚持认为,没有任何的善比得过宗教的好(教皇体现出的善,或者是嘲笑教皇所体现的善),然而,任何感官功能正常的人显然都会认为,亲吻美人是好事,与邻为善是好事,阻止他们在合适的时机做这些事情的制度则是变态和反社会的。诚然,那些强调宗教关系的人会在争论中占据所谓的"制高点",那些强调与人为善的人看起来只能占据"低地";但是,持有党派偏见者没有看到的一点是,对"低地"(与人为善)而言有很好的人类理由,而且对绝大多数人来说,这可能不仅是唯一可行的理由,而且其本身也是一个很好的和充分的理由。

人们可以将厄文剧本中的天主教徒和新教徒,替换成民主党人和共和党人、白卫军和赤卫军、社会主义者和资本家、支持禁酒令者和反对禁酒令者,但结果却都是一样让人遗憾。在美好的生活中,有许多利益完全超出了这些范畴;与乌托邦主义相比,党派偏见的主要缺陷在于它倾向于轻视普遍利益,要么让这些普遍利益服务于它这种"主义",要么就是要求人们在献身"事业"的过程中忽视这些普遍利益。第一种方法已被民族主义的倡导者所采用。民族国家认识到艺术、文化和科学不可能完全服务于政治战略，于是就迅速给它们贴上国家资源的标签，并将其分类间隔起来。民族国家的党派偏见者，在谈论美国科学时将其视为与德国科学相对立，在谈论意大利艺术时将其视为与法国艺术相对立；他们借此强调了全体美国人所共有的东西，以便更清楚地将美国人拥有的东西，与其他国家的人同样拥有的相似东西区分开。俄国也发生过同样的事情；他们试图将人类共同的文化遗产抛在一边，然后建立一种纯粹的无产阶级文化。我认为，这些努力最终都会变成一种闹剧；那些想要提升美好生活的人必须停止那些幼稚的行为，不再徒劳地声称"我爸比你爸懂得多""我妈比你妈漂亮"，等等。

而在大多数情况下，人们一直都在采用第二种方法。在政治国家，党派偏见很好地展现了执政党与在野党之间的鸿沟，生活中其他任何利益关系都被认为应该从属于这一糟糕的分裂。在美国和爱尔兰这样相对粗野少文化的国家，广大民众似乎只相信这些表面上的差异；而在英国，民众至少能够醒悟，有了伟大的议会传统，人们可以在下院忽视一切的憎恶与敌意，强调那些能将所有人都维系在一起的和谐与欢乐。我虽无偏见，但为免遭指责，我还是要对爱尔兰进行的最浩大的改革运动做一些补充说明，我指的是普伦基特爵士[24]和乔治·拉塞尔推动的农业合作运动。在这场运动中，至少在涉及爱尔兰农业组织协会（Irish Agricultural Organization Society）的组织和工作开展的事项上，成功地强调了将农民与当地社会成员联合在一起的横向关系，排除了不相关的纵向差异。此外，据我所知，这一组织对提升爱尔兰人民美好生活水准所做的贡献，比其他任何组织都要多；这方面唯一可能的例外就是，在拉塞尔、叶芝、格雷戈里夫人[25]和其他杰出人士的领导下，在都柏林发展壮大的同样是没有党派偏见的文学协会。

显然，人们在像欧洲世界这样大范围的纵向结构中团结在一起，绝非毫无意义。有一种观点认为，与一个地区的犹太人和伊斯兰教徒之间的关系相比，耶路撒冷的基督徒与罗马的基督徒有更多的共同点。同样，我发现自己更喜欢远在孟买和伦敦的某些朋友，而非我的隔壁邻居；我与隔壁邻居唯一说得上的关系，就是我们都憎恨贪婪的房东。如果对政治、宗教或哲学持有相同观点的人之间的这种纵向联系是一种精神上的联系，那么，从这种精神联系中就能产生许多美好的东西。然而，当那些将人们作为纵向关系团队成员聚集在一起的东西被当成一种手段，不考虑当地实际情况就将相似的观点或行为强加给当地社会，其结果无疑会是灾难性的。上帝是公正的（雨滴会落在所有人身上）；更重要的是，我们种植的庄稼、建造的房屋、铺设的道路、思考的问题，都属于我们，因为我们是继承了地球上所有一切的物种；让我们偶像上的分歧阻止我们平等地分享这份共同遗产，是荒谬的。

最终，将人类作为人团结在一起的事物，以及使他们能够实现自己作为人类身份的社会遗产，比任何党派可能掌控的任何特定要素都更为重要。无论我们的党派偏见是首先成为美国人，还是首先成为神学家，它往往会限制我们可能与之交往的世界，从而使我们的个性变得贫乏。坚持做纯粹美国人的人，因为太过强调自己的民族身份，反而变得连半个人都算不上。党派偏见将注意力集中在世界的一部分之上，这是对完整人格的断章取义。任何以社会整体利益为目标的运动，都必定会反对这种断章取义。只要在公共福祉问题上存有党派偏见，我们就会缺乏创造完整之人的方法，人类文明主要关注的事情就会被长久忽略。

六

这些党派乌托邦呈现给我们的是一幅何等的景象啊！这些乌托邦就像先知在可怕的山谷中看到的散落各地的骨头一样，人们不禁会怀疑上帝的神力能否将其拼成一具完整的躯体……

在这一众党派乌托邦中，有的讲究繁文缛节，什么都要存档和贴上标签；生活中凡是无法用这种方式处理的事物，就是不存在的。有的崇拜机器，貌似是要以某种方式让机器遍布整个世界，它的目的似乎是要终结生长和繁殖，这样世间万物才都能依照机器的精确度来运行。还有一派乌托邦，不分种族肤色，将人类都视为"个体"，将美好生活看成是法律关系问题，根本不考虑这些关系在时间上和空间上是否有存在的必要；这样的乌托邦几乎可以随身携带，不过是嘴上说说而已。这里我们就不再接着讲下去了。显然，类似这样的乌托邦，没有一个能够创造出一个幸福社会；然而，如果所有这些党派的理想都能实现，结果也就只能是冲突和纷争——现在这样的不和就已经存在，而且每天还在变得更加刺耳。

看来我们已经陷入了僵局。即使我夸大了改革者和革命者行动的徒劳无益，但却明显可以看出：他们缺乏任何基本计划、无法设想现代社会发生本质上的转向。如果我们的分析无法证明这一点，那么，我们如今呼吸的幻灭气息，以及所有类型文学作品中弥漫的幻灭气息，都足以说明这一点。就我们如今已经接受的现代社会秩序而言，我们正处于毁灭中；而很可能即将发生的下一场战争，如果真的发生了，也只不过是让更多的地方变成一片废墟。就我们把希望寄托在当前的重建或革命运动上而言，我们的计划却是漏洞百出，不堪一击。事实上，唯一真正的生命迹象，似乎只存在于爱尔兰、丹麦、印度和中国等地区。这些地区一直处于工业文明运动之外，依然保留着对社会秩序之价值的认识，而这种秩序在其他国家早已被破坏并几乎被摧毁。摆在我们面前的形势不容乐观，所以也就难怪我们行动迟缓、不愿面对。无论我们从哪个角度来看，似乎都面临破产的危险。

现在是我们努力兑现党派乌托邦纸上诺言的时候了。如果想让我们的文明团结一致，我们就必须把它的智慧交流放在一个新的基础上；我们必须交流抽象的思想观念，交流抽象的社会方案，分享我们对金质幸福人生的理论追求，尽管金子中不免会含有杂质。

第十一章

注释：

[1] 切萨雷·贝卡里亚（Cesare Beccaria，1738—1794），意大利法学家、哲学家、政治家。代表作《论犯罪与刑罚》。

[2] 杰里米·边沁（Jeremy Bentham，1748—1832），英国法理学家、功利主义哲学家、经济学家和社会改革者。代表作《道德与立法原理导论》。

[3] 威廉·戈德温（William Godwin，1756—1836），英国社会哲学家、小说家，提倡无政府主义体制。代表作《论政治公平》。

[4] 亨利·乔治（Henry George，1839—1897），美国19世纪末期知名社会活动家和经济学家。代表作《进步与贫困》。

[5] 经济人（Economic Man），即假定人的思考和行为都是目标理性的，唯一想要获得的经济好处就是物质性补偿的最大化；它常被用作经济学和某些心理学分析的基本假设。

[6] 塞缪尔·斯迈尔斯（Samuel Smiles，1812—1904），英国19世纪伟大的道德学家、著名的社会改革家、脍炙人口的成功学作家和传记作家。

[7] 乔治·波特（George Porter，1792—1852），英国统计学家，英国贸易委员会统计部门负责人。代表作《十九世纪的进步》。

[8] 齐曼德（Savel Zimand，1891—1967），罗马尼亚裔美国作家，著有《当代社会运动：描述性总结与参考文献》（*Modern Social Movements: Descriptive Summaries and Bibliographies*）。

[9] 基尔特社会主义（Guild Socialism），又叫行会主义。它产生于20世纪初期的英国，是费边社会主义之外，介乎社会主义与工团主义之间的一种调和理论，属于改良主义的一种；它否定阶级斗争，鼓吹在工会基础上成立专门的生产联合会来改善资本主义；只承认改善工人出卖劳动的条件，不主张消除压迫工人的根本制度，反对建立无产阶级政党。

[10] 统一大工会（One Big Union）是在19世纪和20世纪早期工会主义者之间流行的倡议，其目的是团结工人利益，为一切劳动问题提供解决方案。

[11] 杰里科（Jericho）是巴勒斯坦领土内的一座城市，历史上多次被毁。在《旧

约》中,"神告诉约书亚,杰里科是罪恶之地,破城后不能将其任何东西带出。"于是,约书亚破城之后一把大火烧了杰里科。

[12] 沃尔特·韦尔(Walter Weyl, 1873—1919),美国作家和演说家,美国进步运动的知识领袖。代表作《新民主主义》。

[13] 创制权(Initiative)、公决权(Referendum)和罢免权(Recall)是美国历史上保留的三项选民权利,允许选民进行立法提案或废除法律、通过请愿进行公投和废除当选官员。

[14] 此处作者引用的是马修·阿诺德《写于雄伟的卡尔特寺院的诗章》(*Stanzas from the Grande Chartreuse*)中的诗句。

[15] 此处的英文原文为Cuckooland,Cuckoo的含义之一是一些狂妄之人,Cuckooland直译就是一些狂妄之人所在的地方,意指脱离现实的幻想。

[16] 指活佛转世,这是藏传佛教遴选佛教领袖的一种制度。

[17] 指维奥莱特·佩吉特,参见本书第19页注[27]。

[18] 托马斯·卡莱尔(Thomas Carlyle, 1795—1881),苏格兰哲学家、讽刺作家、历史学家。代表作《法国革命》《论英雄》《过去与现在》。

[19] 卡莱尔终身有胃病,胃痛时常发作,他的脾性也因此而变得反复无常,他的作品风格也显得暴躁古怪,有的作品还表现出粗鲁野蛮的特点。

[20] 出自蒲柏的一首押韵诗,"那些倒霉蛋被绞死,陪审员们便可就餐"。

[21] 圆形监狱(Panopticon),边沁于18世纪末设计的用于关押犯人的建筑,目的是能够让一位狱警同时看管和监视所有囚犯,而囚犯则无法判断自己是否正在受到监视,因而只能时刻注意自己的言行。

[22] 白人的负担(The White Man's Burden),英国诗人吉卜林创造的一句流传至今的名言,源自其诗集《五国集》中一首同名诗作;其大意为:白种人以优越的技术和强大的武力,征服了世界各国弱小下等的民族,传授他们基督文化,教导他们走向文明,建设更美好的世界,这是白种人不可推卸的负担。

[23] 约翰·厄文(John Ervine, 1883—1971),爱尔兰剧作家、小说家及评论家。他因悲剧而成名,但后来却以喜剧而获得更大的成功。《异族通婚》(*Mixed Marriage*)1911年上演,2011年在伦敦再次上演。

第十一章

[24] 普伦基特爵士（Sir Horace Plunkett，1854—1932），爱尔兰农业改革家，农业合作社运动先驱，爱尔兰自治的支持者，爱尔兰参议员和作家。

[25] 格雷戈里夫人（Lady Gregory，1852—1932），爱尔兰剧作家、民俗学家和剧院经理，推动爱尔兰文艺复兴运动重要的幕后人，她的家成为复兴运动领军人物的重要聚会场所。代表作《库楚雷恩》开启了爱尔兰文艺复兴运动。她的座右铭是："像智者一样思考，但要像普通人一样表达自己。"（亚里士多德之语）

第十二章

> 另一半世界将何去何从，理想之地（优托邦）将以何种方式降临；我们需要一些什么东西，才能在任何绿色宜人的土地上建造耶路撒冷。

第十二章

一

那种创造了我们乌托邦的思想将欲望置于现实之上，所以它们的主要成就一直在幻想领域。在我们探讨过的经典乌托邦中，情况确实如此；在19世纪各种重建运动中所诞生的党派乌托邦，情况也是如此，尽管没有那么明显。

虽然经典乌托邦到目前为止更接近现实，它们预测了整个人类社会的生活、工作、交配，囊括人类活动的各个领域，但它们的预测却一直好似空中楼阁，因为它们通常不会出现在任何真实的环境中，也不曾试着去满足实现这种环境所需要的条件。"乌托邦"这个名字本身就暗示了这一缺陷，因为正如帕特里克·格迪斯教授指出的那样，托马斯·莫尔爵士是一个十分喜好用双关语的人，"乌托邦"（Utopia）这一名称本来就是对 Outopia 和 Eutopia 的戏仿：Outopia 意为"不存在之地"，而 Eutopia 则意为"理想之地"。

现在是让我们的乌托邦幻想与我们的日常世界发生接触的时候了；事实上，现在正是时候，因为那些一直在为我们服务的偶像正在迅速瓦解，我们的精神世界很快就会像一座被遗弃的房子一样，屋里连一件有用的家具都没有，而大范围的破败和破坏则正在威胁着那些曾经看似永恒的机构。除非我们能为我们的生活编织一种新的模式，否则人类文明的前景就会像斯宾格勒先生[1]在《西方的没落》一书中描述的那样惨淡无光。我们不是在理想之地与现实世界之间选择，而是在理想之地与一无所有（虚无）之间选择。事实已经证明，其他文明不利于创建美好生活，它们已经退出了历史舞台；

除了我们自己的乌托邦意志（对理想之地的坚定信念），没有什么能够阻止我们步其后尘。

要阻止西方文明衰落，重建的第一步就是改变我们的内心世界，并为我们的知识和预测提供一个新的根基。发挥社区的潜在力量（这是重建理想之地的核心问题），不仅仅是各种专业思想家及其政治追随者所强调的经济学问题、优生学问题或道德问题。马克斯·毕尔[2]在《英国社会主义史》一书中指出，培根主要是在科学和工业的应用中寻找人类的幸福。但现在很明显，如果仅靠这一点就足够的话，我们明天就可以生活在天堂里。另一方面，比尔指出，莫尔希望通过社会改革和宗教伦理来改造社会；而现在同样明显的是，如果人们的灵魂能够在不改变其物质和体制活动的情况下发生转变，基督教、伊斯兰教和佛教几乎可以在过去2000年中的任何时候创造出一个人间天堂。事实上，就像比尔指出的那样，这两个概念仍在相互撕扯：理想主义和科学在不同的隔间发挥作用；然而，只有将它们二者结合起来，才能实现"地球上人类的幸福"。

如果我们要建立真正的理想之地，而不是根据焦煤镇、庄园、民族国家这样的假乌托邦，以及我们效忠的带有偏见和不足的神话，来塑造我们的行为，我们就必须重新审视这些有助于我们重建我们所处环境的偶像。因此，我们不得不考虑科学和艺术在我们的社会生活中所处的地位，并讨论我们必须做些什么，好让它们在"改善人类世界"的过程中发挥更大作用。

第十二章

二

曾经有一段时间，知识的世界与梦想的世界之间是没有分开的；那时的艺术家和科学家，出于各种实际目的，都是通过相同的透镜去观察"外部世界"。我们今天所说的"科学"，在以前不过是共有的知识和信仰库中的一部分，这些知识和信仰构成各个社会的文学，或者像克罗泽[3]博士说的那样，构成各个社会的"圣经"。对西方世界而言，柏拉图之死，以及亚里士多德学科划分制度的出现，拉开了科学偏离文学这一主体的序幕。从那时起，各门独立的科学愈发将自己与一般知识体系隔离开来，所采用的研究方法也是此前的哲学家和圣人所不知道的；到了20世纪，分化过程已经完成，此前作为科学纲要的哲学已经消失，变成一种难以理解的黏性残余物。

当亚里士多德将自己的著述分为通俗的和深奥的（大众的和科学的）两大类时[4]，他必然注意到文学中存在两个彼此独立的分支，这是两种不同的认识世界的方式，也是两种完全独立的解决问题的方式。第一个分支是哲学家、先知、诗人和普通大众的分支。它的背景是人类经验的普遍性，它采用的方法是讨论和会议，它采取的标准是正式辩证法的标准；它的利益具体来说就是社会利益；任何人对它都不陌生。随着亚历山大学派的衰落，希腊思想日益僵化，第二个分支也开始缓慢地发展。直到18世纪，它的追随者才被称为自然哲学家，以将他们与更人性化的第一分支的信徒区分开；直到19世纪，这一分支才被普遍称为科学，科学的实践者才被称为科学家。

在《斐德罗篇》中，苏格拉底表达了人文主义的文学观，他说：

"你知道,树木和田园不会教我任何事情,而城里的人则能教我。"描述科学态度的最简单方式就是说,它毅然决然地不再关注城市中的人,而是关注树木、田野、星星,以及严酷自然的其他部分。如果它真的关注到了人,就像一句旧语所说,它看到的人也不过是行走的树木而已[5]。苏格拉底说:了解你自己。科学家则说:了解人类统治之外的世界。随着科学的进步,科学的态度也变得更加僵化;不幸的是,文学与科学之间,人文科学与自然哲学之间的冲突也逐渐形成,这使得艺术与科学之间出现了我们现在所要探讨的独特的转折点。

现代科学的发展,如今可以通过阿拉伯思想家一直追溯到古希腊;但是,科学已经取得的巨大进步,可以追溯的时间则不超过三个世纪。基于数学、物理学、力学和化学领域所掌握的关于物理关系的精确认识,被粗略地称为"工业革命"的惊人变化才得以出现。如果有人质疑思想世界与行动世界之间的重要关系,那么工业革命,特别是它的后期阶段,将会为我们提供最有效的证明;因为在现代工业城市的摩天大楼、地铁、工厂、电话线和下水道之下,是西方物理科学的无形基础,这些都是以波义耳、法拉第、开尔文、莱布尼茨,以及其他科学家所做的理论研究为基础,一点一点构筑起来的。物理科学偶像已经产生了极为深远的影响,我们完全没有必要在这里对此多加叙述。所有人都意识到了技术进步对理论科学的依赖程度,尽管克鲁泡特金曾指出,科学家在承认科学本身对实际发明所做的贡献时,有时显得有些迟缓。我们似乎可以这样说,机器的现实世界目前就是寄生在这种知识体系上的一种寄生虫,如果宿

第 十 二 章

主被歼灭,它也将很快被饿死。

科学提供了事实数据,凭借这些数据,实业家、发明家和工程师改变了现实世界;毫无疑问,物质世界已经发生了变化。不幸的是,科学在提供了数据之后,它的工作也就结束了;从科学的角度来看,至于人们将化学品的知识是用来治愈病人还是毒害自己的祖母,这些都不是科学关心的问题,也不是它感兴趣的问题。因此,随之而来的是,虽然科学赋予了我们改造世界的手段,但是人们如何改造世界,在本质上却与科学无关。因此,正如我所建议的那样,由文学和艺术建立起来的庄园、焦煤镇和民族国家偶像,为这些变革指明了有效的方向。到目前为止,科学还没有被那些科学地看待人及其制度的人所使用。至于将科学方法应用于人及其制度之中,几乎还没有人尝试过。

即使人们对这最后一句概括加以限定,它的轮廓也是清晰可见。培根在《新工具》一书中,粗略地概述了所谓社会科学的发展历程;但直到18世纪,得益于魁奈[6]和孟德斯鸠[7],这一运动才取得了真正的进展;时至今日,经济学、政治学和社会学中被称为科学的很大一部分都是变相的文学——在这些作品中,科学术语被接受为取代实际真理的科学方法,塑造行为的努力压倒了得出正确结论的尝试。事实上,在经济学家和社会学家中,关于他们的研究对象是否让他们够得上科学家的荣誉称号,一直都是争论不休。

物理科学的拥趸不信任社会科学和人文科学也并非没有理由,所以,例如,英国科学促进会[8]长期以来只有一个专门讨论社会科学的部门,其中作为诸多社会科学之母的社会学被作为人类学的子类别予以收录！研究人员对人类的研究越深入，就越容易被人类的复杂性所淹没，就越倾向于采用小说家、诗人和先知那种迅速而轻松的以局部替代整体的方法。在粗糙而灰暗的科学术语的掩饰下，单单是隐瞒这种诱惑之举，就意味着社会科学家甚至连一名好的文学家都算不上，自然也就不会成为一名好的科学家。

因此，在受到科学影响的外部世界，与尚有大量领域未被征服的贴近人类及人类制度的内在世界之间，存在巨大的差距。虽然纽约的物理设施与公元4世纪雅典的相比，就像雅典的物理设施也与法国旧石器时代前期奥里尼亚克的洞穴相比，但是，城市中人的生活，或许比柏拉图所发现的更混乱、更徒劳和更不完整。这种反差的寓意其实根本不用花这么多言辞来指出。科学偶像是不完整的，因为它主要涉及的是人类生活的物质层面；它的跨度仍需不断扩大，才能用科学术语来描述、测量和把握每项活动和每种状态。鉴于我们在对物质世界的现代化改造方面已经取得了重大进步，几乎所有人都认为，要让社会生活取得永久性进步，我们必须对社会科学业已提供的事实有更加彻底和现实的了解。在军队进军某地之前，最好是能在脑海里先有一幅关于该地的地图。因为缺乏这样的地图，所以我们在进军理想之地途中每天所做的改进都是一种浪费，我们只能在没有秩序，没有足够设备，毫无总体规划的情况下盲目行进。

第十二章

三

在某种程度上，每门科学都有可能为研究而研究，并不考虑研究的成果。凡勃伦先生在《科学在现代文明中的地位》一书中很好地指出，好奇心是科学诞生的源泉；为了科学自身而研究和发展的科学，无疑是人类最伟大的玩具之一。在这方面，虽然科学追求的是一条与艺术截然不同的沉思生活之路，但它与艺术的终点却是一样的——主要兴趣都是审美兴趣，一种纯粹知觉上的快乐。因此，科学本身就是一个世界，它能自给自足：它无须与现实世界接触，现实世界中的争斗、爱恨和一日三餐都与它无关。在它自己的世界里，科学既不比神学、占星术或寓言神话更坏，也不比它们更好。

但是，科学与人类日常生活的分离，并不完全是一件好事。如果科学在向前发展的过程中只关注自身的价值观，它往往就会忽视现实；而离开现实，它的价值观也就毫无意义。科学脱离现实生活之后，我们很难确定科学到底是在哪个时点上失去了与社会的关联性；但在我看来，这样的时点是存在的；当各门科学与现实社会分离、不再发生任何关联时，科学就会从公众世界隐退，遁入专家的私人世界；从专家的私人世界中获得的知识，很难再被带入现实社会，滋养现实社会中的普通生活；即便这些知识被带入现实社会，就像细菌学被用于治疗疾病一样，这些知识依然缺乏对整体情况的考虑，而也正因如此，许多医学领域的专业进步，都沦为了科学狂人的消遣物。

我认为，科学与现实世界失去联系是非常危险的，因为这样一来就会减少科学对日常事务的影响程度，就像与世隔绝的宗教通过为现实生活确立一些无法遵守的限制条件，为许多纯粹的懒散和低贱打开了道路，通过要求毕斯托尔和福斯塔夫[9]像基督一样生活，以防这些生物学上的恶棍达到罗宾汉那样的程度。科学与社会生活相分离的结果便是，迷信在普通人群中取代了科学，成为一种更容易理解的现实版本。

今天，整个知识体系都处于一种混乱无序状态，它之所以缺乏秩序，正是因为它与创造知识的社会缺乏任何明确的关系，而它反过来又为人类社会提供了观察世界的透镜。我们必须用下面的损失来抵消科学日益专业化所带来的收益：那些粗制滥造的科学给社会带来的各种损失，以及占星术和唯灵论等骗术给社会带来的损失。这些骗术用外行人能理解的语言，就人类在宇宙中所处的位置，成功地给予完整的说明。因而，在我看来，在科学的培育中，必须建立一套明确的、与社会的基本需求有一定关系的价值观体系。科学能独立于人类价值观而存在，这是一种严重的迷信：对秩序的渴望，对安全的渴望，对审美上令人满意模式的渴望，以及对名望的渴望，对被王子宠爱的渴望，都在科学的发展过程中发挥了作用。尽管科学的逻辑可能会在其内部运作中尽可能地忽视人的因素，但也正是因为人们对无私的智力活动给予了一定的重视，所以现代社会才会排除其他利益和要求去追求这些活动。

让我们把这个问题具体化。一个将化学科学发展到只需几次有毒气体爆炸就能摧毁整个城市这一地步的社会，正处于一种相当危险的境地。如果它所拥有的科学没有帮助它建立理想之地，科学就

第 十 二 章

会为坎坷邦[10]或者简言之"地狱之门"提供便利。事实上,科学知识不仅提高了现代社会生活的可能性,它还降低了生活的深度。科学一旦脱离价值观的约束(它在过去的一个世纪里一直都是这样),就会朝向社会秩序的非人性化方向发展。有人认为应该允许每门科学在不受控制的情况下走自己的路,对这种说法我们应该立即反驳指出:既然它们在战争和工业中的应用带来了如此多的灾难性后果,它们显然需要得到一定的约束。

我们必须做好准备认识到,并非所有"真理"的基础都很崇高:有些很重要,有些则微不足道;有些是无害的,有些则是危险的;尽管对真理的追求本身是件好事(完全自由是良好社会生活的必要条件),但是,某些门类的科学可能需要通过其他领域的工作来加以抵消和纠正。在现代西欧社会,从社会学视角去审视战争与和平的原因和条件,是纠正应用物理科学造成的不良现象的必要条件,如果不进行这种纠正,单纯增加科学知识(我们自夸的科学知识)可能会对社会上的美好生活实践非常不利。

四

如果要在尊重人类价值的明确等级的情况下重新培养科学,在我看来,科学必须再次关注特定的地方社区,关注这些社区急于解决的问题。就像埃及的几何学产生于每年都要重新测量被尼罗河洪水淹没的地界的需要,迦勒底的天文学产生于每年都要确定作物种植季节的变化的需要,地质学诞生于近代社会,也是因为休·米勒[11]等石匠必须解决他们当时遇到的不少问题；今天的科学虽然还不完整并存在偏颇，但我希望科学能对特定社区的现有条件和智力资源展开调查，并沿着必要的路线向前发展。

一方面，科学必须与科学思想观念相接触，必须与世界范围内众多的科学努力相接触，这个科学共同体世界的形成，不是任何一个地方、任何一个人、任何一个时代单独努力的产物。另一方面，它又必须与特定时空内明确的地方社区发生联系，只有在这一确定的时空之内，它的研究和猜测才能得到实现和应用。我认为，从这些对现有条件的调查中，我们会发现：在社会心理学、人类学、经济学中，还有大量的事实和关系有待描述；类似地，像颅脑学、法理学和民俗学这些分支学科，与它们的研究可能会对影响我们对社区发展的控制这一点所具有的任何真正重要性相比，则发展得有些过头了。这样的调查首先会暴露当代社会学思想的弱点、社会学专业的浮夸和自负，以及对"将要培养的领域"缺乏普遍的一致意见。

科学除了作为人类的玩物能够发挥巨大作用外，只有在它的研究能对特定区域具体社区的环境产生影响的情况下才有价值。作为玩物的科学与作为工具的科学之间的区别，就像为了娱乐而对着靶子开枪和为了食物而对着雄鹿开枪之间的区别一样。作为工具的科学，意在使我们与他人、与我们的周围环境建立更加有效的联系。一个人对着靶子练习射击能带来极大的乐趣，顺便说一下，它也能提高一个人的枪法；这种游手好闲的运动也许是文明社会的耻辱之一。然而，除非这一技能可以帮助我们获得我们明确想要的结果，否则它仍然只是我们的个人成就而已，给整个社区连一磅肉都带不

第十二章

回来。如果科学想要发挥出培根、安德里亚和柏拉图,以及其他伟大的人文主义者所期望的重要作用,它必须在我们的当下生活中发挥作用,帮助我们获得我们想要的结果。

英国已经认识到了这种科学人性化需求。在过去10年中,有一场运动在学校中取得了进展,并扩展到学校之外的协会。这场运动就是"区域调查运动"(Regional Survey),我相信它的发源地就是爱丁堡的展望塔[12],它在20多年前被很好地描述为"世界上第一个社会学实验室"。

区域调查运动的目的,是选择一个地理区域,对该区域的各个方面进行调查。它不同于我们在美国常见的社会调查,因为它主要不是调查各种罪恶;相反,它调查的是当前境况的所有方面;它关注历史上自然和人类境况的发展情况,就像人类学家、考古学家和历史学家所呈现的那样,同时又比社会调查更强调环境的自然特征,这些自然特征是由地质学家、动物学家、生态学家发现的。简而言之,区域调查试图对所有专家掌握的"知识"进行本地综合。

这种调查是在各个地方科学团体的支持下,在英格兰东南部进行的;其结果便是对所调查社区的基础、过去、工作及生活方式、制度、地区特点,以及该社区对重要物质资源和社会资源利用情况的完整描述。每门科学都会利用自身知识体系来阐明观察到的要点;当因缺乏科学或学术数据而出现问题时,就会开辟新的研究路径,界定新的研究领域。

如果是通过区域调查运动的方式来观察社区,调查人员处理的就是真实的东西,而不是任意的幻想。只要当地社区与其他国家的类似地区有某些共同点，或者吸收了其他文明的要素，这些东西就会被赋予充分的价值，而不会因为它们弱化了当地社区的身份（即民族国家那个宝贵的神话）而遭到忽视。调查得出的大部分数据可以绘制在地图上，或者以图形方式显示在图表中，或者被拍成影像资料。在英国的萨弗伦沃尔登，有一家令人钦佩的小型博物馆，专供这个地区举办展览所用；在爱丁堡的展望塔，曾经有一座图书馆和一个展览设备，人们可以从自己站立的地点开始，在头脑中向外延伸，去拥抱整个广阔的世界。以这种方式呈现的知识是可用的，任何遇上它的人都可以阅读；它具备科普的所有特征，因为它会刊登在廉价的报纸和杂志上；然而，它仍然是真正的科学，而不会被认为是那些介于奇迹与迷信之间的东西。

区域调查所获得的知识具有连贯性和精确性，这是任何孤立的科学研究都不可能具备的。由于这种科学知识的呈现方式较为特殊，它可以被每个受过基础教育的社区成员所吸收，因此它不同于孤立的学科，而孤立的学科则至今依然是专家的遗产。最重要的是，这些知识不是"主体"，不是那种彼此孤立的知识；它是对整个区域的认识，社区的各个方面都考虑到了；工作方面与环境方面、娱乐方面与工作方面的关系，变得相当简单和容易理解。这种确定的、可验证的、本地化知识的共同组织，是我们所有的党派乌托邦和重建计划所缺乏的；知识如果没有这些特征，便是片面的、无知的和抽象的，不过是设计纸质程序重建一个纸质世界而已。

因而，区域调查是一座可以让整天在图书馆和实验室忙碌的专家，与活跃在其所在城市和地区生活现场的工作人员，相互接触的桥梁；通过这种接触，我们便可能将我们的计划和我们的理想之地，建立在科学家可以为我们建立的以事实为依据的永久基座上，而科学自身也会在一定程度上考虑到人类的价值观和标准，这些价值观和标准都是包含在当地社区的需求和理想之中的。这是摆脱目前僵局的第一步：我们必须回到现实世界，面对现实世界，对现实世界进行复杂的整体调查。我们的空中楼阁必须把根基建立在坚实的土地之上。

五

对科学进行必要的重新定位固然重要，但这还远远不够。知识是一种工具，而不是一种动力；如果我们只是了解世界而无法改造世界，我们就会犯下漫无目的的实用主义之错；我们设计的机器固然精巧，但却无法驾驭它们，使它们服务于任何连贯和有吸引力的模式。

如今，能够打动人们的是人类自身的本能冲动，以及空想家设想出的带有丰富情感色彩的思想观念模式或偶像。当我们在创造这些思想观念模式时，我们应放大环境因素，这样我们的行为就会被我们寻求在想象世界中建立和享受的环境所引导。无论马克思对社会的分析多么粗糙，它至少有一个优点，就是提出了一个伟大的梦想——有产者与无产者之间进行激烈斗争的梦想，在这一梦想中，每位工人都有明确的角色要扮演。如果没有这些梦想，社会科学的进步，就会像物理科学在现实物质生活中的应用一样混乱无序、裹足不前；在没有任何真正价值尺度的情况下，如果一款领扣的设计专利碰巧能给发明者带来巨大的经济回报，这款领扣就会被摆到和钨丝同等重要的位置上。

六

直到 17 世纪中叶，在现代物理学严格界定其领域之前，始于亚里士多德的文学与科学之间的鸿沟并不完全存在；人文主义理想仍然完好无损，文学和科学都被认为是人类智力活动中同时出现的产物。文艺复兴时期的两位主要人物达·芬奇和米开朗基罗都是既懂艺术，又精通技术和科学；如果我们把米开朗基罗所写的十四行诗，与他参与重建的圣彼得大教堂的照片加以对比，我们就会发现，米开朗基罗的诗作[13]显然要更胜一筹。文艺复兴的伟大贡献在于，它展现出了充满活力的人类这一理想，其表现形式，不论是艺术家和科学家，还是技术人员和哲学家等，都充满了生命的活力。这一理想对那些重要性较小的人物也产生了很大的影响，如令人敬佩的克莱顿[14]和沃尔特·雷利[15]爵士；甚至到笛卡尔时代，它也促成了智力生活的繁荣，而这种繁荣则是文艺复兴的再现。夸美纽斯在1623年写了一本非凡的小书，名为《世界的迷宫与心灵的天堂》，他在书中将科学和艺术的前景完美地合而为一；这部作品的第一部分，是夸美纽斯对他所看到的现实世界进行的如画般的描写，第二部分描绘的则是基督教信仰中承诺的升入天堂世界的画面。夸美纽斯这部作品背后的灵感，同样启发了安德里亚；如果不是因为这部神学乌托邦（心灵的天堂）是彻底的空想，夸美纽斯的这一杰作将会在乌

第 十 二 章

托邦思想史上享有很高的地位。

就我所知，科学与艺术、知识与梦想、智力活动与情感活动的分离，缺乏真正的逻辑基础。它们之间的分离不过是为了方便起见，因为这两种活动都是人类从其所处的混乱世界中寻找秩序和发现自己的一种努力，只不过模式不同罢了。这便是人文主义的观点。我来举个例子：当英国皇家学会在17世纪中叶开始筹建时，约翰·安德里亚给当时还在伦敦的好友塞缪尔·哈特利布[16]提了一个建议：在追求自然科学的同时，不要忽视人文学科。不幸的是，聚在一起组建皇家学会的人都是物理科学方面的专家；由于当时严苛的宗教氛围使得人文主义传统逐渐消失，他们已经失去了对完整生活的渴望。因此，皇家协会的原始章程，便将其工作仅仅局限于物理科学。

尽管在今天看来，这个决定在科学史册上微不足道，但在我看来，它却是人类思想上一个重要的转折点。从此以后，科学家变成一类人，艺术家则变成另一类人；科学偶像和艺术偶像开始各奔东西；艺术和科学也从此渐渐丧失了人性。值得注意的是，人文学科与科学分道扬镳之后，艺术与科学便走上了不同的发展之路；这两条路尽管有诸多差异，却也惊人的相似。例如，艺术和科学都不再是社会的共同财产；它们都分裂成多种专业。在这一过程中，艺术和科学取得了许多显著进步；因此，这一时期常被称为"启蒙运动时期"或"进步时期"；但是，它们对社会所产生的影响，则是我们在讨论焦煤镇和庄园时所看到的。

七

现在我们需要讨论一下艺术在现代社会的发展情况。在中世纪最繁盛之时，就像在公元前 5 世纪的雅典一样，艺术发展成为一个活跃的统一体。人们不会专门跑到音乐厅去听音乐，跑到教堂去祷告，跑到剧院去看戏，跑到画廊去看画展；事实上，在中世纪，一座城市如果没有一座大教堂和几间礼拜堂，就算不上是一座好城市；在这些场所，戏剧、音乐、建筑、绘画和雕塑都被合而为一，目的是改变人的情感本质，使他们接受来世乌托邦这一神学幻象。

大多数人都只熟悉个人主义和新教运动在宗教领域的影响，然而，这些原本一体的艺术形式被分裂为不同的场所，正是走向个人主义和新教运动的一部分。在这之后，音乐、戏剧、绘画和其他艺术形式都开始独立发展，每一种形式都被迫建立一个独立的世界。这些艺术领域所取得的大部分成果并未惠及整个社会，而是仍由艺术家本人，或者是来自庄园中的他们的私人赞助人和鉴赏家所拥有。除了 18 世纪意大利和日本的木刻，以及从中世纪流传下来的少数民谣和戏剧的残余外，流行艺术成为粗俗、矮矬和压抑的代名词。19 世纪流行的建筑风格是如兔子窝一般昏暗矮小的红砖房，流行的宗教体现在浸信会和卫理公会的铁皮或砖木教堂（英国人称之为 chapel）上，流行的音乐是街头卖艺人的手摇风琴弹奏出的曲调，流行的绘画是带日历的平版印刷画，当时的流行文学则是故事动人但却毫无文学价值的廉价小说。

上层社会的高雅艺术与社会大众艺术脱离后，除了艺术家个人

第十二章

树立的标准外，其他任何标准往往都不复存在。这里将艺术与科学做一比较也是极其恰当的。从某种意义上讲，艺术世界就是一个独立的世界，它可以在一段时间内自由发展，无须顾忌其所在社会的欲望和情绪。但是，"为艺术而艺术"（Art for art's sake）这一宣言在实践中却是完全不同——实际上是"为艺术家而艺术"；而以这种方式创作出来的艺术品，没有任何外来的评判标准，往往只是沦为克服神经焦虑或使艺术家恢复内心平静的工具。由于与其所处的社会相脱节，这样的艺术家只能指望自己；他不再试图创造一种所有人都可分享的美，而是致力于从一种尖锐的视角来展现其眼中看到的这个世界——我将这一视角称为"如画美"（picturesque）。这种脱节的原因，我在讨论庄园那一章中已经指了出来；我们所担心的这种脱节所带来的影响，艺术家本身对此并没有太大责任。

这种"美"（beauty）与"如画美"之间的冲突，可能是所有艺术所共有的；若有足够的事实细节，我也许能够追溯一下它对文学和音乐的影响。为了简明起见，我将只讨论绘画和雕塑，但有一点，就是我们的结论基本上适用于整个艺术领域。

在进一步讨论之前，请允许我做一下强调：我使用"美"和"如画美"这两个术语，完全不同于它们通常所含有的那种含糊不清的意义；而且在使用这两个术语时，对于它们在美好生活中的地位和价值，我没有丝毫成见。"如画美"这个词用在这里似乎有些随意，它代表的是视觉、声音或意义的抽象特征，能给我们带来一种纯粹的审美体验。在绘画中，"如画美"可能是由庄园中有闲阶级的如下发现而产生的：通过延长对绘画主题的沉思时间，能够达到狂喜状态,这是一种因审美而产生的催眠状态,能够体味到极度的快感。在这一发现之前,绘画还只是室内装饰的一个分支;对民众而言,基督教世界的伟大画作,不过是中世纪神学提供的历史纲要中的插图而已;这些作品都有它们各自的历史背景和社会目的。

随着"如画美"作品与基督教会艺术主体不断分裂,除了在社会事务安排中可能扮演的角色外,绘画本身就成为一种目的。这种变化的具体表现就是风景画的兴起:在追求纯粹审美体验的过程中,画家开始寻找那些与人类毫无利益纠葛的主题,也就是纯粹的沉思。进入19世纪,作为社会艺术形式的绘画和作为达到沉思狂喜之手段的绘画之间的裂痕进一步加剧:就连那些沿袭老艺术家创作方法的学究式画家,也不再进行相同领域的创作,而革命派画家(先是印象派,接着是立体派,随后是后印象派或表现派)则为焦煤镇艺术的普遍无关性所迫,他们的作品差不多只有同一派别的画家才有能力欣赏。

现在,我绝对不会低估艺术完全脱离社会生活之后所获得的成就。在与产生他们的社会群体脱离之后,艺术家们能够追求其独立的创作方式,达到普通人可能无法触及的极限:他们拓宽了审美快感的范围,给绘画世界引入了新的价值观;而让新的价值观得以产生的社会疾病消失之后,这些价值观则会继续留存下来,就像牡蛎的疾病痊愈之后,人们能从牡蛎中得到一颗珍珠。从山顶看到的景色让人心潮澎湃,因为很多人在登上山顶前都会感到头晕恶心;而且,就像追求真理一样,除了它在社会上可能实现的任何价值,对审美价值的追求本身就是一种享受。我相信,已故画家塞尚、梵高

第 十 二 章

和瑞德[17]等人,一定会坚持他们自己的立场,不让艺术的边界无限地缩小到纯理论范畴。

我们无论如何都不能再像忽视科学专业化的危害那样,忽视强调"如画美"对艺术产生的影响。关于美在历史上如何随着"如画美"在艺术领域的发展而从人类生活中逐渐消失的相关讨论,几乎已是陈词滥调。与他们的祖先曾经经历的比起来,尽管这些高雅的少数人的生活可能更加辉煌壮丽,但"残缺的大多数"(mutilated many)却被迫生活在大城市和黑暗丑陋的乡镇,其黑暗丑陋的状态可谓前所未有。换句话说,我们对内心世界的情感体验变得更加敏感,而对事物、对表面光鲜的外部世界则变得更加麻木。我们在关注内心世界的过程中,已在很大程度上失去了对美的把握;我这里所说的美,是一种品质,是每样物品(从一尊残缺不全的雕塑到一座建筑)所展现出的那种既能满足实用需求,又能在此基础上符合审美价值的品质(这种价值在纯粹的"如画美"中得以抽象出来并得到加强)。从这个意义上说,正如爱默生认为的那样,"美"建立在"必要"的基础之上:它是内在优雅的外在体现,它的出现是人性化生活的表现;它的存在和发展实际上是社会活力的一种标志。

艺术家与社会脱节,将精力从对美的阐释转移到对"如画美"本身的追求上("如画美"本可在美中实现),脱离任何实际需求,所失去的一切几乎没有从独立的艺术世界的发展中得到补偿。其结果便是,本来应该由功底深厚的艺术家完成的工作,却让能力平平甚至能力低下的人完成了。给我们造出大量房子的,是偷工减料的无名建筑商;给我们的城市做规划的,是一心想从下水道和铺路合同中大捞一笔的不负责任的工程师；给人民大众讲解什么是美好生活的，是贪得无厌、愚昧无知的成功商人，如此种种。由于缺少真正的艺术家，我们在现代社会中做得一塌糊涂的事情数不胜数。

以上泛论适用于整个艺术领域。文学和艺术中的大部分创造性想象与规划，都对我们所生活的社会影响不大，也没有为我们提供创造性地应对我们身边环境的典范、形象和理想。然而，很明显，如果有人能为美好生活注入灵感，其来源必然不会是其他人，而是伟大的艺术家。就像塔尔德[18]在他精心构思的乌托邦幻想《地下人》中指出的那样，对繁荣的社会生活来说，"美学生活，以及对真理和美之信仰的普遍传播，是不可或缺的"。恋爱中的人都能感受到，自己每天做的苦差事，可以通过情感刺激而得以转化；而艺术家的工作，就是要使这种由苦变甜的过程永久存在，因为艺术家与普通人之间的唯一区别就在于，艺术家可以说是一直都被爱包围着。正是艺术家这种对美好事物的生动想象，能够将人们聚集到一起，给他们提供一种愿景，重塑他们自己的生活和他们所在社会的命运。

八

无论现代艺术家如何发挥或挥霍其自身能力，很明显，他们都有用之不尽的力量储备。例如，是什么使得美国如此完全致力于去征服物质世界？为什么我们如此热衷购买图文并茂的周刊和月刊上广告栏里那些诱人的商品？改善拓荒者艰苦原始生活的必要性，确

第十二章

实是其中的重要原因之一；但是，这种生活传统反过来又催生了所有的二流艺术家，他们为大众报纸写稿、作画，给话剧和电影剧本设计情节；因为大多数可怜人都从未受过任何人道主义教育——他们只知道纽约、洛杉矶等几个大地方，只熟悉自己所在时代的成就，所以他们在自己心爱的社区中全心全意地致力于理想化的许多东西，都是粗糙的、丑陋的或愚蠢的。这样一来，商业偶像便被那些只熟悉商人标准的"美工"延续了下去。

因此，由于美国艺术家视野有限，正在长成的一代人只能追捧杰克·伦敦[19]先生、鲁珀特·休斯[20]和罗伯特·钱伯斯[21]的作品，天知道除了这几位以外还有谁会有高尚的思想；在没有达到较高的戏剧欣赏水平时，年轻一代说起话来就像塞缪尔·希普曼[22]先生情景剧中的男女主角；年轻一代对斯坦劳斯[23]设定的那种美兴奋不已。认为普通人不喜欢艺术的观点是极其荒谬的。普通人崇拜艺术，生活中也离不开艺术；如果他们无法获得一流的艺术，他们就会接受二流、三流甚至不入流的艺术。尤金·奥尼尔[24]是为美国舞台做出重要贡献的唯一剧作家，透过他的成功我们发现，让人们远离好艺术的唯一方法就是不提供它。如果我们真正的艺术家不是如此漠视自身责任，如果他们思想上足够成熟，能够挑起这个职业的全部重担，年轻一代就仍然可能拥有索福克勒斯、普拉克西特利斯[25]和柏拉图等人所塑造的理想模式。我们真正的艺术完全迷失了方向，与社会彻底脱节，这是一种可怕的神经官能症的迹象，无法凸显丝毫的审美能力。要认识到艺术家的经典角色，我们必须找到像尼古拉斯·林赛[26]这样才华横溢、能力出众的人。

当艺术家为了自身而从事艺术创作时,多半会出现神经质的个人主义的症状;这种症状将艺术家从公众世界里驱逐出去,使其身陷个人的主观世界之中,成为该世界里桀骜不驯的造物主,独自统治着整个主观世界。反之,当艺术家为了公众而创作时,便是用外向者(the extrovert)的恶习代替了内向者(the introvert)的恶习。请允许我强调一下,当我说艺术必须与社会保持密切联系时,我并不是说艺术家必须迎合公众的兴趣或要求。艺术在其社会环境中,既不是艺术家的个人宣泄,也不是平息社会虚荣心的药方;艺术本质上是一种手段,借此手段,阅历丰富之人可以将他们的情感用图案和形状的形式表达出来,从而促进彼此间的充分交流。纯粹的艺术免不了会有宣传作用。我的意思是,艺术本就是用来宣传的;如果艺术不能对其所处的社会灌输其思想与意象,如果艺术的存在不能使社会发生改变(无论是变好还是变坏),艺术所声称的一切就都是虚伪而荒谬的。另一方面,如果艺术只是一味地传道,又不免会变得动机不纯,因为这样的艺术无法从共同情感上将人们联系到一起,它倾向于强调人与人之间的差异,并将适合艺术的情感带入一个充斥着传教士和街头演讲人的情绪的领域。正是因为美国的"艺术家"一直动机不纯——在悲剧诗人欧里庇得斯面前讲波莉亚娜盲目乐观的故事[27],在讽刺作家斯威夫特面前宣传"老实人",在拉伯雷面前鼓吹世间美好——他作为一名艺术家才惨遭失败;他远离我们的社会,必须自己熬汤自己喝(他完全是自作自受)。

第 十 二 章

九

如果想要说明艺术家应该是什么样的人、当他成熟到能够认识到这一点并对自己加以约束时他与社会的恰当关系应该是什么样的，不妨来看看威廉·叶芝或乔治·拉塞尔这样的例子。毫无疑问，我们还可以在欧洲找到许多其他范例，但这两位是尤其好的例子；因为有了乔治·拉塞尔，人们可以在他的《民族存在：对爱尔兰政治的一些思考》一书中看到，他是如何将自己对艺术的理解，融入他对爱尔兰乡村生活的革新方案中的。从这些艺术家及其同行的作品中，我们找到了一个最有希望的尝试的线索，那就是建立一个具体的乌托邦，这个乌托邦应该以日常社会环境中的事实为基础，能够随着事实的变化而变化，能够创造性地将社会环境向着人心所向的方向加以塑造。

叶芝先生在《日晷》上发表的《四年》中，解释了他对爱尔兰文学和社会生活的态度；我建议那些孤独的革命者和改革者，他们不知道如何才能让他们那如同枯骨般的教义焕发活力，也能读一下这篇文章。这篇文章特别界定了艺术家与他所秉持的艺术传统的关系，艺术家与他必须扎根其中的社会的关系：

"赫胥黎、丁达尔[28]、杜兰[29]、巴斯蒂昂－勒帕热[30]等人声称，艺术家和诗人必须按照其所在时代的风格进行绘画或写作；比如《仙后》[31]《抒情歌谣集》[32]，以及威廉·布莱克早期那些耳熟能详、常见于书报和艺术长廊之中的诗歌；埃及晚期那些伟大作品，它们建立在埃及古王国时期作品的基础上，从年代上来说，它们之间的时间间隔,比埃及晚期到我们现在还要遥远。"叶芝反对这一观点,他认为艺术家可以自由选择任何与自己的情感和主题相符的风格,因为在艺术的世界里,时间与空间是无关紧要的。他接着说道:"在爱尔兰,我们拥有着想象力丰富的故事,它们在没有文化的阶层中可谓妇孺皆知,甚至为他们所传唱。我们何不让这些故事在修养甚高的阶层中广为流传,为了创作的目的,重新找回我所谓的'文学的应用艺术'(applied arts of literature),找回文学与音乐、演讲和舞蹈的联系?何不趁此加深这个民族的政治情感,令所有的艺术家、诗人、匠人和苦工接受共同的蓝图?也许,这些形象一旦被创造出来,与河流山峦联系在一起,它们便会自己活跃起来,拥有着强大甚至是躁动的生命,就像踏在日本庄稼地里的画中骏马一样。"[33]

我这里引用叶芝先生的观点,并不是要把艺术家限制在描绘美好生活这一单一的功能上。很明显,纯粹的审美体验本身就是好的;当艺术家以图画、诗歌、小说或哲学的方式呈现这种体验时,他所呈现的其实是一部独特且不可或缺的作品。如果用斜体能使这段文字不被忽略,那我就用斜体了。

我所说的"如画美",实际上与托马斯·莫尔爵士在《乌托邦》中高度评价的那种容光焕发的健康体魄一样,既能够自成一体,又着实令人喜悦。即便社会衰落了,"如画美"仍然能够生机勃勃地自我维持下去,而任何人都有时间或能力享受它。我所反对的,是在过去300年中,真正艺术家的领域变得如此狭小,艺术家只关心纯粹审美体验这一狭隘领域,任何该领域外的艺术现象都被他们高傲地拒绝了,这越来越成为艺术家的一种显著标志。我敢肯定,欧里

第十二章

庇得斯、弥尔顿、歌德或瓦格纳也会认为这种态度不成体统、甚至是愚蠢至极,因为艺术的边界与生活的边界是一致的,并不会因其领域的缩小而增加活力。关键是,艺术需要在社会中且为社会发挥作用,同样也要在艺术世界中且为那些被提升到艺术层面的人发挥作用。

正如叶芝先生所说:"国家、民族和个人被一个意象,或是一系列相关的意象所统一,这些意象或是对心态的象征,或是对心态的唤醒——它囊括在千万种可以触及的心态之中,为国家、民族和个人所最难达到之物;因为,只有面对最为艰险的阻碍,我们才能充满希望地沉思,将自己的意志充分激发。"[34]

这些意象是该由那些爱国者、雇佣文人、政客、广告商和已经商业化了的"艺术家"来提供,还是该由真正的剧作家、诗人和哲学家来创造,是一个非常重要的问题。这些意象是为了发挥艺术功效而创造的,而逃避责任的艺术家则在给自己和同类的生活带来更大的困难,因为从长远来看,一个社会,如果由科洛内尔·戴弗、杰弗逊·布里克和斯佳德(帝国文明西进过程中的伟大英雄)[35]来创作严肃文学,那么,即使最单一的艺术培养,都会变成一项难以完成的任务。

纯粹的审美因素在美好生活中占有突出地位,但是,除非艺术家能将人们引向美好生活,否则审美元素必然会离现实生活越来越远,到头来,艺术家的世界与早发性痴呆患者的幻想就越发难以区分。这种艺术不能发挥作用而逐渐带来的破坏,已经在西欧和美国的文学和绘画中显现出来,这种艺术氛围下发出的光亮,也不过是腐败东西在黑暗中发出的磷光。想要让艺术不至于彻底瓦解，难道它们不能越来越关注理想之地吗？

十

言谈及此，我们为新社会秩序制定的方案未免枯燥乏味；因为首先，它们太过抽象且装腔作势而不切实际，没有考虑到人类环境的巨大多样性和复杂性；其次，它们没有创造出任何可以使人向好的鲜活典范。它们"既未受到科学的启发，也未受到艺术的升华"。

由于艺术和科学陷入瘫痪，我们当代的革命和改革方案，并未把我们从混乱无序的生活和工作环境中解放出来。艺术未能为每个地区的美好生活创造一个共同的模式；当我们将为之付出的努力与具有这种共同模式的中世纪文明所建立的城镇相比较时，便会发现，这种失败使得像"花园城市运动"这样如此巨大的努力都变得似乎苍白无力、徒劳无功。没有理想之地这一共同背景，我们在社会修复方面所做的一切努力——新建的建筑、"花园城市运动"、工业电气化和建筑行会等大型工业协会组织已经在英国取得成功，制衣工人似乎也正在美国发挥影响——我想说的是，没有这些共同幻想，我们所有的实际努力都是不稳定的、不连贯的、不完整的。但不要忘了，工业时代的城市无一例外都是以焦煤镇为模型，这并不是通过立法手段强制而来的。之所以如此，正是因为身处可怕的工业化浪潮中心的每个人都接受了相同的价值观、追求同样的目标（为这些价值观和目标做规划的，是李嘉图一类的经济学家、斯蒂芬森一类

第 十 二 章

的工业家和塞缪尔·斯迈尔斯这样的抒情诗人），因为劣质建筑商和工程师的规划，完美地表达了这个社会的野蛮与不和谐。当我们的理念世界发生转变时，为我们造出焦煤镇的相同过程，同样可以为我们造出比焦煤镇更好的东西。

我们对古典乌托邦的讨论，旨在表明，乌托邦思想家用来在书本中构想理想社会的方法，同样能够用来发展出更加美好的现实社会。乌托邦思想家的弱点在于，他们假设任何一个人的梦想和设想都可能在整个社会中实现。那些苦苦寻觅"至爱社会"[36]的人，该从傅立叶、卡贝、赫茨尔甚至约翰·拉斯金的挫折中吸取教训了。我认为，批评乌托邦改造社会之方法的人是错误的，因为他们认为，设想一个更加美好的社会是一种徒劳无益的消遣。这些反乌托邦的批评者忽视了这样一个事实，即决定任何未来的主要因素之一就是人们对未来的态度和信念——正如约翰·杜威所言，在任何对社会实践的判断中，个人对某种假设的信仰，是影响这一假设最终能否实现的因素之一。

当我们对理想社会的典范展开想象并倾向于按照这一典范行事时，我们便克服了既定制度带来的压力。随心所欲地设想新的社会模式、坚持认为人类可以改变社会体制和生活习惯，我认为乌托邦主义者的这些畅想是有充分依据的；与过去那些较为模糊的宗教和伦理体系相比，乌托邦哲学是一个巨大的进步，因为它们已经看出，有必要赋予它们的理想以形式和生命。事实上，在诸如柏拉图等人对理想国度的构想中，"理想"与"现实"早已相遇。

确实，纯粹的乌托邦人忽视了这样一个事实：每种制度都有自己的发展势头；其发展速度可能加快也可能减缓，还可能改变发展轨迹，宗教改革期间的罗马教会从文明的主线沦落为副线便是如此；有时候，在战争或革命的灾难中，一种制度甚至可能完全脱轨和被破坏。理想之地的关键问题在于，从一套制度转变到另一套制度、从一种生活方式转变到另一种生活方式的过程中产生的问题被忽视了。例如，柏拉图的理想国固然引人入胜，但人们好奇的是，在公元前4世纪，希腊有哪座城市能发生这样的转变。转变所意味的，不仅仅是一个目标，而更是一个起点；如果我们要改变世界，就必须要有一个立场可以站稳脚跟，这与阿基米德所说的要用他的杠杆去撬动地球的道理是一样的。只有当我们关注每个地区的局限性、尊重历史的推动作用时，才能让地球与人类的幻想达成一致。这也许是乌托邦人必须学习的最难的一课。

十一

那么，走出目前混乱状态的第一步是什么呢？在我看来，第一步就是要摒弃所有在过去几个世纪已被证明一无是处，或者一败涂地的虚假乌托邦和社会神话。或许我们找不到合乎逻辑的理由去解释，为什么民族国家的神话不应该保存下来；但总的来说，这一神话非但没有对美好生活起到促进作用，反而做了很多事情，使得美好生活变得更加遥不可及；面对无休止的战争、瘟疫和精神毁灭却仍对此坚信不疑，这是一种狂热，这种狂热在后代看来，可能就像现代人回看过去对基督教异端的迫害一样，既盲目又残酷。同样，

第十二章

还有其他一些社会神话严重违背现实,甚至到了只有抛弃对人类现实至关重要的许多价值观念,这些神话才能得以保存的地步;而从实际情况来看,唯有尽早摒弃这些神话,才会有益于社会的发展。我们没有任何理由相信,这些神话会迅速发生转变:战争中的大屠杀只会强化民族国家的神话;相反,我们关于宗教神话的经验则表明,无论如何,即使最后一点社会现实都消失了,社会形式仍会持续存在下去。但是,那些有能力进行智力批判的人越早放弃这些特定的神话,这些偶像就会越早进入所谓"无害的废弃"(innocuous desuetude)状态。

不过,如果我们对人类行为的认知还有价值的话,我们就不可能在不创造新神话的情况下抛开旧神话。18世纪的不可知论者非常明智地认识到,如果他们想要保留自然神论所创造的价值观而否认上帝的存在,就必须重新造出个神来。我并不建议在摆脱陈腐过时和失败的社会神话的过程中,放弃人类喜欢制造神话的习惯,因为无论好坏,这一习惯似乎都在人类的心灵中根深蒂固。获得理性的最佳方式,并不是要抹去我们的神话,而是要尝试给这些神话注入恰如其分的理性,并在这些神话效果不佳的情况下对其加以调整,或者用其他神话来替代。

在摆脱阻碍我们发展的社会神话的过程中,我们不会盲目地抛弃一切而陷入虚无之中;我们应该团结起来,寻求那些与先前不同、因艺术和科学之丰富而生机勃勃的社会神话。只有通过这种方式,我们才能从悠久的乌托邦传统中获得最大的利益。

我们在不同地区展开的乌托邦幻想,并不是一份空白委托

书 [37]，任何人都可以在它上面随心所欲地添上一笔，因为这份委托书中的某些空格里要填写的内容是固定的，而且某些空格也已经填满。首先，所有乌托邦作家都有一个共识，那就是土地和自然资源归全社会所有，并与社会不可分割；即使像《乌托邦》和《自由国》中所描述的那样由个人或合作社经营的土地和自然资源，取得的租金也仍是归全社会所有。乌托邦作品中还有一个相当普遍的观点：既然土地为共同所有，那么劳动也同样是共同职责，没有任何人可以指望依靠世袭的特权或贵族身份而免于从事某种体力或脑力劳动。在乌托邦作品中，还有一个几乎同样普遍的观点，就是认为人类会永远存在下去（这就给人类留下了很大的进步空间），认为只要人类的知识和远见卓识（对未来的认识）还有价值，就应该将其传承下去；这样，就不会使得最鲁莽和没有教养的人因为后代的抚养问题而给社会带来负担，而那些能力较高的人则被忽视或在人口数量上处于劣势。

乌托邦作品都无一例外地强调了实现美好生活所需要的上述普遍条件；除此之外，在乌托邦传统中还存在一些其他条件，某些乌托邦作家曾对此做过经典的阐述。

通过柏拉图，我们明白了出身和教育是多么的重要；我们认识到，良好的教养在美好社会中确确实实扮演着重要角色。托马斯·莫尔让我们意识到：理想的社会应该实行（财产）共同所有制；他建议地方团体可以仿照牛津的各个学院建立共产生活。《基督城》提醒我们，社会的日常生活和工作中必须融入科学精神，像我们今天在工程师身上发现的那种敏锐的实践智慧，不应与人文学实践相

第十二章

脱离。就连19世纪的乌托邦对美好生活也是有所贡献的。19世纪的乌托邦提醒我们，世界上所有骄傲和强大的理想主义，如果没有得到整个经济结构的支撑，也就只不过是幻影，因此，"理想之地"不仅仅是一个精神转化的问题，就像古代宗教所宣扬的那样，而更是经济重建和让地球变得更适宜人类居住的问题。最后，从白金汉和霍华德的作品中，我们懂得了将乌托邦幻想转化为计划、布局和详细方案以供城市规划师使用的重要性；我们或许会想，不能转化为这种具体方案的理想之地，是否将会如常言所说的那样，继续以空中楼阁的方式存在？

总之，在我们所讨论过的古典乌托邦中，蕴含着一种为美好生活创造适宜社会环境的强大动力；从不同的乌托邦世界中，我们可以吸收能够丰富社会方方面面的要素。我们遵循乌托邦的传统，并不是要逃离那些已经对我们产生巨大影响的虚假乌托邦，因为我们需要回到现实中来。更重要的是，我们不只是要回到现实，说不准也许还要重构现实！

十二

在讨论理想之地的根基时，我意识到，我的论证方法有些抽象；我还意识到，当我在讨论我们在不同环境下构建的这些令人骄傲的社会幻想时，我算不上是一个好的乌托邦主义者。让我们现在就回到现实中去思考：当我们离开这些乌托邦作品，重新驱车驶上我们家门外的高速公路，这一切究竟意味着什么？

首先，我认为我们不应该尝试为这个被称作人类的单一单位构建一个单一的乌托邦，因为这样的乌托邦往往不符合区域现实，是区域调查学科所反对的；即使那些因为受过教育而习惯了理解以文字来表现事物的人，都会觉得这样的乌托邦拙劣且缺乏热情。只有当我们论及人类时，这个星球上的所有人才能算作是一个统一体；如果是这样的话，谈论格陵兰岛人、巴黎人、中国人都是毫无益处的，只有在说到大家都同住一颗星球的时候，谈论他们才会有意义；当然，如果这些人能少管闲事、能不那么执着于将自己的制度和偶像强加给他们邻居的话，大家的心情将会更好。

我们必须放弃下面这样的想法：将单一人类阶级（如工人阶级）作为乌托邦的基础，因为这样做同样是徒劳的；工人阶级仅由城市工人组成这样的观念是愚蠢的，我们应该对其加以纠正，将农业人口也包括进来，这样我们就能再次做回"人"（拥有"人性"）。即使我们要给理想之地一个安身之地，也不应以民族国家为基础，因为任何神智正常的人都不会再为民族国家这一神话献出生命，就像他们不会再将自己的孩子送进摩洛神[38]的熔炉；一个好的社会构想不可能以一个坏的偶像为基础。

就领土的范围和特征而言，我们不要忘了，这个星球并不像台球那么光滑，现实生活中任何社会的界限，都是以确定的地理区域为基础，而在这些地理区域内，某些复杂的土壤、气候、行业、生活习惯和历史遗产因素会占据上风。我们不应尝试立即为所有这些社会区域立法，因为我们不能违背威廉·布莱克的箴言：以同一条法律来约束狮子和牛就是暴政。我们从邮政目录中得知，全球有约

第 十 二 章

1500万个地方社会;我们的理想之地必然会在这些真实的社区中扎根,并会通过合作方式吸纳更多有着相似利益需求和身份认同的社区。我们的理想之地也可能会发展为伦敦或纽约这样的大都市,拥有同等规模的人口;但不用说,超出大都市界限的土地,将不再被视为生产农产品的地下工厂。总之,正如帕特里克·格迪斯所说,乌托邦王国,也就是世界乌托邦,将会高楼林立。

我们的理想之地的居民将会熟悉当地的环境和资源,并会有一种历史延续感——这正是那些居住在大都市的纸质世界里、主要靠报纸和书本与外界接触的人已经丢失的东西。纽卡斯尔人将再也不用跑到伦敦去运煤(过去一个多世纪以来外地人一直都是这样做的),因为直接利用当地资源要比从掌控市场的大都市那里获取资源,似乎更为有利,也更加合理。可以肯定地说,在这些形态各异的理想之地,人们会逐渐形成一种新的认识,即有教养的生活本质上是一种稳定的生活;理想之地的居民将会发现,无论是从布鲁克林移居柏孟赛[39],还是从柏孟赛移居孟买,都是多此一举,因为布鲁克林、柏孟赛和孟买,乃至任何其他工业中心城市的制度,在此时都已经完全相同了——只要能够供应世界市场的机械复制商品(mechanical duplication of goods)替代了对地方需求的直接满足,各地的卫生饮水设备、罐装商品和电影便不再有任何区别。

因此,如果理想之地在被战争毁灭的国家中兴起,我们也不应该感到惊讶,因为在这些破败的国家中,都市文明已经土崩瓦解,纸张的威信也不再为人接受。19世纪60年代与德国的战争结束后,丹麦开启了一场真正的理想之地运动:在格鲁特威(Gruntwig)主教的领导下，民间文学传统和教育开始复兴，丹麦农村生活焕然一新，睿智的农民和受过教育的人一同摆脱了困境。如果这样的理想之地复兴发生在德国、奥地利、俄罗斯，也不是没有可能；也许在印度、中国和巴勒斯坦，也是如此；因为所有这些地区现在都面临着如下这样的现实：我们都市文明"繁荣表象下"的贫乏，在很大程度上被忽视了。

尽管理想之地的居民将会在比大都会中心更有限的环境中处理他们的日常事务，但是，他们的精神环境却不会变得狭隘或空洞。或许在人类历史上这是第一次，我们在科学和发明方面取得的进步，使得每个社区都有可能为当地族群的精神遗产做出贡献；而且，当希腊人、中国人、英国人、北欧人和俄罗斯人能够为理想之地公民的精神生活提供养分时，他们是不会蠢到只做百分之百的（比如说）法国人的。我们的理想之地公民，必然会从更广阔的环境中吸取任何可以被当地社区吸收的东西；同时，他们也会增加自然环境中可能缺少的任何东西。

伏尔泰在《老实人》的结尾部分，总结了理想之地公民的主要工作内容：**我们必须培育我们的花园**。真正的理想之地公民的目标，显然是培育自身的社会环境，而不是培育、更不是要剥削他人的社会环境。因此，我们的理想之地规模可大可小，它可能开始于一个村庄，它也可能包括整个地区。一点点酵母就能让整块面包发酵；如果一种真正可行的理想之地的生活模式能够植根于任何特定地区，就可能像焦煤镇在整个西方世界不断复制一样，向整个大陆蔓延。那种认为除非数百万人深思熟虑并下定决心否则社会就不可能发生

第 十 二 章

有效变革的观点,只有懒人和无能之辈才会认为是合理的并加以珍视。既然迈向理想之地的第一步是重建我们的偶像,那么,无论我们现在置身何处,都可以毫不迟疑地为理想之地打下根基。

  我们目前最重要的任务正是要建造空中楼阁。正如梭罗提醒我们的那样,我们不用担心我们的工作会失败。如果我们的理想之地脱胎于我们所处社会环境的现实条件,为其打下根基并不是什么难事。如果没有一个共同的设计,一个宏伟的设计,我们所有重建理想之地的砖瓦都可能会被闲置在砖厂;因为人与人之间的不和谐(人们想法不同)预示着,无论建造什么,最终都会很快瓦解。本书最后一句话是一句完美的忠告。当完美的事物到来时,不完美的事物就会消失。[40]

注释：

[1] 奥斯瓦尔德·斯宾格勒（Oswald Spengler，1880—1936），德国著名历史学家和历史哲学家。代表作《西方的没落》（上下卷）。

[2] 马克斯·毕尔（Max Beer，1864—1943），奥地利裔德国马克思主义记者、经济学家和历史学家。代表作《社会斗争通史》。

[3] 比蒂·克罗泽（Beattie Crozier，1849—1921），英国哲学家和思想家。代表作《文明与进步》。

[4] 亚里士多德的作品分为供普通大众阅读的文集、科学事实的汇编集，以及系统的论辩文集。

[5] 此处英文原文为 men as walking trees，出自《马可福音》（8∶24），说的是一个终身眼盲的人恢复视力后，当他首次睁开眼睛时，人们问他看到了什么，他回答说："我看见人像树一样可以行走。"

[6] 魁奈（Francois Quesnay，1694—1774），法王路易十四的宫廷医师，重农学派创始人。代表作《租地农场主论》《经济表》。

[7] 孟德斯鸠（Montesquieu，1689—1755），法国启蒙时期思想家，西方国家学说和法学理论的奠基人。代表作《波斯人信札》和《论法的精神》。

[8] 英国科学促进会（British Association，简称 BA），成立于 1831 年，由英国女王提供资助，总部设在伦敦。旨在促进科学、工程、技术的发展及公众对此的理解，同时推动科学、工程、技术对文化、经济和社会生活的贡献。

[9] 福斯塔夫是《亨利四世》与《温莎的风流娘们儿》中著名的喜剧人物。他热衷于物质享受的满足、花天酒地的胡闹和欢快有趣的恶作剧，与之形成鲜明对比的是王公贵族庄重、紧张、严肃的宫廷生活，由此构成了一幅 16 世纪英国动荡社会的生动画面。

[10] 坎坷邦（kakotopia，又作 cacotopia），指充满丑恶与不幸之地。

[11] 休·米勒（Hugh Miller，1802—1856），自学成才的苏格兰地质学家、作家。著有《苏格兰北部的传说，或克罗默蒂传统历史》等。

[12] 展望塔（Outlook Tower），苏格兰爱丁堡的一座建筑，位于爱丁堡城堡旁边皇家大道的城堡山部分。1892 年，帕特里克·格迪斯购买并翻新了它，将

第十二章

它改造成了一个博物馆,让人们更好地了解爱丁堡及其地区,以及它与整个世界的关系。格迪斯坚信,展览是一种很好的教育工具。

[13] 米开朗基罗被引用最多的两首诗之一:

21:一旦出生,死亡便是我们的归宿。/ 太阳照耀下时光飞速,/ 所有造物难逃劫数。/ 哀叹终止,欢笑落幕,/ 争斗的智慧与诙谐的语言,/ 结成联盟的显贵家族,/ 尽成阳光中的阴影! 风撕碎的烟雾! / 你我都是俗子凡夫:/ 嬉戏喧闹,痛饮号哭,/ 焚化后尘埃般的遗骨。/ 所有人走上同样的归途。/ 我们的眼睛曾清澈快活,/ 深嵌在眼眶里明亮如炬,/ 现在只余空空洞穴,森黑可怖/——时间拖来这些颓垣断柱。 ——转引自《我,米开朗基罗,雕刻家》

[14] 詹姆斯·克莱顿(James Crichton,1560—1582),苏格兰作家、冒险家。

[15] 沃尔特·雷利(Walter Raleigh,约1552—1618),英国文艺复兴时期一位多产的学者。他是政客、军人,同时也是诗人、科学爱好者,还是一位探险家。

[16] 塞缪尔·哈特利布是一个对科学感兴趣的富有商人,同时也是培根的铁杆粉丝。

[17] 罗伯特·瑞德(Robert Reid,1862—1929),美国画家,印象派十君子之一,美国国家设计学院院士,画作以色彩鲜亮丰富的人物和风景为主。

[18] 塔尔德(Gabriel Tarde,1843—1904),法国社会学家、心理学家、统计学家和犯罪学家。代表作《刑法哲学》《模仿律》等。

[19] 杰克·伦敦(Jack London,1875—1916),美国小说家,19世纪末20世纪初现实主义文学的杰出代表。代表作《热爱生命》《荒野的呼喊》《马丁·伊登》。

[20] 鲁珀特·休斯(Rupert Hughes,1872—1956),美国小说家、电影导演和作曲家。

[21] 罗伯特·钱伯斯(Robert Chambers,1865—1933),美国插画家和作家。代表作《黄袍之王》。

[22] 塞缪尔·希普曼(Samuel Shipman,1881—1937),美国剧作家。

[23] 斯坦劳斯(Penryhn Stanlaws,1877—1957),美国插画家和导演。他画了许多即将成为明星的女孩的画像,被称为"斯坦劳斯女孩",与那个年代的"吉布森女郎"齐名。

[24] 尤金·奥尼尔(Eugene O'Neill,1888—1953),美国著名剧作家,表现主义

文学的代表作家。代表作《琼斯皇》《毛猿》《天边外》《悲悼》。

[25] 普拉克西特利斯（Praxiteles），公元前4世纪的希腊雕塑家，希腊古典后期雕塑艺术的代表人物，善于把神话中传说的人物纳入平凡的日常生活中加以描写，风格柔和细腻。

[26] 尼古拉斯·林赛（Nicholas Lindsay，1879—1931），美国诗人，他主张"诗要能够唱出来"，他在很多地方朗诵他的诗歌，把朗诵表演分为三分之二说，三分之一唱，其实更像一位说唱艺人。他出生在伊利诺伊州，笃信上帝，追求美和光明，最终穷困潦倒而自杀。他在生前是美国最重要的诗人之一，去世后诗名隐没，但在进入21世纪后又越来越多地被提及，重又被认定为20世纪美国最重要的诗人之一。

[27] 波莉亚娜（Pollyanna），出自美国作家埃莉诺·波特（Eleanor Porter）1913年创作的系列儿童小说《波利安娜》，这是一个天使带来的故事，告诉我们每天都要高兴、高兴，教会我们如何在平凡生活中找寻快乐。到1921年它已成为速记法中的一个符号，表示"过分乐观者，被视为愚蠢或盲目乐观的人"。

[28] 丁达尔（John Tyndall，1820—1893），英国物理学家，英国皇家学会物理学教授，法拉第的学生和朋友。他首先发现和研究了胶体中的丁达尔效应。

[29] 卡罗勒斯·杜兰（Carolus Duran，1837—1917），法国肖像画家、艺术导师，法兰西艺术院成员。对委拉斯开兹的作品有深入研究。

[30] 巴斯蒂昂－勒帕热（Bastien-Lepage，1848—1884），法国19世纪乡村风俗画家，其作品在当时的欧洲受到广泛推崇。

[31] 英国诗人埃德曼·斯宾塞1509年出版的一部史诗，描述了骑士霍理士（圣洁）与公主优娜（真理）一同对抗恶龙（邪恶）的故事。

[32] 1798年，华兹华斯与柯勒律治将各自的诗歌合为一册，定名为《抒情歌谣集》。诗集在内容上以平民百姓日常使用的语言描绘大自然的景色和处身于大自然中的人们的生活，抒发了诗人的感受和沉思，开创了探索和发掘人的内心世界的现代诗风。

[33] 《帷幕的颤抖》，（爱尔兰）叶芝著，徐天辰、潘攀译，江苏文艺出版社2010年版，第144页。

[34] 同上书，第 145 页。

[35] 此三人均为狄更斯的小说《马丁·翟述伟》中的人物。

[36] 至爱社会（Beloved Community），美国哲学家约西亚·罗伊斯（Josiah Royce）提出的一个概念，认为爱是比恐惧更能改善社会的强大力量；后来在美国黑人运动领袖马丁·路德·金的倡议下逐渐流行开来。

[37] 空白委托书（carte blanche），源于法语，本意是"空白的纸"。17 世纪第一次出现在英语中时是作为军事术语来使用，当战败方无条件投降后会递交一个协议给战胜方，协议是一张白纸，上面只有战败方司令官的签名，这意味着战胜方可以随意在上面填写条件。到了 18 世纪，该词又慢慢演绎出"全权委托"的词义。

[38] 摩洛神又称巴力，是个长着牛头的风暴之王。摩洛神会带来毁灭性的洪水或干旱，除非人们的祭品能满足他。圣经作者并未描述这个仪式，但罗马作家奥多罗斯描述了迦南殖民地迦太基奉行的仪式：摩洛神的铜像下燃着烈火，祭司把婴儿放在庞大的青铜雕像的双手中。如果神明满意祭品，雕像的双手就会张开，婴儿就会从铜像的手上掉落到火焰中，被火舌吞噬。

[39] 柏孟赛（Bermondsey），位于伦敦南部萨瑟克区的一处居民区，在宽敞的阳台或露台上极目远眺，几乎可以望见伦敦所有的标志性景点。

[40] 又译"当无限完美来临时，那些不完美的便会消逝"，源出于《哥林多前书》（13：10）："等那完全的来到，这有限的必归于无有了。"

参考书目

有些读者可能希望沿着本书开辟的路径，对乌托邦做进一步研究，为此我列出了有关这个主题的主要书目供读者参考。这份书单包括了所有用英语写成的重要乌托邦作品，以及少数用其他语言写成的乌托邦作品；但它并没有穷尽所有的乌托邦作品，因为乌托邦的领地里面既有沼泽和干旱地区，也有肥沃的耕地；除了学术探险家之外，普通人完全没有必要尝试进入乌托邦那些难以企及的地区。

毫无疑问，我在探讨历史上的乌托邦时，有一个粗略的选择标准。首先，我探讨乌托邦的目的是为了改善人类社会，就像一个理想联邦的完整画面所体现的那样，这就排除了霍布斯的《利维坦》和哈林顿的《大洋国》那样的重要政治学著作；所有涉及抽象理想主义的著作，如果没有举例说明基本的乌托邦方法也都没有包括进来，不论这些理论有多么重要。其次,我决定只详细探讨那些对思想和生活产生了一定影响的乌托邦作品,特别是对西欧世界产生过影响的作品。再次,我试图强调经典乌托邦中那些常见的方法和目的,阐明它们在乌托邦世界中的关系及其与当下的联系,而不打算详细展示每部乌托邦作品的写作社会环境。在选择19世纪的乌托邦作品时,我的标准有点摇摆不定;坦率地讲,我之所以从19世纪里选出了那些乌托邦,是因为它们与国家社会主义、单一税收和工会主义等当时的运动有关联,而不是因为它们符合我用来挑选过去几个世纪中的乌托邦的标准。我在本书中为傅立叶和斯宾塞留出了一点空间,对欧文也做了简短的论述,我希望以此将这些有趣而重要的人物放回到他们应得的位置上。毫无疑问,在我对作家的选择上,以及我分配给每个作家的篇幅上,肯定会有不同看法;但至少,哪里有疯狂,哪里就有办法。

这份乌托邦清单并未包含书中所有论点。一般来说,对乌托邦文学的最佳介绍都是用德语写成的;读者可以参阅鲁道夫·布吕赫(Rudolf Blüher)关于现代乌托邦的出色小册子《现代乌托邦对社会主义的贡献》(*Moderne Utopien; Ein Beitrag zur Geschichte des Sozialismus*, Bonn:1920)。范·威克·布鲁克斯(Van Wyck Brooks)先生把我带到了拉伯雷的德兼美修道院的路上,对此我心存感激;在布吕赫先生的指引下,我掌握了通往文艺复兴时期文化的线索。考茨基的《现代社会主义的先行者》,对19世纪的乌托邦进行了最详尽的梳理。马克斯·毕尔的《英国社会主义史》,对乌托邦主义与社会主义的关系做了很好的论述。莫里茨·考夫曼(Moritz Kaufmann)于1879年在伦敦出版的《乌托邦;或社会发展略图,从托马斯·莫尔爵士到卡尔·马克思》(*Utopias; or Schemes of Social Improvement, from Sir Thomas More to Karl Marx*)很值得一读。赫茨勒（J. O. Hertzler）所著的《乌托邦思想史》(*History of Utopian Thought*)，则对乌托邦的幻想家们给予了极大的同情。

在阅读庄园这一章之前，读者朋友可以参阅凡勃伦先生的《有闲阶级论》，在我看来，这是一部在学识和独创性方面独一无二的讽刺作品。我们的社会神话和集体表征的重要性，已经得到以涂尔干为首的法国社会学家们的关注；阿尔弗雷德·富耶（Alfred Fouillée）则论述了思想的动力。乔治·索雷尔的《论暴力》，以及本杰明·基德（Benjamin Kidd）的《权力科学》(*Science of Power*)（特别是第五章），对神话和理想的地位进行了深受欢迎的讨论。

由帕特里克·格迪斯和维克多·布兰福德（Victor Branford）等人编撰、伦敦 Williams & Norgate 出版商出版的"未来的构成系列"(*Making of the Future Series*)，阐释了本书所采用的一般方法和观点。该系列中有两本书很好地探讨了区域主义运动，以及这一运动所依据的基本现实情况，即弗勒尔教授所著的《西欧人文地理学》和福西特（C. B. Fawcett）所著的《英格兰各省》(*The Provinces of England*)。丛书编辑们的两本著作也很有启发意义，分别是《未来的政治组织》(*The Coming Polity*) 和《我们的社会遗产》(*Our Social Inheritance*)。格迪斯教授在思想和实践上都是乌托邦方法的杰出代表，读者可以参考他的《城市发展》(*City Development*)（1904）和《面向城市发展的城市规划：给印度杜尔巴的报告》(*Town-planning towards City Development: a Report to the Durbar of Indore*)（1918）。这两本书都是很好的矿藏，可以从中发掘出各种宝贵的思想。格迪斯教授的作品，具体阐释了我试图用缺少趣味的语言来解释和定义的很大一部分内容。

PLATO (427 B. C.—347 B. C.)   *The Republic*. Translated with notes and essays by Benjamin Jowett. Oxford: 1894. See also Plato's *Critias* and *Statesman* in the same edition. The *Laws*, which is a more detailed attempt to work out the details of a good polity, is so lacking in Plato's original inspiration that, but for Aristotle's allusion to it, one would promptly take it for the work of another hand.

MORE, SIR THOMAS (1478—1535)   *Utopia*. Published originally in Latin in 1516. There are numerous modern editions. See *Ideal Commonwealths*, edited by Henry Morley.

ANDREÆ, JOHANN VALENTIN (1586—1654)   *Christianopolis*. Published in 1619 and translated in 1916 by Felix Emil Held under the title of *Christianopolis: An Ideal State of the 17th Century*. Oxford University Press. Mr. Held's introduction contains an account of Andreæ's life.

BACON, FRANCIS (1561—1626)   *The New Atlantis*. Published in 1627. Bacon contemplated writing a second part which would deal with the laws of his ideal commonwealth. See *Ideal Commonwealths*.

CAMPANELLA, TOMASSO (1568—1639)   *The City of the Sun*. Published in 1637 as *Civitas Solis Poetica: Idea Reipublicæ Philosophiæ*. See *Ideal Commonwealths*.

GOTT, SAMUEL (—)   *Nova Solyma*. London: 1648.

VAYRASSE, DENIS (—)   *L'Histoire des Sévérambes*. Written in 1672 and translated into English as *The History of the Sevarites*, written by one Captain Siden, London: 1675. In Kautsky's *Vorhäufer des Modernen Sozialismus* this utopia is given high praise and is ranked as the French parallel of More's *Utopia*; but I feel that this is a sad error in judgment which perhaps arose out of the bare fact that the first law of the great dictator Sevarias was to put all private property in the hands of the state, to be disposed of absolutely by its authority, and to do away with distinctions of rank and hereditary dignity. There is little that is fresh or imaginative in Vayrasse's treatment, however, and there is nothing like More's detailed effort to guard against usurpation of power by the ruling classes. As simple fiction, *The History of the Sevarites* is, however, readable.

TIPHAIGNE DE LA ROCHE, C. F. (—   )   *Giphantia: or, A view of what has passed, what is now passing, and what will pass, in the world.* Translated into English and printed in London, 1760—1761. This is a pithy little satire which I include in this list of utopias out of the courtesy that is due to good literature.

BERINGTON, SIMON (1680—1755)   *The Adventures of Gaudentio di Lucca.* This work was attributed to Bishop Berkeley and published in Dublin in 1738. It is partly a novel and partly a social criticism.

MERCIER, LOUIS SEBASTIEN (1740—1814)   *Memoirs of the Year 2500.* Published in French in 1772 and translated into English, Liverpool: 1802.

SPENCE, THOMAS (1750—1814)   *Description of Spensonia. Constitution of Spensonia.* London: 1795. Privately printed at the Courier Press; Leamington Spa: 1917.

FOURIER, CHARLES FRANCOIS MARIE (1772—1837)   *Traité de l'Association domestique agricole.* 2 vols. 1822. *Le Nouveau Monde Industriel.* 2 vols. 1829. See also Albert Brisbane in his *General Introduction to the Social Sciences* (Fourier's "Social Destinies"), and *Selections from the Works of Fourier*, translated by Julia Franklin, with an introduction by Charles Gide, London: 1901.

CABET, ÉTIENNE (1788—1856)   *Voyage en Icarie.* Published in 1845 and numerous editions followed during the next five years; see that of the Bureau du Populaie, Paris: 1848.

BUCKINGHAM, JAMES SILK (1786—1855)   *National Evils and Practical Remedies, with a plan for a model town.* London: 1818.

BULWER-LYTTON, E. (1803—1873)   *The Coming Race; or the New Utopia.* London: 185—. A fantastic romance about a people who live underground, possess detachable wings, and command a potency known as "vril." It is perhaps not altogether without significance that this new hierarchy of industrial angels was conceived by Lytton in the same decade that saw the building of the Crystal Palace.

PEMBERTON, ROBERT (1788—1828)   *The Happy Colony.* London: 1854. This is an appeal to the working class, somewhat similar in temper and method to Buckingham's appeal to the middle class. Pemberton had an individual system of psychology which he desired to apply in education. This utopia has now only a limited historical significance.

BELLAMY, EDWARD (1850—1898)   *Looking Backward*; Boston: 1888. *Equality*; Boston: 1897.

HERTZKA, THEODOR (1845—1924)   *Freeland: A Social Anticipation.* First edition published in German, 1889; English translation published by the British Freeland Association in 1891. *A Visit to Freeland, or the New Paradise Regained.* Translation published by the above Association, London: 1894. The first work lays the foundations for the utopia; the second is the ideal commonwealth in action.

MORRIS, WILLIAM (1834—1896)   *News from Nowhere.* London: 1890. There have been numerous editions.

HOWARD, EBENEZER (1850—?)   *Garden Cities of Tomorrow.* London: 1902. First published as *Tomorrow* in 1898. Unique among utopian books in that its eutopia has been realized. See numerous descriptions of Letchworth, the first Garden City.

HUDSON, W. H. (1841—1922)   *A Crystal Age.* London: 1906.

THIRION, EMILE (1825—?)   *Neustria: Utopie Individualiste.* Paris: 1901. This is one of the rare, deliberately individualistic utopias, founded on work, liberty, and property. It assumes that a colony of Girondists were able to establish themselves in South America.

TARDE, GABRIEL (1843—1904)   *Underground Man.* London: 1905. A deft and well-conceived fantasy, full of excellent criticism. Towards the past it is a utopia of reconstruction, towards the future—but herein lies much of its charm!—it is one of escape.

WELLS, H. G. (1866—1946)　*A Modern Utopia.* New York: 1905.

CRAM, RALPH ADAMS (1863—1942)　*Walled Towns.* Boston: 1919. Dr. Cram does not classify this work as a utopia; but the honest critic cannot help giving it that label. Dr. Cram sees no basis for eutopia without the system of values and the sanctions perpetuated by the Christian Church; since this leaves the greater part of humanity in Darkness, I cannot agree with him. Dr. Cram, however, is a fine scholar and a stimulating critic; and if one could only grant his assumptions his conclusions would be magnificent.

RICHMOND, SIR WILLIAM BLAKE (1842—1921)　*Democracy: False or True?* London: 1920.